В.В. Похлебкин

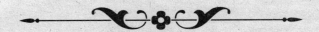

ИСТОРИЯ ВОДКИ

Москва
ЦЕНТРПОЛИГРАФ

УДК 663.5
ББК 36.997
П41

Художник И.А. Озеров

Похлебкин В.В.
П41   История водки. — М.: ЗАО Центрполиграф,
2009. — 269 с.

ISBN 978-5-9524-4404-1

«История водки» — не занимательная «история пьянства». Где впервые появилась водка? Этот вопрос приобрел государственное значение, когда Запад вдруг выступил с отрицанием приоритета России. Исследование В.В. Похлебкина убедительно доказывает: «Только водка из России — настоящая русская водка!»

УДК 663.5
ББК 36.997

ISBN 978-5-9524-4404-1

ИСТОРИЯ ВОДКИ

КАК И ПОЧЕМУ ВОЗНИКЛА ЭТА КНИГА

Публикуемая работа — «История водки» — первоначально не предназначалась для печати и тем более никогда не мыслилась как некая занимательная «история пьянства» для развлекательного чтения[1]. Это научно-исследовательская работа, посвященная выяснению конкретного, «узкого» и при-

---

[1] Литература, посвященная истории алкогольных напитков в России, исследует в основном историю торговли вином и водкой, а также социальные и экономические последствия этого, то есть пьянство и размеры питейных сборов в госказну. Авторами таких работ всегда выступали историки, статистики и экономисты. См. *Прыжов И.Г.* (1829—1902 гг., историк). Корчма. Исторический очерк //Русский архив. — 1866. — № 7; История кабаков в России в связи с историей русского народа. — СПб., 1868.

Однако эти единственные до сих пор обзорные исторические работы, сообщающие любопытные сведения о численности кружечных дворов, кабаков, питейных домов, трактиров, ренсковых погребков и т. п. «учреждений» в России и об объемах их торговли разными алкогольными напитками, в том числе и водкой, не дают ничего в смысле выяснения времени появления водки.

Еще более узки по тематике следующие работы: *Аксаков А.Н.* О народном пьянстве. — СПб., 1862; *Дитятин И.* Царский кабак Московского государства. — СПб., 1895; *Гурьев Д.* Питейная монополия. — 1893; *Лебедев В.А.* Питейное дело. — СПб., 1898; *Гредингер.* Основы питейной монополии в России. — 1897; *Зиновьев.* Казенная продажа питей. — СПб., 1901.

Как видно из перечня работ, сам интерес к истории винокуренного производства и торговли водкой возник в основном в 60-х годах XIX века и на рубеже XIX и XX веков в тесной связи с решением правительства ввести в 1894—1902 годах государственную монополию на производство и продажу водки в стране и фактически ликвидировать частное изготовление этого продукта.

Таким образом, все исследования, касающиеся водки, имели строго прикладной характер и были вызваны конкретными, актуальными государственными потребностями экономической внутренней политики.

том чисто исторического вопроса: когда началось производство водки в России и было ли оно начато раньше или позже, чем в других странах? Иными словами, задача автора состояла в том, чтобы выяснить, была ли наша страна, Россия, в деле производства водки вполне оригинальна или же и в этом сугубо, как мы считаем, национальном вопросе нам кто-то из Европы (а может быть, и из Азии?), так сказать, «указал путь»?[1]

Вопрос этот никогда, на протяжении последних двух столетий, не возникал, да, по-видимому, и впредь не возник бы ни у кого, если бы не приобрел неожиданно осенью 1977 года государственное значение.

Именно в это время на Западе было спровоцировано «дело» о приоритете в изготовлении водки, причем приоритет Союза ССР оспаривался, и ряд марок советской водки был подвергнут на внешних рынках бойкоту и дискриминации. Одновременно создалась угроза лишить В/О «Союзплодоимпорт» права продавать и рекламировать этот товар как «водку», поскольку ряд американских фирм стал претендовать на преимущественное право использовать наименование «водка» только для своего товара на том основании, что они якобы начали производство раньше, чем советские фирмы.

Первоначально эти претензии не были восприняты серьезно советскими внешнеторговыми организациями, ибо иностранные фирмы-конкуренты указывали, что производство водки в СССР было начато после 26 августа 1923 года согласно декрету ЦИК и СНК СССР, а у них якобы гораздо ранее — в 1918—1921 годах. (В эти годы в разных странах Западной Европы и в США были задействованы многие водочные предприятия бывших русских фабрикантов, бежавших из Советской России.)

---

[1] В 1901 году впервые возник вопрос о том, откуда пришли в Россию идея и секреты винокурения. Так, в «Трудах Технического комитета Главного управления неокладных сборов и казенной продажи питей» говорилось: «Получение спирта путем перегонки перебродивших сахаристых жидкостей стало известно в Европе в XIII столетии. Перешло ли это искусство в Россию из Западной Европы или с Востока, где китайцы, индусы и арабы были с ним знакомы со времен глубокой древности, не известно» (Труды... — Т. XIV. 1901. — СПб., 1903. — С. 88). С тех пор и до 1978 года, то есть в течение 75 лет, вопрос этот больше никого не занимал и не ставился и потому так и не был выяснен до 1979 года, то есть пока к этому не вынудили обстоятельства.

Но хотя Советское правительство действительно начиная с декабря 1917 года запретило производство водки на территории РСФСР и не возобновляло его фактически до 1924 года, то есть шесть лет, все же весьма несложно было юридически и исторически доказать, что, во-первых, Советское правительство просто продлило запрет предшествующих царского и Временного правительств на производство и торговлю спиртоводочными изделиями в период Первой мировой войны[1], так что юридически речь шла лишь о подтверждении действовавшего ранее государственного постановления о временном запрете на водку, а во-вторых, это доказывало лишь преемственность государственной монополии и ее права приостанавливать, прерывать и возобновлять производство по собственному желанию, вследствие чего дата 26 августа 1923 года вовсе не имела никакого отношения к началу производства водки в СССР и к вопросу о приоритете пользования оригинальным наименованием товара «водка», поскольку это наименование возникло не с возобновлением производства после 1923 года, а в связи с изобретением водки в России в эпоху Средневековья. Отсюда следовало, что страны, претендующие на исключительное употребление оригинального названия «водка» на их территориях, должны были представить убедительные данные, подтверждающие ту или иную дату первоначального изобретения водки на их территории.

Как только вопрос был поставлен в подобную юридическую плоскость, все зарубежные: западноевропейские, американские, а также действующие эмигрантские водочные фирмы — «Пьер Смирнофф», «Эристов», «Кеглевич», «Горбачев» и другие — вынуждены были снять свои претензии на приоритет изобретения русской водки и могли отныне только отстаивать в рекламе «особые качества своих фирменных марок».

То, что эта «первая атака» торговых конкурентов СССР была сравнительно легко отбита, привело к тому, что Минвнешторг и подведомственное ему В/О «Союзплодоимпорт» «почили на лаврах» и оказались совершенно неподготовленными ко «второй атаке», последовавшей со стороны государ-

---

[1] См. Популярный финансово-экономический словарь /Под ред. Д.П. Боголепова, М.Г. Бронского, Н.Н. Деревенко. — М.: НКФ СССР, 1925. — С. 140.

ственной водочной монополии ПНР и воспринятой нами как своего рода «удар в спину».

Между тем государственная водочная монополия ПНР утверждала, что в Польше, то есть на государственной территории бывших Королевства Польского, Великого Герцогства Литовского и Речи Посполитой, включающих Великую и Малую Польшу, Мазовию, Куявию, Померанию, Галицию, Волынь, Подолию и Украину с Запорожской Сечью, водка была изобретена и производилась раньше, чем в Российской империи, или соответственно в Русском и Московском государстве, что в силу этого право продавать и рекламировать на внешних рынках под именем «водки» свой товар должна была получить лишь Польша, производящая «Вудку выборову» («Wodka wyborowa»), «Кристалл» и другие марки водки, в то время как «Московская особая», «Столичная», а также «Крепкая», «Русская», «Лимонная»», «Пшеничная», «Посольская», «Сибирская», «Кубанская» и «Юбилейная» водки, поступавшие на мировой рынок, теряли право именоваться «водками» и должны были искать себе новое название для рекламирования.

Первоначально в В/О «Союзплодоимпорт» этой угрозе не придали серьезного значения, ибо казалось совершенно нелепым, что дружественная Польша предъявляет подобное парадоксальное требование. Это выглядело злой шуткой, поскольку на Смоленской-Сенной были уверены, что о старинном производстве водки в России «весь мир знает» и поэтому русская водка не может вот так, вдруг, лишиться своего исторического, народного национального названия по прихоти неожиданно закапризничавшего «пана союзника».

Но законы мирового капиталистического рынка суровы: они не принимают во внимание не только эмоции, но и традиции. Они требуют чисто формального, документального или иного правового и исторически убедительного доказательства, устанавливающего ту или иную дату изобретения, первого вывоза (экспорта) или производства товара, дату, дающую право определить приоритет того или иного собственника на данное изобретение или производство. Эти требования в одинаковой степени равны и для великой державы, и для малой страны и не оставляют места для уважения «исторической традиции» или «сложившейся практики», не подтвержденных историческими аргументами. Вот почему попытки советской стороны сослаться на то, что «весь мир знает» или что «всегда так было», были безжалостно отклонены.

К тому же западноевропейские прецеденты на этот счет были совершенно однозначны. Производство всех европейских видов крепких спиртных напитков имело фиксированную первоначальную дату: 1334 год — коньяк, 1485-й — английские джин и виски, 1490—1494-й — шотландское виски, 1520—1522 годы — немецкий брантвайн (шнапс).

Таким образом, считалось, что нет причин делать исключение для водки: дата ее изобретения должна быть представлена и СССР и Польшей, и вполне вероятно, что и в этом случае можно будет наблюдать такое же расхождение в датах, как и в случае с английским и шотландским виски, что и даст возможность установить приоритет той или иной стороны.

Такова была ситуация в начале 1978 года, когда сторонам было предоставлено время для поисков доказательств.

Между тем в В/О «Союзплодоимпорт», а особенно в целом в руководстве Минвнешторга, все еще не осознавали серьезности предстоящей задачи. Там полагали, что весь вопрос с приоритетом названия «водка» не стоит и выеденного яйца: достаточно поручить двум-трем референтам и библиографам разыскать в исторической или «спиртоводочной» литературе нужную дату, как сразу же исчерпается вся проблема. Таким образом, вопрос представлялся лишь делом техники и какого-то времени. Однако, когда по истечении полугодовых поисков оказалось, что не только даты начала производства водки, но и сколь-нибудь серьезной литературы по истории водки не существует вообще и что сведений об изобретении водки невозможно обнаружить даже в государственных архивах, поскольку нет достоверных документов о том, когда же началось винокурение в России, тогда наконец увидели, что вопрос этот исключительно сложен, что он не может быть решен чисто внутренними силами Министерства внешней торговли, аппаратным путем и что необходимо, видимо, обратиться к специалистам как в области истории России, так и в области спиртоводочной промышленности.

Исходя из этого, В/О «Союзплодоимпорт» обратилось в два головных НИИ: в Институт истории Академии наук СССР и во ВНИИ продуктов брожения Главспирта Минпищепрома СССР — с просьбой составить исторические справки по данному вопросу.

Однако оба исследовательских института ответили отписками[1], после чего последовало обращение к автору настоящей работы.

К весне 1979 года было написано исследование, которое ныне предлагается читателю в неизмененном виде. Оно целиком посвящено выяснению даты начала производства водки, и в силу того, что традиционные документальные хозяйственно-фискальные источники отсутствуют, исследование ведется необычным для нынешних исторических работ путем — через анализ терминологии винокуренного производства, через исследование значения термина «водка» и путем определения характера исторических условий, в которых этот продукт мог появиться. Вся эта специфика исследования определяет, разумеется, не только план, но и ход исследования и даже в значительной мере сам тон исследования, методы доказательств. Как легко может заметить читатель, тон исследования кажется замедленным, слишком въедливым, педантичным. Там, где, казалось бы, все уже ясно, автор тем не менее ставит сам себе новый вопрос, выдвигает новый контраргумент или возражение против уже доказанного постулата, чтобы, опровергнув и это новое возражение, показать, что данный вопрос иным путем решен быть не может. Такой метод, разумеется, не придает книге динамичности, легкости и занимательности, но зато он позволял в то время заранее снять все вопросы и сомнения арбитров, которым предстояло знакомиться с польским и советским ответом на вопрос о дате «изобретения» водки в их странах. И чтобы не понадобилось в ходе арбитража давать наскоро какие-либо дополнения и разъяснения, автор решил включить в свое основное исследование все мыслимые и даже немыслимые возражения,

---

[1] Были представлены: 1) Институтом истории АН СССР — докторская диссертация М.Я. Волкова. Очерки истории промыслов России. Вторая половина XVII — первая половина XVIII века. Винокуренное производство. — М.: Наука, 1979. 2) ВНИИпб Главспирта — документальная справка по истории развития технологии производства водки (хлебного вина) в России. — М., 1980. Эта справка давала обзор производства водки в XIX — XX веках. Тем самым обе работы уходили от вопроса о времени создания водки. В первой из них лишь вскользь голословно утверждалось, что винокурение в России началось «примерно на рубеже XV — XVI веков» (стр. 25). Во второй — столь же голословно приводилось фактическое (основанное на опечатке) утверждение из отрывного календаря за 1894 год, что якобы русское винокурение возникло в Вятке в XII веке (?) (стр. 1).

которые могли прийти на ум каждого, кто знакомился бы с его работой.

Неисследованность данного вопроса кем-либо из предшествующих историков, а также полная неясность того, в каком веке появилась водка, где или откуда надо начинать поиск ее корней, заставили автора принять трудный, но единственно обоснованный и логичный в данной ситуации план работы: проследить скрупулезно, шаг за шагом, в хронологическом порядке всю историю развития производства хмельных спиртовых напитков с момента их зарождения в нашей стране и таким путем рано или поздно «натолкнуться» и на время изготовления водки. Такой метод также не способствовал тому, чтобы работа выглядела краткой и давала ответ о начале только «водочного» винокурения. Пришлось попутно рассматривать и другой материал — о таких алкогольных напитках, как мед, квас, вино, пиво, ол, что также внешне придало работе несколько растянутый характер, создало видимость того, что автор отвлекается от основного вопроса о водке. Однако для выяснения истины такой метод оказался крайне полезным и продуктивным, ибо он помог лучше, четче отделить и определить существо отличий водки от других алкогольных напитков и тем самым облегчил задачу установления даты начала производства водки.

Словом, ничто из того, что не относилось в данной работе непосредственно к водке, не оказалось побочным или лишним для выяснения вопроса об истории водки.

Исследование не только ответило на вопрос о периоде, когда возникла водка, но и объяснило, почему это событие произошло именно в данный период, а не раньше или позже. Работа ответила и на вопрос о производстве крепких алкогольных напитков в соседних с Россией странах: на Украине, в Польше, Швеции, Германии. Приведенные даты совпали с тем материалом, которым располагал по указанным странам международный арбитраж от других, зарубежных, исследователей. Что же касается Польши, то ее представители не смогли доказать, что «горзалка» («gorzalka» — первоначальное название водки в Польше) была создана ранее середины XVI века. Более того, автор привел данные, передвигающие дату рождения водки в Польском королевстве (а фактически на территории нынешней Украины) даже на одно-полтора десятилетия раньше той даты, которую указали сами поляки, то есть на 1540-е годы, но все равно эта дата

11

была гораздо более поздней (почти на сто лет!), чем дата создания водки в России.

Решением международного арбитража 1982 года за СССР были бесспорно закреплены приоритет создания водки как русского оригинального алкогольного напитка и исключительное право на ее рекламу под этим наименованием на мировом рынке, а также признан основной советский экспортно-рекламный лозунг — «Only vodka from Russia is genuine Russian vodka!» («Только водка из России — настоящая русская водка!»).

ВВЕДЕНИЕ

История любого продукта — будь то сельскохозяйственный или промышленный — является частью истории деятельности человека, истории условий материальной жизни общества. Тем самым, изучая возникновение или происхождение того или иного продукта, мы отвечаем на вопрос о том, как создавались условия материальной жизни общества, на какой их ступени появился тот или иной продукт и почему. Это дает возможность углубить наше понимание такого важного фактора в истории человека и человеческого общества, как условия материальной жизни общества, а тем самым лучше понять и возникающие в процессе производства производственные отношения. История продукта, таким образом, — одно из слагаемых истории в целом, первичный элемент, «кирпичики», из которых построено «здание» истории человеческого общества. Знать все «кирпичики» досконально крайне важно и необходимо для правильного понимания истории, но, к сожалению, невозможно или трудновыполнимо. Вот почему история отдельных продуктов еще слабо разработана, мы знаем о ней в общих чертах или лишь ее частности. Между тем некоторые продукты играли и играют немаловажную роль в истории человечества либо на определенных этапах исторического развития (например, пряности, чай, железо, бензин, уран), либо на протяжении всей истории человечества (хлеб, золото, алкогольные напитки).

Среди множества продуктов, созданных и потребляемых человечеством, водка, или, говоря более общим термином, «хлебное вино», занимает совершенно особое и значительное положение по своему разнообразному влиянию на человеческое общество, на отношения людей и на возникающие общественные проблемы. При этом весьма важно подчеркнуть, что такие три магистральных направления проблем, поставленные возникновением спиртных напитков, как фискальная[1], производственная[2], социальная[3], веками не умирают, а, наоборот, имеют тенденцию возрастать и усложняться в связи с развитием жизни человеческого общества.

Таким образом, история водки отнюдь не «мелкий» и не «низкий» вопрос, отнюдь не «пылинка», не «ничтожная деталь» в истории человечества. Этот вопрос настолько важен, что он вполне достоин и даже крайне нуждается в серьезной исторической и научной разработке, и он, естественно, породил обширную литературу. К сожалению, эта литература посвящена не истории самого продукта, а результатам его воздействия, то есть изучает или, вернее, лишь поверхностно описывает производное (хотя и весьма заметное, бросающееся в глаза) явление, конечный результат, самую последнюю, третью стадию, вершину развития проблемы, и вовсе не касается ее истоков, корней и существа. Разумеется, по верхушкам нельзя понять ни целого, ни основного. Отсюда крайняя противоречивость всего, что написано о спиртных напитках, начиная с их физиологической оценки и кончая определением их социального и исторического значения. Здесь широко представлены крайние полюса мнений типа «полезно — вредно», но совершенно отсутствует ясность в отношении истории возникновения, а следовательно, историчности существования водки, не обращается серьезного внимания на модификацию содержания и значения этого продукта на различных этапах исторического развития и, значит, не ставится вопрос о неоднозначности его оценки в разных условиях, в разном обществе, в разных странах, в разные периоды.

Короче говоря, как только заходит речь о водке, забывается научное положение о том, что истина всегда исторична и истина всегда конкретна, и начинаются суждения типично обывательского типа о «вредности — полезности» в полном отрыве от самого продукта и исторической среды, в которой он производится и потребляется.

---

[1] Позиция в государственном бюджете и финансах.

[2] Изыскание и возделывание сельскохозяйственного сырья, создание и техническое оснащение спиртоводочной промышленности и ее инкорпорирование в общую систему экономики страны.

[3] Пьянство, его влияние на производство из-за потери рабочих часов, на отношения людей, на семью, на необходимость содержать силы общественного порядка и здравоохранения и т. д.

Огромный ущерб объективному историческому исследованию наносит прежде всего полное пренебрежение в литературе о спиртных напитках, и особенно о водке, к таким объективным показателям, как терминология и хронология. Водкой подчас называются в различных источниках совершенно разные продукты, причем, как правило, этот же термин приписывается и эпохам, в которые о ее существовании даже не подозревали. Вот почему первым шагом в исследовании истории водки должно быть точное установление терминологии и хронологии. Только после этого можно приступать к исследованию коренного вопроса — вопроса о происхождении водки, о том, где, когда, при каких обстоятельствах и условиях был создан этот продукт и почему эти условия оказались наиболее благоприятными для развития производства именно в таком, а не в ином месте, несмотря на то что развитие техники в более поздние исторические эпохи делало возможным производство водки фактически в любой точке земного шара.

Рассмотрение терминологии и хронологии должно идти вне отрыва от понимания техники производства или рецептуры водки, ибо под одинаковыми терминами подчас могут пониматься разные составы, разная рецептура, разная технология изготовления продукта. Вот почему для правильного, объективного, научного установления даты «рождения» или времени происхождения водки в России важно совмещение, сопряжение всех трех «измерений» — терминологического, хронологического и технологического — и их сопоставление друг с другом. Только на такой базе могут быть даны подлинно научные, точные и убедительные выводы. Все иные методы поисков даты создания водки (как и других продуктов промышленного производства, изобретенных в древности) не имеют значения доказательств.

Вот почему предварительно необходимо установить, каков же имеется круг источников и каков должен быть наш критерий их оценки при решении вопроса о достоверности содержащейся в них информации.

Обзор источников и их оценка

Все источники сводятся к:
а) археологическому материалу;
б) письменным документам XV—XIX веков, известиям летописного типа;

15

в) фольклорным данным (песни, пословицы, поговорки, былины, сказки);

г) кулинарным книгам XV—XVIII веков;

д) лингвистическим словарям разного типа (этимологическим, толковым, техническим, историческим, иностранных слов);

ж) литературным данным (исторические исследования, художественная литература, дневники и мемуары современников);

з) специальная литература — фармацевтическая и техническая.

Из этого списка наиболее ценными источниками являются документы и лингвистические словари, из последних — особенно этимологические и лингво-исторические, дающие свод языковых материалов в памятниках XI—XVII веков.

Наименее достоверными являются летописи и фольклор. Первые — потому, что записывались и неоднократно переписывались на 200—300 лет позднее происходивших событий, причем все, что не касалось хронологии политической истории, претерпело значительные изменения. Особенно изменялся словарный, лексический материал, подновлялась терминология, и в старые термины вкладывалось порой новое содержание. Еще интенсивнее происходил этот процесс в фольклоре, который почти нельзя использовать как сколь-нибудь достоверный источник. Запись фольклорного материала велась в основном в конце XIX — начале XX века. Порой она была научно недостаточно критической. Кроме того, все внимание обращалось на сюжет, схему, рисунок произведения, а не на его лексические детали и особенности.

Что же касается других источников, то археологический материал (памятники бытовой археологии) крайне скуден и имеет лишь косвенное значение. Между тем он мог бы быть самым неоспоримым. Но, к сожалению, пока не найдено ни одного сосуда со спиртными напитками при раскопках, ни предметов оборудования для винокурения в древнейшие времена, которые могли бы дать точное представление о характере продукта и его производства.

Письменные источники, касающиеся водки, обычно обращают свое основное внимание на социальные, общественные вопросы (пьянство, доходы) и в весьма малой степени останавливаются на уточнении названий или характера отдельных спиртных напитков. Несмотря на общее обилие такого рода источников и литературы, они дают весьма скудный материал и лишь крайне усложняют исследование своим несерьезным отношением к терминологии и хронологии.

Вот почему единственно научным ориентиром в решении вопроса о происхождении водки как русского национального оригинального спиртного напитка может быть метод тщательного сопоставления всего материала по трем линиям — терминологической, хронологической и производственно-технологической.

Часть первая

ПРОИСХОЖДЕНИЕ СПИРТНЫХ НАПИТКОВ В РОССИИ В IX—XV ВЕКАХ И ИХ ТЕРМИНОЛОГИЯ

Глава 1
ТЕРМИНОЛОГИЯ

Прежде чем начать рассмотрение терминологии спиртных напитков, существовавших в нашей стране с IX по XX век, следует со всей определенностью подчеркнуть, что научная точность и добросовестность требуют от нас не вносить наше сегодняшнее понимание значения определенных слов в язык предшествующих эпох и не впадать в заблуждение относительно слов, случайно имеющих одинаковое звучание или написание с современными словами, но обладавших в древности, или несколько веков тому назад, иным значением, чем ныне. Поэтому, чтобы не запутаться, разыскивая истоки происхождения спиртных напитков, чтобы точно понимать, что означало то или иное название, каково было его реальное содержание, мы будем толковать каждый термин применительно к разному времени. Вот почему одно и то же слово, одно и то же название, возможно, будет толковаться по нескольку раз, для каждого периода отдельно, и будет, разумеется, иметь несколько разных значений.

1. Что означает слово «водка», имеется ли оно в других древнеславянских языках и когда оно впервые зафиксировано в русском языке

1. Слово «водка», как и его современное значение «крепкий спиртной напиток», широко известно не только в нашей стране, но и за рубежом. В то же время мало кто знает его истинный смысл. Между тем выяснение подлинного харак-

тера слова и причин, по которым его первоначальное значение изменилось и перешло на спиртной напиток, может пролить свет на время происхождения водки и на уяснение ее специфического характера, отличающего ее как русский национальный спиртной напиток от всех других.

Итак, водка означает не что иное, как вода, но только в уменьшительной форме — диминутиве. Форма эта, а также слова в этой форме (за исключением личных имен) почти совершенно исчезли из современного русского языка. Они сохранились тем не менее в наиболее древних, вечных, никогда не умирающих словах вроде «папа» и «мама». «Папка, мамка» звучит сегодня, пожалуй, немного грубовато, но зато уж неподдельно по-народному. Точно так же должно звучать и слово «водка», хотя мы уже и не слышим в нем специфически ласково-грубоватого звучания, не воспринимаем его как уменьшительное от слово «вода», а смотрим как на совершенно самостоятельное слово. Кстати, «водка» (за исключением имен типа Валька, Петька) редкий рудимент диминутива в нашей современной лексике, который сохранился только потому, что название это, превратившееся в термин, было придано «вечному» напитку, продолжавшему веками существовать и процветать в обществе.

Другое слово, относящееся к области пищевых продуктов, но не столь древнее, как «вода», а существовавшее в русском языке с конца X века, — слово «овощ» утратило свой диминутив уже в начале XVIII века, так что словари последней четверти XVIII века вынуждены были объяснять, что «овощка» означает овощ небольших размеров[1].

Как видно из сопоставления слов *мама — мамка, овощ — овощка, вода — водка,* диминутив образуется путем непосредственного прибавления суффикса *к* и окончания *-а* к корню слова. Для слова «вода» сохранились и другие уменьшительные варианты с суффиксами *-ичк-, -очк-, -оньк-*: «водичка», «водонька», «водочка», причем последнее значение, как более близкое к «водке» в ее современном понимании, стало также связываться со спиртным напитком, а не с водой.

Сам по себе факт, что название «водки»-напитка произошло от слова «вода» и, следовательно, каким-то обра-

---

[1] См. *Алексеев П.* Дополнение к церковному словарю. — СПб., 1776. — С. 154.

зом связано по смыслу или содержанию с «водой», не вызывает никакого сомнения. И это весьма важно для установления того, в чем состоит специфика водки как спиртного напитка[1].

2. После вышесказанного читателю уже не покажется удивительным, что все этимологические словари русского языка не имеют в своем составе слова «водка», так как они объясняют только происхождение самостоятельных, первичных, коренных слов языка и не занимаются рассмотрением производных слов. Составители таких словарей, ученые-лингвисты, никогда не смотрели на слово «водка» исторически и не рассматривали его в современном значении, а подходили к нему только как к диминутиву слова «вода»[2]. Вот почему лингвисты не могут помочь нам теперь определить, когда же слово «водка» приобрело нынешнее, современное значение и под влиянием каких факторов это произошло.

3. Однако есть еще толковые словари русского языка, объясняющие современное значение слов, имевших хождение в момент создания словаря. Что же говорят они о водке? Крупнейший и самый исчерпывающий из толковых словарей — словарь В.И. Даля, несмотря на всю свою обстоятельность, не включает слово «водка» как самостоятельное. А его нынешнее значение, как одно из многих частных значений, рассматривает в составе слова «вино»[3]. Но одновременно дает и значение слова «водка» как «вода»[4]. Если учесть, что словарь Даля был составлен на лексическом материале до 60-х годов XIX века, то двойственное отношение составителя словаря к понятию «водка» означает, что слово «водка» до второй половины XIX века не было еще широко распространено в значении алкогольного напитка, хотя и было уже известно и употребительно в народе.

Только в словарях, изданных в конце XIX — начале XX века, слово «водка» встречается как самостоятельное,

---

[1] Этот вопрос будет рассмотрен ниже, в разделе истории технологии водочного производства.

[2] См. *Преображенский А.Г.* Этимологический словарь русского языка. — Т. 1. — М., 1959; *Фасмер М.* Этимологический словарь русского языка. — Т. 1. — М., 1964.

[3] См. *Даль. В.И.* Толковый словарь живого русского языка. — 2-е изд. — Т. 1. — 1883. — С. 208.

[4] Там же. — С. 221—222.

отдельное слово и уже в своем единственном современном значении как «крепкий спиртной напиток».

4. Вместе с тем в региональных (областных) словарях, отражающих не столько общерусский словарный фонд, сколько местные, областные говоры и диалекты, слово «водка» упоминается только в одном значении — в древнем значении «воды» — и совершенно не известно в значении «спиртного напитка»[1]. Такие данные, зафиксированные в исчерпывающем своде всех русских говоров[2], датируются серединой XIX века (запись говоров в 1846—1853 гг.) и относятся к языку населения обширной территории к востоку и северу от Москвы (Владимирская, Костромская, Ярославская, Вятская и Архангельская губернии).

Это обстоятельство отчетливо указывает на то, что слово «водка» в значении «спиртного напитка» в середине XIX века имело распространение лишь в Москве, Московской губернии и в губерниях, принадлежавших к тогдашним так называемым «хлебным районам», где первоначально было развито винокурение, то есть в Курской, Орловской, Тамбовской и на Слободской Украине (Харьковщина, Сумщина).

Таким образом, уже на основе этих фактов совершенно ясно, что середина XIX века представляет собой некий рубеж, после которого слово «водка» в его нынешнем значении начинает делать первые шаги, распространяясь в русском языке за пределы Московского Центрального района, но еще не достигая общерусского значения на всей территории России. Это, следовательно, может служить лишь указанием, что корни возникновения понятия «водка» в значении спиртного напитка надо искать по крайней мере где-то до середины XIX века, ибо 1860-е годы — это, так сказать, верхняя граница в возникновении нового термина, когда он уже окреп, установился и начал распространяться вширь. Но когда он впервые появился — следует выяснить и тем самым определить его нижнюю границу.

5. Обратимся теперь не к словарям современного русского языка, а к «Словарю старославянского языка», то есть язы-

---

[1] См. Словарь русских народных говоров. — Вып. 4. — Л., 1969. — С. 338.
[2] См. Словарь русских народных говоров /Под ред. Ф.П. Филина. — Вып. 1. — XXV. — Л., 1965—1990.

ка, отраженного в многочисленных летописях IX—XIII веков[1]. Этот словарь, который составлен на основе тщательного изучения всех памятников старославянского языка, существовавших во всем славянском мире, то есть в Чехии, Моравии, Болгарии, Сербии, Польше, Белоруссии, Молдавии и Древней Руси, вообще ни в какой форме не включает слово «водка». При этом важно подчеркнуть, что этот словарь совершенно исключает какой-либо пропуск того или иного слова, ибо в его словнике и в картотеке, на основе которой он составлен, расписаны все слова из всех памятников IX—XIII веков и значительной части памятников XIV века, когда совершается постепенный переход от старославянского языка всех славян к славянским национальным языкам. Это говорит о том, что по крайней мере до XIV века слово «водка» как в значении воды, так и в значении спиртного напитка было абсолютно не известно, причем не только в России, но и во всем славянском мире.

Все вышеизложенное дает основание сделать следующие предварительные выводы:

1. Слово «водка» в значении «спиртного напитка» появляется в русском языке не раньше XIV и не позже середины XIX века, следовательно, оно возникло где-то между XIV и XIX веками.

2. В общеславянском языке по крайней мере до XII века, а может быть, и до XIV века не существовало слова «водка» в значении воды, то есть ее диминутива. Следовательно, уменьшительное значение возникло в русском языке, когда он стал формироваться в национальный, когда в нем стали возникать оригинальные национальные окончания и суффиксы, то есть в XIII—XIV веках. Украинский же язык стал формироваться в национальный позднее — в XV веке, и в нем шли иные процессы, возникали иные суффиксы и окончания существительных. И в украинском, и особенно в польском языках, развивавшихся в соприкосновении с латинским и немецким, сказались иностранные влияния. Русский язык из-за татарского нашествия развивался изолированно, без иностранного влияния на него, поэтому русскому языку оказались свойственны совершенно иные формы.

Отсюда ясно, что слово «водка» (в любом значении и независимо от времени его появления) свойственно только русскому языку и является коренным русским словом,

---

[1] См. SJS. — Praha, 1958—1989.

нигде более не встречаемым. Его появление в иных славянских языках может быть объяснено только позднейшими заимствованиями из русского (не ранее начала XVI в.).

3. Отсутствие в русском языке до XIV века слова «водка» в значении спиртного напитка в принципе еще не говорит об отсутствии до этого времени у русского народа спиртных напитков, имеющих иную технологию и терминологию, или крепких спиртных напитков, подобных водке по технологии, но имеющих иные названия, иные термины.

Таким образом, нельзя абсолютно прямо связывать наличие в языке того или иного слова, термина и наличие продукта, отражающего современное значение данного термина. Этот продукт может существовать либо под другим термином, либо вовсе не существовать. И то и другое следует еще доказать. Прежде всего надо уяснить, какие термины для обозначения спиртных напитков существовали в Древней Руси и что они реально обозначали.

2. Термины спиртных напитков, существовавшие в Древней Руси с IX по XIV век

В период между IX и XIV веками в Древней Руси существовали следующие термины для обозначения напитков: вода, сыта, березовица, вино, мед, квас, сикера, ол. Большая часть этих напитков была алкогольными, охмеляющими. Безалкогольными являлись лишь первые два, то есть вода и сыта, в то время как третий — березовица — уже не был полностью безалкогольным, поскольку различали березовицу простую и березовицу пьяную. То же самое относилось и к квасу. Таким образом, грань между алкогольными и безалкогольными напитками была весьма подвижной. Даже сыта, то есть смесь воды и меда, также легко могла забродить и тем самым превратиться в слабоалкогольный напиток, сохраняющий то же самое название, что и безалкогольный. Если же вспомнить, что и вино, то есть виноградное вино, привозимое из Византии и Крыма, точно так же разбавлялось по древнему греческому обычаю водой, то станет более понятным, почему вода оказалась тесно связанной с алкогольными напитками как постоянный компонент при их употреблении и почему вода входила в число именно напитков, а не была просто жидкостью для разных целей, какой она является в наши дни. Это отличие в восприятии воды древним человеком и нашими современниками, этот древнерусский взгляд на воду как основу многих или даже всех напитков и, конечно, всех алкогольных напитков надо иметь в виду, когда мы будем говорить о том, почему один из самых крепких алкогольных напитков русского народа — водка — был назван по имени столь безобидного питья, как вода.

Следует также иметь в виду, что напитком признавалась в IX—XI веках не всякая вода, а только вода «живая». Буквальное значение этого термина — проточная вода[1], то есть вода ключей, родников, источников и быстрых, прозрачных рек. Этот термин уже с XII века заменяется другим — «ключевая» или «родниковая вода», а в середине XIII века и вовсе исчезает из разговорного обиходного языка и остается лишь в сказках, где постепенно теряет свое реальное значение, которое забывается народом и переосмысливается целиком в сказочном, символическом духе (ср. «вода живая» и «вода мертвая»). Нет никакого сомнения, что к моменту появления водки древнее значение термина «живая вода» хотя и не употреблялось в быту, но все же воспринималось сознанием и поэтому на Руси новый спиртной напиток не получил названия «воды жизни» и «живой воды», как это было всюду на Западе и у западных славян, испытавших латинское влияние. Именно в Западной Европе первые «водки», то есть винный спирт, содержащий половину или менее половины объема воды, получил латинское название «аквавита» (aqua vitae — вода жизни), откуда произошли французское «о-де-ви» (eau-de-vie), английское виски (whisky), польское «оковита» (okowita), являвшиеся простой калькой латинского названия или его переводом на тот или иной национальный язык.

В русском языке этого не произошло, ибо практика производства водки имела не латинский, не западноевропейский, а иной источник — отчасти византийский и отчасти отечественный. Вот почему в терминологии русских спиртных напитков ни до XIII века, ни после него аквавита не нашла никакого отражения. А сам термин «живая вода» на русском языке относился только к питьевой воде.

«Живую воду» называли еще «пивная вода», то есть вода для питья, питьевая вода, а иногда и просто «пиво», что оз-

---

[1] См. Ин., 4: 11; Быт., 26: 19; *Алексеев П.* Дополнения к церковному словарю. — С. 36.

начало — питье[1]. И эти названия еще более сближали воду с другими питиями (напитками), в том числе и с подлинным пивом в нашем нынешнем понимании, ставили ее хотя бы по названию как бы в один ряд с другими напитками[2]. Но в то же время вода была символом диаметральной противоположности алкогольным напиткам. Вот почему никому не приходило в голову называть крепкий спиртной напиток «живой водой», то есть поставить знак равенства между алкоголем и проточной водой. Вот почему водка получила свое первоначальное название не по аналогии с водой, а по аналогии с вином, этим древнейшим из охмеляющих напитков. Водка родилась и реально существовала, по-видимому, гораздо раньше, чем возникло ее современное название. Этот вывод можно сделать уже на основе анализа терминологии напитков. Характерно, что водку называли в России вином очень долгое время, вплоть до начала XX века, когда за ней уже прочно закрепилось ее нынешнее название. Следовательно, логично предположить, что она существовала под термином «вино» или, быть может, под каким-либо другим задолго до того, как за ней закрепилось название «водка».

Поэтому для выяснения этого вопроса крайне важно подробно проанализировать все термины спиртных напитков, существовавших до термина «водка», то есть еще в Древней Руси, в Новгородской, Киевской и отчасти во Владимиро-Суздальской.

1. *Вино.* Под этим термином в IX—XIII веках понималось только виноградное вино, если оно употреблялось без других прилагательные[3]. Вино стало известно на Руси с IX века, еще до принятия христианства, а после принятия христиан-

---

[1] «Пивный — инде взято за то, что пить можно» (Ин., 4: 11; 6: 55); «А пивная вода по латыни — potabilis» (*Алексеев П.* Церковный словарь. — 2-е изд. — Т. 2. — М., 1794. — С. 298).

[2] Вода противопоставлялась вину по цвету, воздействию, месту в религиозном ритуале. Слово «водопитие» означало трезвость, воздержание, «винопитие» — пьянство (см. *Алексеев П.* Дополнение к церковному словарю. — С. 33, 36; Церковный словарь. — Т. 1. — М., 1773. — С. 41). Водяными, аквариями или идропарастатами (*греч.*) назывались сектанты, которые причащались водой вместо вина, что считалось самым тяжким грехом, ересью. Отсюда, кстати, идет глубокое презрение в России к непьющему человеку как к «нехристю», чужаку. У русских людей этот древнейший пережиток живуч до сих пор и является рудиментом религиозной нетерпимости (см. *Алексеев П.* Церковный словарь. — Т. 1. — С. 33, 41; его же. Продолжение церковного словаря. — М., 1779. — С. 40).

[3] См. SJS. — Т. I. — Praha, 1958. — S. 190.

ства, в конце X века, оно стало обязательным ритуальным напитком[1]. Привозилось вино из Византии и Малой Азии и называлось греческим и сирским (сурьским), то есть сирийским. До середины XII века оно употреблялось только разбавленным водой, так же как его традиционно пили в Греции и Византии[2]. Источник указывает: «Месят воду в вино»[3], то есть воду доливать следует в вино, а не наоборот, не вино

---

[1] 1 Кор., 11: 26; *Нюстрем Э.* Библейский словарь. — Стокгольм, 1969. — С. 65.

[2] В античное время не только в Греции и Риме, но и на всем эллинистическом Востоке вино в чистом виде никогда не употребляли. Эта традиция сохранялась и в Византии, вследствие чего привычка употреблять вино (а позднее и хлебный спирт, хлебное вино) только в смеси с водой перешла и в Россию, что и послужило одной из существенных причин происхождения водки как напитка, отличающегося от хлебного вина других стран Европы — виски, джина, брантвайна.

Древние греки и римляне разбавляли вино следующим образом: на три части воды брали одну часть вина или на пять частей воды — две части вина. Смесь, состоящая из виноградного вина пополам с водой (т.е. из равного объема воды и вина), считалась слишком крепкой и употреблялась лишь опустившимися людьми, завзятыми пьяницами.

У евреев по Талмуду вино также должно было разбавляться водой, но до сих пор исследователям текста Библии на еврейском языке не удалось доказать, что Библия делает различия между двумя видами вина — перебродившим и неперебродившим, опьяняющим и неопьяняющим. В то же время некоторые места в Библии однозначно говорят о том, что именно древние евреи пили и очень крепкое вино, и вино, не разбавленное водой. Главная причина этой неясности состоит в том, что основным табу для евреев было косное, то есть все кислое, забродившее, в то время как это могли быть совершенно различные по своему биохимическому содержанию продукты — от безобидного кислого, черного ржаного хлеба до продуктов спиртодрожжевого брожения, действующих опьяняюще. В то же время такие, например, продукты, как коньяк или финиковая водка — арака, у древних евреев вполне допускались, несмотря на свою крепость, ибо не воспринимались как продукты брожения.

В России в практике русского народа подобные противоречия между понятиями «квасное» и «спиртовое» не возникали и не могли возникнуть, поскольку всякая квасная пища и квасные продукты получали с самого начала легитимность в употреблении и как исконно национальные, и как допускаемые религией, ритуальные. Традиция же разбавления водой также стабильно сохранялась и уважалась как религиозная, пришедшая от греков. Поэтому разбавляли сыту, березовицу и по аналогии с ними позднее — хлебное вино, спирт и в то же время просто, без предвзятости смотрели на любую крепость купажированных с водой спиртовых продуктов.

[3] SJS. — T. I. — S. 190.

подливать в чашу с водой. Это имело глубокий смысл, ибо всегда более тяжелые по удельному весу жидкости следует наливать в легкие. Так, чай надо наливать в молоко, а не наоборот. Сам термин «вино» был воспринят при переводе Евангелия на старославянский язык от латинского слова «винум» (vinum), а не от греческого «ойнос».

С середины XII века под вином подразумевают уже чистое виноградное вино, не разбавленное водой. В связи с этим, чтобы не делать ошибок, в старой и новой терминологии стали обязательно оговаривать все случаи, когда имелось в виду не чистое вино. «Еко же вкуси архитриклин (т. е. распорядитель пира) вина, бывшего от воды»[1]. А чтобы избежать длинных оговорок, стали все чаще употреблять прилагательные для уточнения, какое вино имеется в виду. Так появились термины «оцьтно вино», то есть вино кислое, сухое[2]; «вино осмирьнено», то есть вино виноградное сладкое, с пряностями[3]; «вино церковное», то есть вино виноградное красное, высшего качества, десертное или сладкое, не разбавленное водой. Наконец, в конце XIII века, под 1273 годом, впервые в письменных источниках появляется термин «вино твореное»[4].

Ниже мы вернемся к подробному рассмотрению этого термина, но здесь отметим, что он возникнет спустя почти 400 лет после появления вина виноградного и спустя 200—250 лет после письменного закрепления разных эпитетов за разными видами виноградного вина. Уже одно это обстоятельство говорит о том, что здесь мы имеем дело не с виноградным, не с естественным вином, а с вином, полученным каким-то иным, искусственным, производственным путем, вином, сделанным, сотворенным самим человеком, а не природой.

Таким образом, термин «твореное вино» не относится уже к собственно вину, как его понимали до XIII века. Что это за «вино» и каково было его сырье, мы рассмотрим ниже.

2. **Мед.** Вторым по значению спиртным напитком Древней Руси был мед. Он известен уже в глубокой древности

---

[1] SJS. — Т. I. — S. 190.

[2] SJS. — Т. II. — Praha, 1968. — S. 633.

[3] Ibid. — S. 524.

[4] См. *Брандт Р.* Григоровичев паремейник в сличении с другими паремейниками. — Вып. I—III. — М., 1894—1901 (подлинник XII—XIII вв. хранится в Библиотеке имени В.И. Ленина. — Фонд 87. — П. 1685).

и как сладость (*лат*. mel), и как алкогольный напиток (*лат*. mulsum). Мед не был, как подчас думают, исключительно алкогольным напитком русских. Он служил основным парадным напитком большинства европейских народов средней полосы — между 40° и 60° с.ш. — и встречался у древних германцев (Meth), у скандинавов (Miod), где считался напитком богов, и особенно у древних литовцев (medus). Основа слова «мед» вовсе не русская, а индоевропейская. В греческом языке слово «мэду» означало «хмельной напиток», то есть общее понятие алкоголя, а иногда употреблялось в значении «чистое вино», то есть слишком крепкое, слишком опьяняющее, не питьевое по греческим традициям и представлениям. Слово же «мэдэе» означало по-гречески «пьянство»[1]. Все это говорит о том, что крепость меда, как алкогольного напитка, была во много раз больше, чем крепость виноградного вина, и поэтому древние греки и византийцы считали, что употребление столь сильных напитков свойственно варварам. В Древней Руси, насколько это можно судить по фольклорным данным, мед был самым распространенным напитком из числа алкогольных, в то время как вино в фольклоре почти не упоминается. Между тем документальные памятники говорят как будто о другом. Из них известно об употреблении привозного вина с IX века, но мед впервые встречается на Руси, да и то в значении сладости, лишь под 1008 годом[2], а в Македонии — под 902 годом; в значении алкогольного напитка в Литве и Полоцке — в XI веке[3], в Болгарии — в XII веке, в Киевской Руси — только в XIII веке (1233 г.)[4], в Чехии и в Польше — с XVI века. Только в летописи Нестора под 996 годом упоминается, что Владимир Великий велел сварить 300 проварь меду[5]. Да еще Ибн-Даст (Ибн-Рустам) — арабский путешественник — в начале X века (921 г.) упоминает, что руссы имеют хмельной медовый напиток[6] и что древляне в 946 году дают дань Ольге не пче-

[1] См. *Вейсман А.Д.* Греческо-русский словарь. — СПб., изд. автора, 1888. — С. 785—786.

[2] См. Остромирово Евангелие //SJS. — Т. II. — S. 199.

[3] См. Супрасльская летопись //SJS. — Т. II. — S. 200; Т. I. — S. 120; «Мед бо каплет от усть жены блудьны».

[4] См. SJS. — Т. II. — S. 199—200.

[5] См. *Карамзин Н.* История государства Российского. — Т. 1. — СПб., 1816. — С. 469.

[6] См. *Забелин И.* История русской жизни с древнейших времен. — Т. 1. — М., 1876. — С. 468.

линым медом, а «питным». Вместе с тем из ряда косвенных византийских сообщений известно, что еще в конце IX века, во времена язычества, отдельные славянские племена, особенно древляне и поляне, умели забраживать мед и, после закисания, превращали его из mel в mulsum, а также выдерживали его подобно вину и использовали для улучшения качества такой прием, как переливы. (Этот древнейший прием широко применялся, например, в Закавказье вплоть до конца XIX века как единственное средство улучшения и сохранения качества виноградных вин.)

Все это дает возможность прийти к следующим выводам: мед, как алкогольный напиток, был вначале более всего распространен в самой лесистой части Древней Руси, на территории нынешней Белоруссии, в Полоцком княжестве, где процветало бортничество, то есть добыча меда от диких пчел. Отсюда мед по Припяти и Днепру поступал в Киевскую Русь. В X—XI веках мед в Киеве употребляли в исключительных, чрезвычайных случаях и при этом изготовляли его сами из запасов медового сырья: мед варили. Вареный мед, как напиток, был более низкого качества по сравнению с медом ставленным. Последний выдерживали по 10—15 лет и более, и он представлял собой результат естественного (холодного) брожения пчелиного меда с соком ягод (брусники, малины). Известны случаи, когда в XIV веке на княжеских пирах подавался мед 35-летней выдержки. Поскольку широкое употребление медов (вареных и ставленных) приходится на XII—XV века, то представление о том, что в древности основным напитком был мед, нашло отражение прежде всего в фольклоре, произведения которого создавались именно в это сравнительно позднее время, когда началось формирование национальной русской культуры.

Кроме того, расцвет медоварения в XIII—XV веках был связан не с его возникновением в это время (ибо оно возникло в X—XI вв.), а с сокращением привоза греческого вина вследствие сначала монголотатарского нашествия (XIII в.), а затем упадка и крушения Византийской империи (XV в.). Таким образом, историческая обстановка, включая не только изменения в системе международных отношений и международной торговли, но и изменения чисто географического характера (перемещение территории Русского государства на северо-восток, перенесение столицы из Киева во Владимир, а затем в Москву), приводила к изменению характера потребляемых спиртных напитков. Все это удаляло

Русь от источников виноградного вина и заставляло изыскивать местное сырье и свои способы для производства алкогольных напитков.

Мед хотя и был древним напитком, но в XIII—XV веках, как продукт местного сырья, выдвигается на первый план главным образом в обиходе знати, зажиточных слоев. Длительность производства хорошего, настоящего ставленного меда ограничивала круг его потребителей, несомненно, удорожала товар. Для массовых сборищ, даже при дворе великого князя, употребляли более дешевый, более быстро приготавливаемый и более пьянящий — вареный мед. Тем самым XIII век является рубежом, знаменующим переход к напиткам, во-первых, из местного сырья и, во-вторых, к напиткам значительно более крепким, чем в предыдущие пять столетий.

Нет сомнений, что привычка к употреблению более крепких, более охмеляющих напитков в XIII—XV веках подготовила почву и для появления водки.

В то же время развитое, широкое медоварение было просто невозможно без наличия винного спирта, как компонента дешевых, но крепких медов. Уже в XV веке запасы меда сильно сокращаются, он удорожается в цене и потому становится предметом экспорта за счет сокращения внутреннего потребления, ибо находит спрос в Западной Европе[1]. Для

_____

[1] Шведский резидент в Москве Иоганн де Родес в своих донесениях королеве Кристине о состоянии России в 1650—1655 годах уже не упоминает мед как предмет экспорта, а только воск, хотя мед в это время все-таки вывозился за границу через Прибалтику. Но спустя 20 лет, в 1672—1674 годах, И.Ф. Кильбургер совершенно ясно говорит, что не только мед, но и воск из России уже не вывозят. Это отчетливо иллюстрирует как рост темпов потребления таких продуктов в самой России, так и сокращение их ресурсов. Между тем путешественник Альберт Кампензе (Campense) в 1523 году писал, что Московия очень богата медом. Именно в этот период его еще экспортировали за границу, но местное потребление уже падало или, вернее, не могло удовлетворить спрос с XV века. Таким образом, сокращение количества меда как сырья для спиртных напитков ставило уже на рубеже XV и XVI веков, и уж во всяком случае в XVI веке, вопрос о замене меда более дешевым и более распространенным сырьем. До этих пор вопрос о винокурении из зерна не мог возникнуть просто исторически. Итак, XV век — апогей медоварения, начало XVI века знаменует уже первые признаки упадка этого промысла (см. *Курц Б.Г.* Состояние России в 1650—1655 годы по донесениям Родеса. — М., 1915; Сочинения Кильбургера о русской торговле в царствование Алексея Михайловича. — Киев, 1915. — С. 112, 305—306; Библиотека иностранных писателей о России. — Т. 1. — 1836. — С. 30—31).

местного же употребления приходится изыскивать более дешевое и более распространенное сырье. Таким сырьем оказывается ржаное зерно, уже с древнейших времен используемое для производства такого напитка, как квас.

3. **Квас.** Слово это встречается в древнерусских памятниках одновременно с упоминанием о вине, и даже раньше меда. Значение его, однако, не вполне соответствует современному. Под 1056 годом мы находим явное упоминание кваса как алкогольного напитка[1], поскольку на языке того времени слово «квасник» употреблялось в значении «пьяница»[2].

В XI веке квас варили, как и мед, а это означает, что по своему характеру он был ближе всего к пиву, в современном понимании этого слова, но только был гуще и действовал более охмеляюще.

Позднее, в XII веке, стали различать квас как кислый слабоалкогольный напиток и квас как сильно опьяняющий напиток. Оба они, однако, носили одинаковые названия, и только по контексту иногда можно догадаться, о каком виде кваса идет речь. По-видимому, во второй половине XII века или в самом конце XII века сильно опьяняющий квас стали называть твореным квасом, то есть сваренным, специально сделанным, а не произвольно закисшим, как обычный квас[3].

Этот твореный квас считался таким же крепким алкогольным напитком, как чистое вино, их приравнивали по крепости. «Вина и творена кваса не имать пити»[4], — говорится в одном из церковных предписаний. «Горе квас гонящим», — читаем в другом источнике[5], и это ясно указывает на то, что речь идет не о безобидном напитке. Из всех разновидностей твореного кваса самым опьяняющим, самым «крепким», дурманящим был «квас неисполненный», который весьма часто сопровождается эпитетом «погибельный»[6]. На старославянском языке слово «неисплънены» означа-

---

[1] Сравнение кваса с сикерой (см. Остромирово Евангелие. — С. 19).

[2] «Подобает же епископу без порока быти — не кваснику, не бийце», то есть не пьяницей, не драчуном (XII век). — SJS. — Т. II. — S. 19.

[3] См. Codex Zographensis. — Berolini, 1879.

[4] SJS. — Т. II. — S. 19.

[5] Ibid.

[6] Euchologium Sinaiticum//SJS. — Т. II. — S. 19.

ло незавершенный, не полностью готовый, не доведенный до конца, плохого качества (противоположный латинскому perfect — законченный, совершенный)[1]. Таким образом, речь, вероятно, шла о недоброженном или плохо перегнанном продукте, который содержал значительную долю сивушных масел. По-видимому, к этому роду кваса относилась и редко встречающаяся в источниках «кисера» — сильно одуряющий напиток. Если учесть, что слово «квас» означало «кислое» и его иногда именовали квасина, кислина, кисель, то слово «кисера» можно рассматривать как пренебрежительную форму от кваса неисполненного, незавершенного, испорченного, плохого. Но есть указания и на то, что кисера — искажение слова «сикера», так же означающего один из древних алкогольных напитков.

4. *Сикера.* Слово это вышло из употребления в русском языке, причем из активного бытового языка, как раз в XIV—XV веках, на том самом рубеже, когда произошла смена и в терминологии, и в существе производства русских алкогольных напитков. Поскольку слово это исчезло из языка совершенно бесследно, не оставив никакой замены, аналога или иного лексического рудимента, то мы постараемся как можно тщательнее выяснить его значение и первоначальный смысл, ибо оно проливает свет на историю русских спиртных напитков.

---

[1] SJS. — Т. I. — (исплънъ). — S. 800—802. Чрезвычайно важно для представления о характере кваса в древнем понимании этого слова то, что с «квасом неисполненным» особенно связывалось специфическое заболевание, называемое «язя квасная», что можно толковать как «квасная боль». Эта боль была, однако, не желудочной болью, а головной, то есть явно походила на то, что с XVII века стали называть похмельем и приписывали действие хмеля. В источниках мы встречаем следующие ссылки на эту боль (язю): «Молитва над болемъ пиящем квас» и «Упоил еси вся ненавидящая тебя и всяка язя квасная квасом неисполненомъ погибельным». Еще в русском языке XVII—XIX веков глагол «язяться» означал «колебаться», «быть не совсем крепким» (на ногах и в мыслях), «спятить», то есть быть готовым в результате колебаний пойти на попятную. Но позднее, как известно, слово «спятить» стало означать «сойти с ума», «лишиться ума». Таким образом, этот глагол от существительного «язя» — болезнь от пьяного кваса — совершенно четко показывает, что под «язей» понимали такое сильное опьянение, в результате которого появлялась сильная головная боль и человек чувствовал себя некрепким, готовым спятить, сойти с ума. Отсюда и позднейшая, теперь почти непонятная поговорка: «Он все язается, да спятил» (*Даль В.И.* — Т. IV. — С. 694), то есть он все колебался-колебался, болел-болел да, наконец, и с ума сошел.

Слово «сикера» вошло в древнерусский язык из Библии и Евангелия, где оно упоминалось без перевода, так как переводчики в конце IX века затруднялись подыскать ему эквивалент в славянских языках, в том числе и в древнерусском языке. Оно было употреблено и понималось как первое общее обозначение алкогольных напитков вообще, но в то же время четко отделялось от виноградного вина. «Вина и сикеры не имать пити»[1]. В греческом языке, с которого переводилось Евангелие, «сикера» так же означала искусственный «хмельной напиток» вообще, причем любой пьянящий напиток, кроме естественного вина[2]. Однако источником этого слова послужили слова на древнееврейском и арамейском языках — «шека́р», «шехар» и «шикра».

Шикра (sikra) на арамейском означало род пива, это слово и дало «сикеру»[3]. Шекар (Schekar) на древнееврейском — «всякий пьяный напиток, кроме лозного вина»[4]. Это слово дало в русском «сикер». Поэтому в одних источниках встречается «сикера», в других — «сикер». Совпадение обоих этих слов по звучанию и очень близких по значению привело к тому, что даже лингвисты считали их за вариации одного и того же слова. Однако это были не только разные слова, но они означали и разные понятия с технологической точки зрения.

Дело в том, что в Палестине и у греков «сикер» изготовлялся из плодов финиковой пальмы и был, по сути дела, финиковой водкой. Арамейское же понятие «сикера»

---

[1] Лк., 1: 15. См. *Алексеев П.* Церковный словарь. — Т. 3. — С. 59. Характерно, что в переводе М. Лютера, сделанном в начале XVI века, вместо «сикера» в немецком языке стоит слово «крепкий» (сильный) напиток: «Wein und stark Getranke wird er nicht trinken». Это слово говорит о том, что в Германии в 1520 году еще не употреблялось слово «Brandtwein», которым спустя столетие Олеарий, Родес, Кильбургер стали обозначать русскую «водку». Этого слова вообще не было в немецком языке, как и в других европейских языках, до XVI века в любом значении.

[2] См. *Вейсман А.Д.* Греческо-русский словарь. — С. 1127.

[3] См. *Фасмер М.* Этимологический словарь русского языка. — Т. III. — М., 1971. — С. 620.

[4] *Михельсон.* Объяснение 25 000 иностранных слов, вошедших в употребление в русский язык. — М., 1865. — С. 577; *Алексеев П.* Церковный словарь. — Т. 3. — С. 59. Шведский комментатор древнееврейского текста Библии Э. Нюстрем считает, что сикера, шекар, общее обозначение различных крепких напитков, приготовленных из фиников или ячменя искусственно (см. *Нюстрем Э.* Библейский словарь. — С. 64; Лев., 10: 9; Числ., 6: 3 и др.).

означало хмельной, опьяняющий напиток, по технологии близкий к медо- или пивоварению, без гонки.

Нет сомнения, что в древнерусских монастырях ученые монахи доискивались до подлинного значения упоминаемых в Библии и Евангелии греческих, арамейских и древнееврейских слов и тем самым получали полное представление о технологических процессах и их отличиях.

5. **Пиво.** Помимо перечисленных выше алкогольных напитков — вина, меда, кваса и сикеры — в источниках XI—XIII веков весьма часто упоминается и пиво. Однако из текстов того времени видно, что пиво первоначально означало всякое питье, напиток вообще, а вовсе не рассматривалось как алкогольный напиток определенного вида в современном нашем понимании. «Благослави пищу нашу и пиво», — читаем в памятнике XI века[1]. Позднее, однако, появляется термин «твореное пиво», то есть напиток, питье, специально сваренное, сотворенное[2], как вино. Твореным пивом, как видно из источников[2], называли очень часто сикеру, а иногда и другой напиток — ол. Таким образом, термин «пиво» сохранил свой широкий смысл и до XII—XIII веков. Если в X—XI веках так назывался всякий напиток, всякое питье, то в XII—XIII веках так стали называть всякий алкогольный напиток: сикеру, квас, ол, твореное вино — все это было в целом твореное пиво, или искусственно созданное самим человеком алкогольное питье. Пиво в современном понимании имело другой термин, другое обозначение — ол.

6. **Ол.** В середине XIII века впервые появляется новый термин для обозначения еще одного алкогольного напитка — «ол»[3], или «олус». Есть также данные, что в XII веке зафиксировано название «олуй»[4], что, по всей видимости, означало то же самое, что и «ол». Судя по скупому описанию источников, под олом понимали напиток, подобный современному пиву, но только приготавливалось это пиво-ол не просто из ячменя, а с добавлением хмеля и полыни, то есть трав, зелий. Поэтому иногда ол называли зелием, зельем. Имеются также указания на то, что ол варили (а

[1] SJS. — T. III. — Praha, 1978. — S. 35 (Никоновская летопись).
[2] Ibid. — S. 35—36.
[3] SJS. — T. II. — S. 539. Устюжская кормчая.
[4] *Терещенко А.* Быт русского народа. — СПб., 1848. — Ч. I. — С. 207.

не гнали, как сикеру или квас), и это еще более подтверждает, что ол был напитком, напоминающим современное пиво, но только сдобренное травами. Его наименование напоминает английский эль, также приготавливаемый из ячменя с травами (например, с добавлением цветов вереска). То, что позднее ол стали отождествлять с корчажным пивом, еще более подтверждает, что олом в XII—XIII веках называли напиток, подобный пивному в современном понимании этого слова.

Вместе с тем ясно, что термин «ол» давался весьма высококачественному и довольно крепкому и благородному напитку, ибо в конце XIII века в «Номоканоне» указывается, что ол может быть принесен в храм «в вина место», то есть может быть полноценной заменой церковного, виноградного вина. Ни один из других видов напитков того времени не пользовался этой привилегией — заменять собой вино[1].

7. *Березовица пьяная.* Этот термин отсутствует в письменных памятниках старославянского языка, но из сообщений арабского путешественника Ибн-Фадлана, посетившего Русь в 921 году, известно, что славяне употребляли березовицу пьяную, то есть самопроизвольно забродивший сок березы, сохраняемый долгое время в открытых бочках и действующий после забраживания опьяняюще[2].

Анализ терминологии спиртных напитков IX—XIV веков дает основание сделать следующие выводы:

В раннюю историческую эпоху на Руси существовало пять типов опьяняющих напитков:

1. Напитки, получаемые из Византии и стран Средиземноморья в готовом виде и являвшиеся виноградным вином, преимущественно красным. Все виды вина назывались до XIII века исключительно просто вином, иногда с прилагательным «кислое» и «осмърнено» (сладкое, десертное, пряное).

2. Напитки, получаемые путем естественного сбраживания местных продуктов природы — березового сока, меда, сока ягод без всякого дополнительного воздействия человека (т.е. без добавления дрожжей, без варки и т. п.), — березовица пьяная, мед ставленный.

---

[1] См. SJS. — Т. II. — S. 539.
[2] См. *Забелин И.* История русской жизни с древнейших времен. — Ч. I. — С. 450.

3. Напитки, получаемые путем искусственного сбраживания зерновых продуктов (ржи, ячменя, овса) после варки (кипячения) сусла и с добавлением дополнительных трав (хмеля, зверобоя, полыни) для придания запаха и вкуса. Этими напитками являлись квас (означавший современное пиво), ол (крепкое, густое пиво типа портера).

4. Напитки, получаемые путем искусственного сбраживания меда или путем комбинации искусственно сброженного меда с продуктами искусственно сброженного зерна. Этим напитком был мед вареный, или питный мед. Он представлял собой водный раствор меда, заправленный ячменным или ржаным солодом и сдобренный различными травами (хмелем, полынью, зверобоем) и сваренный подобно пивным напиткам.

Крепость этого алкогольного напитка была довольно высокой, а опьяняющее воздействие — сильным, поскольку медовое сусло было чрезвычайно богато сахаром, и поэтому напиток оказывался более богатым спиртом, чем ол.

5. Напитки, получаемые путем гонки сброженных зерновых продуктов. К этим напиткам относились: квас твореный, вино твореное, сикера, квас неисполненный. По всей видимости, все перечисленные термины означали один напиток, называемый по-разному в различных источниках именно потому, что он был, во-первых, самым новым для XII—XIII веков напитком, появившимся после всех вышеперечисленных, и термин для его обозначения только подбирался по аналогии со старыми терминами, обозначавшими известные уже алкогольные напитки, а во-вторых, потому, что сырье для этого нового напитка использовалось разное (хотя получался он по действию одинаковым), а люди привыкли определять продукт по сырью, а не по результату производства. То, что это был один и тот же напиток, показывает его единый эпитет — «твореный», что указывает на единство технологии. По-видимому, здесь речь идет о первичном получении хлебного спирта в результате отгонки сильно осахаренного крахмалистого сырья.

Таким образом, обзор терминологии дает возможность установить наличие таких технологических процессов, как медостав, медоварение, квасо-пивоварение и некое, еще неясное, винотворение (т.е. нечто близкое к винокурению, но технически несовершенное).

3. Терминология русских спиртных напитков в XIV—XV веках

Выше мы рассматривали термины, обозначавшие спиртные напитки в источниках в основном до XIII века включительно, хотя учитывался также словарный состав основных письменных памятников и XIV—XV веков. Однако надо иметь в виду, что от этого времени фактически не осталось памятников бытового языка, а зафиксированный лексический состав старославянского, церковного языка, как раз в момент его фиксации, подвергался чистке от бытовизмов и потому не может полностью отражать всю лексику, которая имела фактически место в то время.

Это обстоятельство надо иметь в виду, особенно в связи с тем, что исторически именно конец XIV — начало XV века представляет собой переломный период для России, как в государственном, политическом, экономическом, производственно-техническом отношениях, так и в бытовом, языковом, лексическом, не только потому, что живой старославянский язык исчезает и появляются национальные славянские языки, но и потому, что новое время, новые связи с зарубежным миром (в результате создания Московского государства, ликвидации татарского ига), новые производства (ремесла) и новые привозные товары не могли не вызвать новых явлений в языке, не могли не повлиять на возникновение новых обозначений, новых понятий.

Хотя в этот период не возникает принципиально новых слов для обозначения алкогольных напитков, однако заметно изменение в частоте ранее употреблявшихся терминов. Все шире и чаще для общего обозначения спиртных напитков употребляется термин «хмельное».

Еще в договорной грамоте Новгорода с великим князем Тверским Ярославом Ярославовичем от 1265 года, в самом древнем из сохранившихся документов на русском языке, говорится о таможенной пошлине с каждого «хмельна короба»[1], то есть с каждой единицы объема алкогольных напитков. Короб — это большой туес, может быть, лубяная бочка таких больших размеров, которые соответствуют возу, ибо ее только одну можно поместить на воз. На эту мысль наталкивает выдержка из этого же текста, в кото-

---

[1] Собрание государственых грамот и договоров. — Ч. 1. — М., 1813. — С. 2. — Док. № 1.

рой говорится, что пошлина в «три векши» взимается с каждой «лодьи, воза и хмельна короба», то есть с примерно одинаковых объемов мерных, сыпучих и жидких тел.

Какое «хмельное» можно измерять возами или коробами? По-видимому, не благородный и дорогой ставленный мед, а, скорее, мед дешевый и низкосортный — типа пива, то есть вареный. Об этом говорит грамота Новгорода и Твери от 1270 года, где указывается, что тверской князь обязан послать в Ладогу казенного «медовара»[1], а также то, что для крепких напитков общим термином становится для того времени все чаще слово «мед», хотя, по-видимому, не всегда речь может идти о собственно старинном ставленном меде. Последний в таких случаях называется медом царским, или боярским.

Термин «мед» еще чаще встречается в памятниках XIV—XV веков, причем в XV под ним подразумевается очень крепкий и хмельной напиток, рассчитанный на массового потребителя (войско). Этот мед и получает синонимы «хмельного», «хмеля», потому что в сильной степени сдабривается хмелем и в то же время обладает «крепостью» от сивушных масел, но приписываемой хмелю, ибо чем больше было сивухи, тем больше приходилось класть хмеля, чтобы забить ее запах. Именно в эту эпоху «хмельному» все более придается и другой термин — «зелье», то есть напиток, сдобренный травами, когда наряду с хмелем кладется полынь. А сам термин «зелье», или «крепкое зелье», постепенно приобретает иной смысл: «злой» хмельной напиток, опьяняющее питье, о котором говорят с известной долей презрения — из-за его низкого качества. Само опьянение начинает приобретать, по-видимому, иной характер: из веселья оно превращается в потерю смысла, в пагубу. Так, например, летописец не может пройти мимо такого факта, как пагубное воздействие «нового опьянения» на важные поступки, действия людей, на общество. Он рисует сдачу Москвы хану Тохтамышу как происшедшую в значительной степени из-за пьянства в осажденном городе в ночь с 23 на 24 августа 1382 года, причем это пьянство сопровождалось поразительным и непонятным безрассудством. При осаде «одни молились, а другие вытащили из погребов боярские меды и начали их пить. Хмель ободрил их, и они полезли на стены задирать татар». После двухднев-

---

[1] Собрание государственных грамот и договоров. — Ч. 1. — С. 8.

ного пьянства жители так осмелели, что отворили ворота татарам, поверив их обещаниям. Результатом было полное разорение и разграбление Москвы[1].

В 1433 году Василий Темный был наголову разбит и пленен небольшим войском своего дяди Юрия Звенигородского на Клязьме, в 20 верстах от Москвы, только потому, как говорит летописец, что «от москвыч не бысть некоея же помощи, мнози бо от них пияни бяху, а и с собой мед везяху, чтоб пити еще»[2].

Таким образом, совершенно ясно, что в XIV—XV веках происходят какие-то весьма существенные изменения в характере производства хмельных напитков, и отсюда сам характер, сам состав этих напитков значительно меняются: они действуют более опьяняюще и, главное, одурманивающе.

Известно, что в 1386 году генуэзское посольство, следовавшее из Кафы (Феодосия) в Литву, привезло с собой аквавиту[3], изобретенную алхимиками Прованса в 1333—1334 годах и ставшую известной на юге Франции и в северной части Италии, прилегающей к французской территории[4].

С этим крепким напитком был ознакомлен и царский двор, однако он был признан чрезвычайно крепким и возможным для употребления лишь как лекарство и исключительно разбавленным водой. Вполне вероятно, что идея разводить винный спирт водой и дала с этого времени начало русской модификации водки, по крайней мере, как термину, как наименованию. Однако, возможно, был и другой путь: водка технологически выросла, вполне вероятно, из сикеры и из квасогонения, а отчасти и из медоварения в том виде, каким оно сформировалось к XIII—XIV векам.

Чтобы выяснить этот вопрос, обратимся к рассмотрению технологии тех напитков, терминологию которых мы

---

[1] См. *Соловьев С.М.* История России с древнейших времен. Кн. 1. — Т. III. — С. 982—983.

[2] Никоновская летопись V// *Соловьев С.М.* Указ. соч. — Кн. 1. — Т. IV. — С. 1056.

[3] См. *Успенский Г.П.* Опыт повествования о древностях русских. — Ч. 1. — Харьков, 1811. — С. 78.

[4] В 1386—1528 годы Генуя находилась в политическом и военном союзе с Францией, которая выступала в роли протектора Генуи. Генуэзское купечество имело огромные привилегии в Византии, данные Михаилом Палеологом в XIII веке, и поэтому пользовалось доверием и в России, где настороженно относились к другим иностранцам (см. Энциклопедический лексикон. — Т. XIV. — СПб., 1838. — С. 56—57).

уже определили выше. Но прежде чем перейти к этому, кратко проведем точную хронологию возникновения всех спиртных напитков с IX по XV век.

4. Первое упоминание в письменных источниках алкогольных напитков или их терминов в Древней Руси IX—XIV веков

Хронологическая таблица

Конец IX в.	(ок. 880—890 гг.)	Мед ставленный
Начало X в.	907 г.	Вино виноградное
Начало X в.	921 г.	Березовица пьяная
1-я пол. X в.	920—930 гг.	Мед хмельной
Конец X в.	996 г.	Мед вареный
Конец X в.	988—998 гг.	Вина виноградные (кислые, сладкие)
Середина XI в.	1056—1057 гг.	Квас
Середина XI в.	1056—1057 гг.	Сикера
2-я пол. XI в.		Квас неисполненный
2-я пол. XII в.		Квас твореный
2-я пол. XII в.		Пиво твореное
Конец XIII в.	1265—1270 гг.	Хмельное
Конец XIII в.	1284 г.	Ол (олуй, олус)
XIII — XIV вв.		Вино твореное

Из этой краткой таблицы, подытоживающей весь предыдущий историко-лингвистический анализ терминологии алкогольных напитков, следуют два основных вывода.

1. Изначальными, первыми по времени и доминирующими в течение всего периода Древней Руси (IX—XIV вв.), являются алкогольные напитки, сырьем для которых служили дары природы: березовый сок, виноград, мед. Среди них виноград и произведенное из него вино были целиком иностранного происхождения, и употреблялось это вино только в высших социальных слоях феодального общества или в ритуальных (религиозных) целях. Однако оно служило своеобразным эквивалентом алкогольных напитков и по силе воздействия, и по терминологии. Оно было «золотой серединой», эталоном. Слабее вина были слабоалкогольные напитки вроде березовицы, пивного кваса, сыченого медка. Сильнее вина были березовица пьяная, квас-сикера, ол, мед ставленный и мед вареный. Тот факт, что мед и березовый сок были первыми русскими естественными полуфабрикатами для производства вина, с которыми не было необходимости производить сложные технологичес-

кие манипуляции, а достаточно было дать естественно забродить, обусловил такую особенность русского производства спиртных напитков на весьма долгий период, как экстенсивность технологии и использования сырья.

2. Только со второй половины XI века, а может быть, и с конца этого столетия и начала XII века можно говорить о развитии производства алкогольных напитков из иных полуфабрикатов, чем мед, а именно из зерна злаковых растений. Это производство, несомненно, родилось как побочная и случайная ветвь хлебопечения и было тесно связано с разделением церквей на православную и католическую и в связи с этим со спором об евхаристии (т.е. о применении либо только пресного или только дрожжевого, «квасного», хлеба для причастия)[1].

Производство это, давшее в XII—XIII веках такие напитки, как пиво и ол, получило особый толчок для своего дальнейшего расширения вследствие монголотатарского нашествия, изоляции Руси от Византии, перенесения русского политического центра в район бассейна Оки и Верхней Волги, где основным пищевым сырьем были рожь, овес, ячмень, мед. Разрешение замены вина в церковном ритуале пивом, олом было результатом отсутствия настоящего виноградного вина и в связи с этим санкционированием со стороны церкви и государства производства алкогольных напитков из хлебного сырья.

Появление в конце XIII — начале XIV века таких терминов, как «хмельное», «вино твореное», обозначающих алкогольные напитки вообще, говорит о крайней нечеткости алкогольного стандарта этих напитков, об отсутствии у них твердого, прочного, определенного наименования и наличии лишь одного общего признака — употребление при их производстве хмеля, а также сопоставление их по крепости с не разведенным водой вином.

---

[1] Раскол двух христианских церквей начался на Константинопольском соборе 867 года спором об евхаристии, затем последовал период относительного спокойствия и примирения; отношения обострились вновь в середине XI века, когда 16 июля 1054 г. папский посол кардинал Гумберт отлучил от церкви в соборе Св. Софии в Царьграде Константинопольского патриарха Михаила Кирулярия, а тот предал анафеме папу римского. С этих пор западное христианство стало именоваться католической (вселенской) церковью, а восточное, византийское, — православной (ортодоксальной) церковью. Но в XII веке распри возобновились, и это привело к окончательному разъединению церквей.

Тот факт, что вином твореным называли все алкогольные напитки (ол, пиво, квас неисполненный), кроме меда, еще более подчеркивает наличие процесса создания алкогольного напитка на немедовой базе, то есть на хлебной. Именно этот напиток, общего единого названия которого еще в XIII—XIV веках не существовало, называли хмельным, ибо все его разновидности и модификации требовали употребления хмеля. В случае же использования хмеля при производстве вареного меда такой мед называли не просто «хмельным», а «хмельным медом». Таким образом, мед остается единственным из старых, древних терминов алкогольных напитков, не объединяемых и не смешиваемых с более поздними. Это еще раз объясняет тот факт, что «мед» как термин хорошо представлен в фольклоре и что этот термин связывается с глубокой древностью, хотя на самом деле его фиксация относится к тому же XIV и даже XV веку.

Другой излюбленный фольклорный термин — «зелено вино» — в письменных источниках абсолютно не встречается, что может быть объяснено двояко: во-первых, как метонимия слова «хмельное» («зелено» не значит зеленое, а зельено, то есть сдобренное зельем, травами, хмелем, зверобоем и т. д.). Даже слово «ол» («olus» означало по-латыни «трава», «зелье») — отголосок общего термина «хмельное»; во-вторых, как более поздняя, относящаяся к XVII — XVIII векам, визуальная характеристика плохого самогона, имеющего зеленоватый, мутный оттенок. При этом первое объяснение, по-видимому, более правильно. Тот факт, что термин «зелено вино» появляется в тех пластах фольклора, которые относятся никак не раньше, чем к XV—XVI векам, говорит о том, что сам термин не мог возникнуть раньше этого времени. Он явно применяется к хлебному вину, а не к меду и тем самым косвенно указывает на то, что XV век был действительно переломным в смысле полного перехода от прежних, древних алкогольных напитков, терминологию которых мы рассмотрели, к новым — к хлебному спирту.

Итак, обзор терминологии и хронологии ее появления и применения показывает, что с IX и до XIII века бытовали довольно стабильно три-четыре термина (мед, вино, квас, березовица), значение которых за этот период менялось незначительно, хотя и происходило их уточнение и появление новых нюансов в терминологии. В XIII— XIV веках появляются новые термины алкогольных напитков. Вместе с тем, по данным историко-экономического характера, к XV веку сокращается старое, древнее сырье — мед для производства алкогольного меда. Все это говорит о наличии в XIV— XV веках перелома в производстве спиртных напитков. Если же учесть, что в 1386 году русские ознакомились с виноградным спиртом, ввезенным из Кафы (генуэзской колонии в Крыму), то и этот факт конца XIV века также подтверждает, что данный исторический период был во всех отношениях новым, отличающимся от предшествующего, и это оказало влияние на изменение и сырья и технологии производства русских алкогольных напитков. Однако поскольку все эти данные носят косвенный характер, то весьма важно посмотреть, нет ли прямых данных, говорящих об изменении технологии производства. Для этого необходимо сделать обзор тех сведений, которые известны нам, о технологии производства алкогольных напитков до XV века.

Глава 2

ОСНОВНЫЕ ТЕХНОЛОГИЧЕСКИЕ ПРИЕМЫ ПРОИЗВОДСТВА АЛКОГОЛЬНЫХ НАПИТКОВ, СУЩЕСТВОВАВШИЕ В ДРЕВНЕЙ РУСИ ДО XIV—XV ВЕКОВ

Выше уже отмечалось, что литературные данные (летописи, фольклор, документальные источники) дают нам через терминологию и посредством краткого, обобщенного описания представление лишь о трех типах производства алкогольных напитков: 1) сбраживание натурального сока растений, их плодов; 2) сбраживание и выдержка меда; 3) варка сусла с его последующим забраживанием.

Все эти три способа получения спиртных (алкогольных) напитков не изолированы друг от друга, а, наоборот, тесно связаны, родились последовательно один за другим. Вполне логично предположить, что именно последовательное развитие перечисленных способов в конце концов послужило источником начала винокурения как совершенно нового способа, с новой исходной и конечной продукцией, но развивавшегося и появившегося на месте древнейших способов и, более того, невозможного без предшествующего опыта. Вот почему, для того чтобы представить, когда могло возникнуть винокурение, необходимо иметь представление о всех трех способах получения алкогольных напитков до появления винокурения.

1. *Первый способ* — самопроизвольное закисание и сбраживание березового или кленового (в Белоруссии, Волыни, Полоцкой Руси) сока — давал неочищенную, засоренную кислотами, близкую к уксусу, но дурманящую брагу. Этот способ получил развитие, когда вместо березового сока стали использовать зерно или чаще всего муку, разводя ее в воде и давая ей закиснуть либо естественно, либо при помощи стимуляторов в виде солода, дрожжей, прокисшего теста от хлебов. Так появился квас. Поскольку этот напиток был первоначально заменой березовицы в зимнее время, то его готовили один раз в год, а именно 1 марта, то есть на Новый год (до 1492 г. Новый год начинался с 1 марта; опять XV век — рубеж!), причем затор, или сусло, приготавливался в таких больших бочках, что затем в течение длительного времени в них доливали воду в соответствии со взятыми порциями кваса. Квас этот не варился совсем, а замешивался из ржаного солода теплой водой. Именно поэтому квас (пиво) считался хорошим особенно в марте, а затем становился все более и более водянистым. Отсюда и произошло выражение «мартовское пиво», то есть пиво хорошее, крепкое, полноценное.

2. *Второй способ* — ставление (т.е. настаивание, выдержка закисшего, сброженного сусла) — получил развитие при производстве ставленного меда. Этот способ поэтому называется медоставом и может быть применен лишь в том случае, если исходным сырьем является мед. Он требует больших количеств меда, чрезвычайно длительного времени производства (от 5 до 40 лет) и дает относительно небольшой выход готовой продукции в сравнении с затраченным сырьем. Уже в XV веке ставленный мед рассматривался как роскошь и был относительно редким.

Характерно, что В.И. Даль в своем словаре хотя и приводит слово «медостав», но объясняет его неправильно, отождествляя со словом «медовар». Во-первых, он упускает при этом, что когда говорят о медоставе, то имеют в виду прежде всего не профессию, а метод, тип технологии, ибо медостав — это способ приготовления питного меда путем его ставления, то есть путем составления медово-ягодной смеси и ее укупорки для длительного хранения; во-вторых, слово «медостав» может обозначать и профессию, то есть относиться к тому лицу, которое занимается ставлением меда, но это вовсе не тождественно с понятием «медовар», то есть специалист по варке меда, а не по его винному сбраживанию или ставлению.

Медостав, как способ приготовления, насколько можно судить по позднейшему пересказу Домостроя, состоял в том, что в котел с ягодами клали кислый мед (oxymel), чтобы ягоды в котле «поняло» (т.е. чтобы они закисли, забродили и пустили сок), а после этого ягоды с медом томили в печи до полного разваривания и затем оставляли на ночь для отстаивания гущи. На другой день мед переливался (а не процеживался) в бочонки, засмаливался и ставился в погреба для выдержки на несколько лет или зарывался глубоко в землю, чтобы полностью исключить доступ воздуха, но в то же время гарантировать выход газов из бочек.

Однако приготовление кислого меда как полуфабриката требовало предварительного значительного времени и было весьма трудоемким. Вначале мед рассычивали, или сытили, то есть разбавляли водой в пропорции 1:4 или 1:6, и таким способом делали сыту различной концентрации в зависимости от желаемой крепости напитка. Затем снимали вощину с поверхности, процеживали сквозь сито, клали по мере, полумере или четверти меры хмеля[1] на каждый пуд меда, ува-

---

[1] Мера, или осминник, осмина, осмерик, была равна примерно 1 гектолитру объема (хмель насыпался без утрясывания, свободно). Пуд равен 16 кг. Таким образом, из 16 кг меда после варки в хмелевой растительной массе и после отстаивания, снятия вощины оставалось около 1/3 объема. Если учесть, что мед затем забраживался и частично томился в печи, то можно считать, что получалось в результате около 1/4 первоначального веса, то есть 4 из 16 кг. При рассычивании меда первоначальный объем восстанавливался целиком, при ставлении меда с ягодами — примерно наполовину. При дальнейшей выдержке терялось около 1/10 объема. Отсюда видно, что для изготовления бочки меда в 40 ведер (примерно 500 л) необходимо было около 90 ведер меда (1260 л), то есть даже по ценам того времени это составляло 100 рублей при цене хмеля 36 рублей за короб. Это показывает, что себестоимость меда уже в XVII веке была крайне высокой: за 7—10 л готового питного обарного меда (в зависимости от качества) себестоимость составляла 15—18 рублей без оплаты труда (лишь за материал), то есть около 2 рублей за литр. Учитывая необходимость оплаты труда и минимум 10-летнюю выдержку меда, не говоря уже о расходах на транспортировку, хранение и разлив, торговая стоимость литра ставленного меда доходила до 3—4 рублей серебром по ценам того времени. Другое дело, что его почти не продавали, а изготавливали «для себя», то есть для потребностей царского и

ривали мед до половины объема, непрерывно снимая пену с поверхности. По окончании варки мед остужали до теплого состояния и заквашивали хлебными дрожжами (иногда краюхой ржаного теплого недопеченного хлеба) вместе с патокой и оставляли в теплой, истопленной и медленно остывающей печи, чтобы мед закис, но не прокис. Этот момент тщательно улавливали и вовремя сливали мед в бочки, затем ставили этот полуфабрикат на лед, задерживая дальнейший процесс брожения. После этого кислый мед использовался как полуфабрикат для производства различных «марок» меда — боярского, паточного, обварного, ягодного (клюквенного, брусничного, смородинного), белого, зельевого (т.е. пряного) и др.

Медостав был связан с еще одним редким и ныне исчезнувшим продуктом — рыбьим клеем (карлуком). Карлук добавлялся в готовый мед перед его засмаливанием с целью затормозить, замедлить процесс брожения и «погасить» (оклеить) возникающие в меду продукты распада, нейтрализовать их[1]. Так как карлук имел стоимость в сотни раз большую, чем осетровая икра (пуд икры — 15 руб., пуд карлука —

___

боярского хозяйства, на основе даровой рабочей силы и почти дарового сырья. Это-то и скрывало факт реального удорожания стоимости меда с X по XV век (с 18 коп. до 2 руб.). Подобно тому как и в наше время практически исчезнувший из торговли балык продолжал все 60—80-е годы XX в. сохранять государственную цену 2 руб. 60 коп. за банку и распределяться по такой цене среди привилегированного слоя, в то время как его реальная цена при открытой розничной продаже в 1991 году оказалась 16 руб. за ту же банку, то есть в 7—7,5 раза выше. Подобные скрытые несоответствия цен и реальной стоимости продукта были всегда характерны для России и являлись результатом взаимодействия двух факторов: 1) сокращения каких-либо природных ресурсов, которые народ привык считать неисчерпаемыми и которыми пользовался хищнически и не ценил; 2) наличия в России всегда большого привилегированного слоя, который продолжал пользоваться традиционным сырьем даром или по низким ценам даже тогда, когда оно превращалось в дефицит во всей стране.

[1] Применение рыбьего клея в процессе производства меда лишний раз говорит о том, что медостав был процессом аналогичным виноделию в странах Южной Европы. Оклеивание, или оклейка, как технологический прием применяется до сих пор при производстве виноградных десертных вин, равно как и захолаживание и выморозка вин. Все эти приемы были свойственны и медоставу. Огромную роль играл и перелив, как и во всех древнейших видах виноделия, — прием неэкономный, дорогостоящий, но зато эффективный (перелив как прием виноделия до XX в. применялся в Грузии как основной и единственный технологический процесс).

370 руб.)[1], то это также удорожало стоимость ставленного меда. Длительность процесса медостава, высокая стоимость продукции и ее незначительный выход по сравнению с исходной закладкой сырья привели постепенно к тому, что медостав все больше стал уступать место экономически более выгодному медоварению.

3. **Медоварение** развивалось почти параллельно медоставу, но его значение стало особенно возрастать с XIII—XIV веков, и, по-видимому, этот вид технологии при производстве медового алкоголя (так называемого питного меда) стал доминирующим и даже почти абсолютно преобладающим в XV веке.

Медоварение отличалось от медостава тем, что при нем происходило большее рассычивание меда, то есть увеличивалась норма наливаемой в мед воды (в семь раз больше, чем меда). Кроме того, чтобы повысить процент сахара в сусле и тем самым увеличить долю спирта, добавлялась патока[2]. Наконец, в ряде случаев в мед добавлялся дополнительный элемент — пивное сусло, и тем самым получался уже не мед вареный, а медвяное пиво, или пивом сыченный мед. Но основной технологической «новинкой» и особенностью было добавление в мед дрожжей и не только варение (варка) меда перед его заквашиванием, но и добавление к нему «вара», то есть заваривание (обваривание) медово-солодового сусла кипятком, предварительно вываренным с хмелем (отсюда один из видов меда носил название обарного, то есть искаженного из «обварного», так как для его изготовления способ заваривания был непременным).

Заправка дрожжей происходила уже после этого заваривания, причем вареный мед несколько раз переливался в разные бочки с целью остановить процесс спирто-дрожжевого брожения на определенной стадии. С этой целью засмоленные бочки с медом после вторичной или третьей пе-

---

[1] По сопоставимым ценам первой половины XIX века (1827—1846 гг.), действовавшим в русской торговле с Западной Европой, в том числе с Англией (основным покупателем рыбьего клея на мировом рынке). Разрыв в стоимости клея и икры в XV веке был еще большим.

[2] В Средние века, когда способ получения сахарной патоки из картофельного крахмала и свекловицы был совершенно не известен, под патокой понимали пивную гущу, содержащую солод и соложеные части затора, а также собственно патоку весьма высокого качества, которую варили из арбузов с конца XIII века или покупали в готовом виде в Орде.

реливки содержались на льду, и брожение в них как бы «замораживалось» до такой степени, что его продукты не превращались в газы, а «уходили» в сам мед; что и сообщало вареному меду особую сногсшибательную «крепость».

Эта технология медоварения все более совершенствовалась в смысле дозировок и рецептуры и послужила образцом для русского квасо- или пивоварения, которое получило развитие в XIII веке и достигло такого совершенства, что создало пивной напиток высокого качества — ол.

Однако и пивоварение, особенно высококачественное, носило отчасти ритуальный характер, было приурочено к определенному времени года и в своих лучших образцах оставалось весьма дорогостоящим и, главное, чрезвычайно трудоемким методом, требующим больших затрат сырья, особой посуды (огромных котлов) и артельного, коллективного производства. Пиво варили сразу на несколько сотен человек, и его надо было израсходовать как можно быстрее, в два-три дня, ибо его не умели сохранять.

Таким образом, и пивоварение не могло получить развития как постоянный промысел, не могло стать основой торговли, ибо пиво варили для коллективного праздничного домашнего потребления. Это лимитировало прежде всего частоту изготовления пива — к двум-трем праздникам в году.

Таким образом, медоварение, более независимое от времени года и дающее более крепкий и длительно и надежно сохраняемый алкогольный напиток, оставалось преобладающим методом изготовления алкоголя вплоть до XV века.

Это обстоятельство объясняет, почему технология медоварения послужила основой для производства спиртных напитков и из других видов сырья. Технический и технологический опыт медоварения переносился, таким образом, на пиво- и квасоварение, из которых и возникло затем винокуренное производство.

Возникновение его, однако, не было мгновенным актом, а, скорее всего, шло исподволь, до тех пор, пока экономические и отчасти социально-политические условия не поставили вопрос о замене старых, экстенсивных способов производства алкогольных напитков более интенсивными, новыми.

По-видимому, винокурение или, точнее, первые подходы к нему начались уже в конце XII — начале XIII века, причем в беднейшей социальной среде земледельческого населения в процессе развития квасоварения. Но поскольку в конце 20-х — начале 30-х годов XIII века началось татаромонгольское нашествие и вся политическая и экономическая жизнь на Руси была полностью дезорганизована, то начавшийся процесс перехода к винокурению был резко прерван и квасоварение законсервировалось на два века на достигнутом уровне. Между тем для русского квасоделия были характерны некоторые особенности, способствующие впоследствии созданию оригинальной технологии русского винокурения.

Первая особенность заключалась в том, что сложилась практика сохранения квасного сусла в течение года в открытых емкостях. Иногда, особенно в бедных слоях населения, новое квасное сусло заливали в старую емкость, не очищая ее от остатков. Тем самым создавалась многолетняя грибковая культура, которая, как было замечено, усиливала качество продукта (его вкус, крепость, аромат).

Второй особенностью было то, что для производства квасного сусла, или затора, использовалось не цельное зерно, как в Западной Европе, а мука крупного помола (т.е. такая мука, которая была сделана кое-как и на выпечку хлеба не употреблялась).

Эта привычка использовать для кваса и пива отходы от хлебопечения и хлебного хозяйства (все, что можно было соскрести по сусекам, т.е. отруби, высевки, крошки старого засохшего теста, остатки разного зерна) породила и третью особенность русского алкогольного производства: в качестве сырья использовался не один какой-либо вид зерна (например, не один ячмень, как в Англии), а все виды или, точнее, остатки всех видов зерновых, которые были в хозяйстве. Это вызвало появление квасного затора из смеси ржаной, овсяной и ячменной муки, а иногда и гречневой. А так как было замечено, что смесь разных видов муки дает более крепкий и более вкусный продукт, чем мука одного вида, то стали специально подбирать пропорции этих трех-четырех видов, ища наиболее целесообразное сочетание. Вместе с тем на опыте убедились, что из всех трех злаков рожь является самой лучшей для получения кваса или пива, и поэтому наряду с использованием смеси разных видов муки стали также, когда имелась возможность, использовать исключительно рожь как сырье.

Четвертая особенность русского квасоварения и медоварения состояла в широком использовании растительных (пряных, зельевых) добавок, и прежде всего хмеля (но не только его, а также и других трав — зверобоя, полыни, тмина и т. п.). Цель этих добавок состояла в том, чтобы, во-первых, удлинить срок сохранности слабоалкогольных напитков, предотвратить их закисание, что становилось особенно важным при увеличении объема их производства к концу XIV века; во-вторых, хмель и другие добавки забивали, маскировали недостатки вкуса (прогорклость, пригарь, сивушность), проистекающие от неряшливости приготовления; в-третьих, хмель придавал характерный запах всем алкогольным продуктам, создавал им узнаваемость и стандартность, что было чрезвычайно важно при установлении государственной регалии (монополии) на производство спиртных напитков.

Хмель был известен на Руси уже с X века. Он упоминается в летописи Нестора. Но к XIII веку его производство расширилось настолько, что Новгород скупал его в Тверском княжестве в больших количествах и реэкспортировал в Германию через Ригу. Ганза закупала хмель независимо от Новгорода и в Смоленском княжестве, а в XIV веке (1330 г.) хмель, как предмет экспорта, упоминается и в договоре Полоцка с Ригой.

Таким образом, данные экономической истории указывают, что расцвет производства и применения хмеля приходится на XIII—XIV века. При этом важно подчеркнуть, что если хмель в пивоваренной промышленности Германии употреблялся главным образом для осветления пива, а потому объем применения был относительно меньшим, то в России применение хмеля в основном диктовалось иными, вышеперечисленными причинами, и он применялся не столько в пивоварении, сколько в медоварении, производстве браги, квасоварении и начальном винокурении. Отсюда нормы его закладки были более высокими, чем в западноевропейском пивоварении.

Кроме того, хмель закладывался не в конце процесса производства, а в середине его, даже, можно сказать, почти в начале, вместе с варом, то есть будучи уже экстрагированным путем выварки в кипятке или в процессе варения (томления) с медом (при производстве вареного меда).

Итак, русское производство алкогольных напитков, во-первых, отличалось использованием дополнительного растительного сырья (хмеля, полыни, зверобоя, тмина), причем хмель закладывался в больших дозах и в большей концентрации, чем при обычном пивоварении.

50

Во-вторых, использовалось специфическое основное сырье: мед, мука ржаная, овсяная, ячневая (ячменная), а солод был всегда ржаным, а не ячменным.

В-третьих, из нерастительного сырья применялся карлук, нигде больше не используемый в мире.

В-четвертых, технологическая схема, по-видимому, отличалась от тогдашней западноевропейской такими особенностями, как длительное, постепенное сбраживание затора, сусла, заваривание его крутым кипятком, варом, последующее соложение, заквашивание (солодом, закваской, дрожжами) и, наконец, томление при падающей температуре и опять-таки длительное время для медленного вторичного сбраживания.

В этой схеме отсутствует процесс варения, варки сусла, которое не варилось, а заваривалось, вернее, обваривалось варом, кипятком. Это обеспечивало медленность и даже слишком большую медлительность всех дальнейших процессов и сдерживало темпы и объем производства, но зато обеспечивало неповторимо высокое и своеобразное качество продукта при условии, что все длительные сроки выдерживались. Но как только эти сроки нарушались, то есть убыстрялись, продукт получался крайне низкого качества. Именно так и следует, по-видимому, понимать «квас неисполненный», именно в таком технологическом контексте подобный термин приобретает свой подлинный смысл.

Отравления квасом неисполненным, по всей вероятности, побудили проваривать, варить сусло, а не просто обваривать, заваривать его кипятком. Скорее всего, это произошло уже в самом конце XIII века, когда представилась возможность убедиться (на примере татарского катыка), что заквашивание может происходить и у сваренного, прокипяченного сусла, но только для этого необходимо, во-первых, большее количество и более крепкая закваска, а во-вторых, иные температурные условия и обязательно долголетняя грибково-дрожжевая культура.

Возможно, что к процессу варения сусла прибегали и раньше, до конца XIII века, но только много десятилетий спустя, вероятно именно в процессе варки соложенного мучного затора, произошла случайная отгонка спирта. Когда и каким образом это случилось — можно лишь догадываться. Но представить, какие технические предпосылки должны были помочь осуществлению этой случайности, дают возможность обзор данных археологии и сравнение с развитием на Руси других производств, применяющих варку как основной метод.

Начнем рассмотрение с других производств. Самым близким к винокурению производством по типу оборудования и технологии следует считать смолокурение. Здесь даже термины совпадают. Еще более совпадали они в древности, когда говорили «сидеть вино», «сидеть смолу, деготь».

Смолокурение зародилось в Полоцкой и Новгородской Руси, в северной части Смоленского княжества (отсюда и само название города — Смольня, Смоленск (Смоленеськ). Это было вызвано двумя обстоятельствами: во-первых, развитием судоходства в условиях озерно-речной равнины, соединенной такой мощной рекой, как Западная Двина, с Прибалтикой и морским побережьем. Здесь наиболее надежным, быстрым и самым необходимым средством сообщения, передвижения, транспортировки грузов были ладья, барка, судно. Судостроение требовало изобретения водонепроницаемого состава, которым можно было бы пропитать дерево.

Вторым обстоятельством, заставившим население Смоленщины и Белоруссии искать занятие в каком-нибудь ремесле, были неплодородность озерно-болотистой, лесистой местности и невозможность производить здесь собственное зерно, а также пытаться получать его в обмен на местные продукты, добываемые в результате трех видов промыслов: рыболовства, бортничества и смолокурения.

Однако тем не менее смолокурение, то есть получение дегтя, и торговля им отмечены впервые лишь в начале XVII века. В то время деготь в русских документах торговли назывался «смольчуг». Слово это заимствовано из литовского, где оно означает «темная смола». Таким образом, центром дегтеварения, или смолокурения, бесспорно, следует считать Полоцкую Русь, Белоруссию, Литву. То, что в официальных государственных торговых документах слово «смольчуг» появляется только в 1617 году, в связи со Столбовским миром, разумеется, не означает, что смольчуг, деготь, и его производство не были известны ранее. В этой связи нельзя не вспомнить весьма важное замечание А. Шлецера: «К сожалению, русские летописатели торговыми известиями несравненно беднее всех прочих писателей временников среднего века. Ежели русский что-либо захочет узнать об истории своей торговли тех времен, то должен будет искать ее у иностранцев, которых также скудные и по многим местам рассеянные известия очень еще недавно собраны... Даже и о славной Ганзейской конторе в Новгороде, которую сами ганзейцы считали важнейшей и первейшей из всех своих прочих контор, писцы летописи не говорят ни слова»[1].

Действительно, первое упоминание о торговле внутренней мы находим под 1264 годом, а о торговле внешней — под 1373 годом, то есть в конце XIV века, когда эта торговля уже процветала. Вот почему и к первому упоминанию дегтя в торговых документах мы должны отнестись скептически в том отношении, что оно свидетельствует не о начале дегтеварения, а о его значительном развитии. Действительно, первое упоминание дегтя в бытовых документах мы находим для Московского государства не в XVII, а в XVI веке — в 1568 году (деготь) и под 1517 годом (дехтярная яма)[2], а для Северо-Восточной Руси — даже в XV веке, под 1494—1498 годами («А лес господине секли и береста драли на деготь»)[3]. Таким образом, расхождение по сравнению с торговыми документами на два века! Но все же не ранее XV века, а именно в XV веке!

Здесь вновь бросается в глаза почти полная аналогия с производством алкогольных напитков. Во-первых, XV век оказывается истоком, переломным, в нем (может быть, и в начале, в середине, а не в конце, но все же именно в XV веке, а никак не ранее) появляется смолокурение как производство дегтя. Точно так же и винокурение возникает, по всей вероятности, в этом веке. В то же время нет никакого сомнения в том, что смола использовалась и для судостроения, и для других целей гораздо ранее XV века, ибо само название Смоленск относится к IX веку. Из этого можно сделать только вывод, что первоначально под смолой понимали именно смолу, то есть живицу, смоляные натеки хвойных деревьев, которую использовали экстенсивно, то есть собирали (как мед в лесах), варили (как и мед) в котлах и горячей (текучей) обмазывали суда, бочки, фундаменты построек. Деготь же получался путем сухой перегонки сосны (ибо в ней явно была смола), а затем, позднее, по аналогии с сосной, стали использовать и березу, особенно бересту.

_____

[1] См. *Шлецер А.* Нестор. — Ч. II. — СПб., 1816. — С. 295—296, со ссылкой на Geschichte des Hanseatischen Bundes. — Т. 1. — Gottingen, 1802. — S. 197.

[2] См. Словарь русского языка XI—XVII вв. — Т. 4. — М., 1977. — С. 200.

[3] Там же. СР.: АСЭИ. — Т. 1. — С. 506.

Как варка смолы, путем выварки ее из сосновых чурок в воде, так и сидка смолы, то есть сухая перегонка смолы и дегтя в ямах, предполагали отвод продуктов перегонки (смолы, дегтя) по желобам в другой резервуар. Желоба устраивались при варке смолы вверху чана, а при сидке смолы и дегтя — внизу ямы. Именно эти желоба и породили идею труб (закрытых желобов) в винокурении как необходимого пути для отвода более тонких (лучших) продуктов перегонки.

Таким образом, смолокурение, дегтярное производство породили идею винокурения. Во всяком случае, идея труб и охлаждения не могла сама собой родиться из пивоварения или медоварения, но была вполне естественной и даже неизбежной, непременной в смолокурении. Именно там вновь полученные продукты — горячая смола, кипящий деготь — были слишком горячими и слишком опасными, чтобы можно было пренебречь такой мерой, как охлаждение. Недаром деготь назывался также варом (и называется так до наших дней!), хотя это слово на старославянском языке в прямом смысле означало «зной», «жар», «кипяток», а вовсе не «деготь».

Существовали и другие технологические аналогии. Варка готовой, собранной с поверхности деревьев смолы, имевшая место в IX—XII веках, соответствовала медоварению — варке готового, собранного в лесах меда.

Смолокурение, особенно сидка смолы сухим способом, было принципиально новым видом производства, получением экстракта и вполне соответствовало исторически, технологически и технически винокурению, как точно такому же получению экстракта из хлебного (мучного) затора.

Даже тот факт, что вначале и смолокурение и винокурение, как типы производства, обозначались едиными терминами — «сидение», «сидка» (смолы, вина), то есть медленная высидка, терпеливое и непрерывное производство, указывает на то, что смолокурение не просто исторически совпадало, но и предшествовало винокурению. Ведь высидка, медленное, постепенное вытапливание из сухих деревянных чурок жидкой смолы, была в первую очередь необходима при производстве дегтя. В винокурении необходимость этой меры была не столь очевидной, ибо там был иной материал — ведь и затор, и результат гонки были жидкими. Между тем первые наставления о винокурении, которые до нас дошли, изобилуют указаниями гнать как можно тише, медленнее, опасаться доводить затор до бурного кипения, сокращать огонь. Это как бы сколок с инструкции дегтярного производства: вытапливать медленно, но все время сидеть и пристально следить за огнем и не прерывать, не останавливать процесс. Точно так же и слово «гнать» (смолу, вино) свидетельствует о том, что смолокурение предшествовало винокурению технологически. Дело в том, что смолу действительно приходилось, в полном смысле этого слова, «выгонять» из дерева, из поленьев, где эта смола находилась, причем выгонять настойчиво, долго, медленно, то есть «высиживать».

Таким образом, в смолокурении все термины, все слова полны смысла — выгонять, гнать, высиживать, сидеть, все они точно характеризуют суть производства.

В винокурении те же самые слова почти лишены смысла. Здесь они употребляются лишь в значении терминов. И именно это доказывает лучше всего, что речь идет об их заимствовании из другого, сходного производства. В самом деле, из затора, сусла, который в процессе винокурения варился, подогревался, совершенно не вытекают такие термины, как «высиживать», «сидеть». Ведь кипение, варка затора напоминает скорее варку пищи — щей, каши, тем более что ее цель — быстрее довести затор до парообразного состояния. Термины «гнать», «выгонять» на первый взгляд имеют смысл, ибо из затора действительно «выгоняется» вино, но этот смысл очевиден для нас сейчас, но был вовсе не очевиден, не ясен при возникновении способа винокурения и при его применении. Следовательно, он не мог породить этот термин. Этот термин породило смолокурение, точно так же, как и смолокурение и его желоба породили идею винокуренных труб, то есть закрытых, замкнутых желобов, ибо по ним должны были перегоняться летучие субстраты: пар, газы, а не смола.

Но как же быть тогда с приведенной нами в терминологической части этого исследования цитатой из источника XI века, где говорилось: «Горе квас гонящим». Не доказывает ли она, что под именем «квас» гнали, то есть производили, хлебное вино или нечто вроде водки? Такое предположение, крайне заманчивое и как будто достоверное, отпадает, однако, в связи с тем, что слово «гонити», от которого произведено причастие «гонящий», на старославянском языке означало «преследовать», «стремиться», «желать». В данном случае в источнике XI века этот глагол употреблен во втором значении. Там сообщается, что «те, кто желает, вожделеет квас, сикеру и прочие алкогольные напитки», навлекает на себя горе, то есть горе людям, стремящимся к алкоголю. Эта фраза направлена, таким образом, против пьянства. Но она ничего не говорит нам о технологии производства спиртных напитков в то время. Она не может нам даже намекнуть на направление этого производства. Ибо глагол «гнать», в смысле «производить выгонку», еще не существовал, а глагол «гонити» означал стремление, желание, то есть абстрактные понятия, а не конкретно-производственные[1].

Таким образом, и рассмотрение технологического процесса приводит нас неизбежно к выводу, что винокурение никак не могло возникнуть ранее середины XV века, даже если допустить, что смолокурение было известно с начала этого же или с конца предыдущего столетия.

Но чтобы получить более полное представление о состоянии технологии производства алкогольных напитков в Древней Руси и сделать более основательный вывод, когда же могло возникнуть винокурение; от лингвистических, филологических и историко-экономических письменных источников обратимся к источникам материальной культуры, то есть к источникам техническим. Иными словами, ознакомимся с тем оборудованием, той техникой, при помощи которой осуществлялось медоварение и квасопивоварение, и посмотрим, могло ли оно, это оборудование, дать возможность изготовить хлебный спирт, или водку.

Глава 3
ДРЕВНЕЙШЕЕ ТЕХНИЧЕСКОЕ ОБОРУДОВАНИЕ, ПРЕДШЕСТВУЮЩЕЕ ВИНОКУРЕННОМУ ПРОИЗВОДСТВУ

Техническое оборудование при древнейших способах получения алкогольных напитков было крайне несложным. Вначале это были простая бочка или огромный глиняный сосуд, то есть емкость для жидкости из того материала, который был более характерен для той или иной географи-

---

[1] См. SJS. — Т. I. — S. 418. Сравните также более позднюю, но также соответствующую по смыслу древнему значению слова «гонити» цитату из «Поучения апостолов»: «Горе восстающим заоутра и питье гонящим», то есть тем, кто с самого утра желает пить алкоголь (см. *Срезневский И.И.* Материалы для словаря древнерусского языка по письменным памятникам. — Т. I. — Ч. I. — М.: Книга, 1989. — С. 550).

ческой среды: в Северо-Восточной Руси — дерево (бочка, кладь), в Южной Руси и на Украине — глиняный сосуд (корчага, макитра). В этом отношении наблюдается полная аналогия со странами, явившимися древнейшими производителями виноградного вина или напитков молочно-спиртового брожения. Там также наиболее удобным подручным материалом были либо шкуры (кожи) домашних животных, либо керамика. Отсюда и вино и кумыс производились и хранились в «мехах», бурдюках, торсыках, сабах, то есть соответственно в козьих, бараньих и лошадиных шкурах, или в глиняных кувшинах, иногда достигавших более двух метров в высоту (мерани). Все эти слова на иранских, тюркских и грузинских языках означают «сосуд» (емкость), подобно тому как и «керамион» по-гречески означает собирательное значение сосуда, емкости.

В этих емкостях возможны были лишь забраживание и выдерживание алкогольных напитков, а варка в том смысле, как мы понимаем этот процесс ныне, то есть подогревание на огне, была невозможна. Для этого была необходима металлическая, медная или железная, посуда. В Древней Руси такая посуда, за исключением ритуально-религиозной — золотой, серебряной, бронзовой, была крайне редка до монголотатарского нашествия. Однако мед все же варили в металлических чанах. Но пиво (квас) варили в корчагах, то есть керамических сосудах. Процесс варки в корчагах был не совсем обычен, и поэтому до наших дней сохранилось выражение «корчажное пиво», то есть пиво домашнее, варка которого происходила в корчаге посредством подогревания, разогревания в русской печи. Термин «корчажный мед» также означал мед печной высидки. Само слово «корчага» — чрезвычайно древнего происхождения. Оно встречается в русских летописях уже под 997 годом, то есть в том же году, что и первое упоминание о вареном меде[1]. Старославянское значение слова «кръчагъ» — кувшин для воды, от греческого «керамион», «керамос» — сосуд, емкость. Русское слово «кърчага» было, по-видимому, еще ранее, чем с греческого, непосредственно заимствовано из тюркского «курчук», то есть бурдюк, сосуд.

Однако уже к XI веку слово «корчага» получило вполне определенное значение как большой, в полбочонка, гли-

---

[1] См. *Нестор.* Начальная летопись; Житие Феодосия; Лаврентьевская летопись; *Срезневский И.И.* Указ. соч. — Т. 1. — С. 1411.

няный сосуд, развалистый, а не стройный, как горшок с широченным горлышком и суженным днищем. По подобию корчаг позднее стали изготовлять русские чугунки.

Такие корчаги в большом количестве находят при раскопках в Новгородской и особенно во Владимиро-Суздальской Руси, в слоях XI, XII и XIII веков. При этом корчаги тех далеких времен как две капли воды похожи на корчаги XIX века, меньшие по размерам, но сохранившие совершенно точно форму своих предков. Русские глиняные сосуды иной формы, чем корчага, носят другие наименования: «молостов», «крынка», «горшок».

Между тем на украинском языке конца XIX века слово «корчага» означало сосуд с узким горлышком для водки[1].

При этом бросаются в глаза два обстоятельства: во-первых, противоположность формы у русского и украинского термина «корчага» и, во-вторых, совпадение значения в области применения данного сосуда, но опять-таки при противоположных способах применения: в русском значении — «для производства продукта» (исходный момент применения), а в украинском — «для хранения готового продукта» (заключительный, завершающий момент применения). Но при всех этих, казалось бы, резких различиях, при всей противоположности значения термина и внешнего вида предмета, обозначаемого этим термином, сам по себе термин стойко привязан к алкогольным напиткам: корчажное пиво, корчажный мед, корчага для варки пива (позднее — вина, водки) и корчага для хранения водки. Если учесть, что слово «корчма» также производное от слова «корчага» (корчма — место, где варят и продают корчажное пиво)[2], то вполне обоснованно предпо-

---

[1] См. *Фасмер М.* Этимологический словарь русского языка. — Т. III. — С. 341—342.

[2] Характерно, что не только в русском языке слово «корчма» (в значении пивнушка, трактир, винная распивочная) происходит от слова «кувшин», «сосуд», то есть «корчага» в древнейшем смысле этого слова. То же самое имеет место и в немецком языке, где слово «Krug» (кувшин) означает также и «корчма», «трактир», или в шведском «Krog» (кружка) совпадает со словом «трактир», «заезжий двор». Точно так же и другое русское слово «кабак» (винный трактир, распивочная), заимствованное из татарского, означает не что иное, как «сосуд» (ибо «кабак» по-татарски — сосуд из тыквы, «кабака»). Это был распространенный вид сосуда у монголотатар, удобный в кочевой жизни (легкий, небьющийся, дешевый). Однако «кабак» как русский термин появился позднее. Вначале назывался от слова, обозначающего «емкость» и близкого с немецким «Krug».

ложить, что именно корчага была первоначально сосудом, при помощи которого осуществлялось винокурение, то есть добывание, вываривание алкоголя из хлебного сырья. Однако это «корчажное винокурение», или, точнее, «корчажное сидение вина», было промежуточным, первоначально экспериментальным процессом, не получившим развития в дальнейшем, при массовом производстве «хлебного вина», каким оно стало, как нам известно из литературно-исторических источников, в XVI веке, либо, возможно, даже несколько ранее (хотя об этом у нас нет никаких точных данных). Но то, что первоначально винокурение было корчажным, в этом не может быть никаких сомнений, и этот технологический процесс был связан с особенностями русской «техники», то есть с наличием такого оборудования, как корчага, корыто (короб) и русская печь.

Пиво (мед) в корчагах сидели[1] так: подготовленная брага (или мед) заливалась в корчаги, которые ставились в

---

[1] Сидеть, сидение — медленное доведение до кипения, выпаривание, курение, гонка. В русском языке до XIV века было только одно слово со значением сидеть — «седание», то есть сидение как действие, которое писалось через «ять». Отсюда произошли все его производные — седалище (заседание), седать (садиться), седло (ложе, скамья). Слово же «сидеть», через «и», получило развитие с XIV—XV веков и имело иное значение. Первоначально сидели смолу, деготь. В этом значении термин «сидел» перешел со славянских языков в немецкий. До сих пор в немецком различают два вида кипения: sieden — медленное доведение до кипения и kochen — вариться, кипеть. Эти глаголы употребляют поэтому строго дифференцированно: все, что характеризует кипение в процессе того или иного технического производства древнего происхождения — смолокурение, солеварение, варку селитры, — требует употребления глагола «sieden», а всякое бытовое кипение требует глагола «kochen». Например, Theer sieden — гнать деготь, курить смолу; Siedehsus — солеварня; Siedemister — рафиниронщик, Siedhutte — селитроварня; Siedepfanne — црен. В то же время Eier kochen, Wasser kochen — яйца варить, воду кипятить. Между прочим, ни в польском, ни в украинском языках этих отличий нет и такое понятие, как смолокурение, в украинском языке просто заимствовано из русского без изменения, даже фонетического. Таким образом, уже из этого должно быть ясно, что понятие «сидение» перешло непосредственно из русского языка в немецкий примерно в XVI веке, отчего и немецкий язык почти неизменно сохранил русскую форму этого слова — «das Sieden». Характерно, что слово «црен» в русском языке как название сосуда, связанного исключительно с сидением, встречается впервые в документах (царских грамотах) между 1437 и 1462 годами (подробнее см. *Срезневский И.И.* Указ. соч. — Т. 3. — Ч. 2. — С. 1441).

печь и покрывались другой корчагой, чтобы сусло упревало. При этом, чтобы избежать потерь сусла в случае сплывов закипевшей жидкости, под корчагу ставились лубяное корыто или короб. Возможно, что при длительном нахождении в печи и при определенном ее ровном тепловом режиме происходила (наряду с варкой) стихийная дистилляция, продукты которой механически попадали в корыто. При замене пивного сусла более грубыми продуктами — овсяной, ячменной и ржаной мукой — и сидкой этой барды получалось уже «хлебное вино», правда, весьма слабое, но способное подать идею усовершенствования технологии сидения и превращения его в винокурение.

Намек на эти процессы дают такие ныне забытые и непонятные пословицы и поговорки, как «Эх ты, короб-корыто, корчагой покрыто» и «Счастье — корыто, корчагой покрыто». Прямое значение первой пословицы — либо корчмарь, содержатель корчмы, варщик корчемного, корчажного товара, либо пьяница. Постепенно это прямое значение стало употребляться чаще, а потому смысл пословицы стал непонятен. Вторая пословица означает, что счастье — в вине (водке). Это понятие счастья между тем зашифровано в «кеннинге», что вполне соответствовало духу X—XII веков. Буквально отголосок этой пословицы мы находим в пушкинской «Сказке о рыбаке и рыбке», где разбитое корыто служит символом несчастья. Первоначальная же, древнейшая форма символа счастья — корыто (но не любое, не всякое, а покрытое корчагой) уже весьма смутно воспринималось, даже в начале XIX века, как синоним водки. Это лишний раз говорит о том, что корчажное винокурение, если оно и было на самых ранних стадиях развития производства спиртных напитков в России, стояло особняком и было быстро заменено принципиально новым оборудованием, подав, да и то отчасти, только идею винокурения. Тем самым можно предполагать, что корчажное винокурение, возможно, имело место и до XV века как, по-видимому, неизбежный побочный процесс при пиво- и медоварении.

Корчажное винокурение было известно и на Украине или, точнее, на той территории, которая не вошла в состав Северо-Восточной Руси после татаромонгольского нашествия. Об этом косвенно свидетельствует украинское слово «макитра». Оно означает тот же сосуд, что и «корчага» по-русски. Он сохранил ту же форму и на территории Украины, но изменил свое название. Однако и название «макитра» оказалось прочно связано с понятием алкогольных напитков, хотя современные макитры используются для хранения сыпучих тел. Так, существует выражение «Голова як макитра», что означает «голова с пивной котел». Кроме того, глагол «макитриться» означает «кружиться в голове», а «свист макитрится» — «голова идет кругом». Таким образом, в украинском языке со словом «макитра», т.е., иначе говоря, с понятием «корчага» связаны представления, которые относятся, скорее всего, к такому алкогольному напитку, как «хлебное вино» (водка), а не мед, который не вызывает головной боли. Тем самым мы и здесь имеем как бы слабый отголосок древнейших впечатлений о напитке невысокого качества как результате корчажного производства. Этим напитком могло быть только первоначальное, неочищенное «хлебное вино» или недоваренное пиво, «неисполненное».

Дело в том, что при корчажном производстве, при экстенсивном сидении хлебных материалов, полного отделения спиртовых продуктов от осадка, остатка — барды — не происходило. Все оставалось в одном котле (корчаге), отгонялись только газы (углекислый) и некоторые другие продукты распада при брожении, всплывавшие на поверхность. Это и обусловливало значительный процент сивушных масел при нарушении технологии (времени гонки, температуры печи, изменении зернового сырья, увеличении доли овса). Таким образом, если производство «хлебного вина» и было возможно по корчажному типу ранее XV века, то оно все же не получило развития, ибо было дорогостоящим, медленным и бессмысленным при наличии меда, ола и виноградного вина, высококачественных во вкусовом и «веселящем» (физиологическо-эмоциональном) отношении.

Итак, обзор хронологии появления различных алкогольных напитков и сопоставление с ней тех данных, которые нам известны о технологии и техническом оборудовании алкогольного производства в XI—XIV веках, дают нам основание со всей определенностью заявить, что по крайней мере до конца XIV — начала XV века винокуренное производство, то есть производство «хлебного вина», не было известно на Руси — ни в Киевской, ни во Владимиро-Суздальской, ни в Новгородской. Все эти государства — предшественники России — обладали богатым естественным сырьем — медом, ягодами для создания медовых алкогольных напитков, а из хлебных материалов создавались напитки типа пивных, но с большим содержанием сахаров, солода и хмеля (квас, ол, пиво твореное). Именно из этих напитков выросло винокурение, но вначале оно прошло стадию корчажного виноварения, или, точнее, виносидения, начало которого едва ли можно отнести ко времени до рубежа XIV—XV веков, если основываться на анализе лингвистических терминов и технического оборудования.

Таким образом, до начала XV века о производстве водки (хлебного вина) у нас нет никаких точных и неопровержимых документальных данных. Наоборот, все имеющиеся в нашем распоряжении материалы лингвистического, технического, исторического и экономического порядка говорят о том, что в это время еще не была изобретена водка и что не существовало отработанной технологии винокурения.

Часть вторая

СОЗДАНИЕ РУССКОГО ВИДА ХЛЕБНОГО ВИНА (ВОДКИ) В ИСТОРИИ РОССИИ И ЕГО ЭВОЛЮЦИЯ С XIV ВЕКА ДО ПОЯВЛЕНИЯ ПРОМЫШЛЕННОГО (ЗАВОДСКОГО) ВИНОКУРЕНИЯ ВО ВТОРОЙ ПОЛОВИНЕ XIX ВЕКА (1377—1861 гг.)

Глава 1
КОГДА И ПОЧЕМУ ВОЗНИКЛО ВИНОКУРЕННОЕ ПРОИЗВОДСТВО В РОССИИ

1. Определение исторического периода рождения водки

В предыдущей части на основе анализа лингвистических (терминологических) и хронологических данных, а также исходя из известных нам фактов материальной культуры относительно технической и производственной базы винокурения мы пришли к выводу, что производство качественно нового продукта — хлебного вина, или хлебного спирта, — могло возникнуть никак не ранее второй половины XIV — первой половины XV века, то есть на протяжении примерно одного-полутора столетий, учитывая, что нам почти достоверно известно из источников, что уже в самом начале XVI века, в 1505—1510 годах, винокурение в Русском государстве было достаточно развито.

Таким образом, мы определили период, в котором следует вести поиски более точной даты создания производства водки или ее прототипа — хлебного спирта — в Московском государстве или в других государственных образованиях тогдашней Руси — Тверском, Нижегородском, Рязанском княжествах или в Новгородской республике.

Разумеется, нельзя думать, что создание винокурения, имевшего глубокую предысторию в виде квасоварения и подготовленного всем предыдущим ходом исторического развития в области создания алкогольных напитков, могло произойти в какой-то конкретный день, месяц или даже год. Скорее всего, имел место постепенный многолетний процесс перехода от квасо- и пивоварения к корчажному виносидению, а уже затем к собственно винокурению, с его специфическим техническим оснащением и технологическим процессом.

Однако назвать если не год, то по крайней мере десятилетие или двадцатилетие, когда возникновение винокурения в России было наиболее вероятным, а также локализовать это десятилетие в начале, конце или в середине обозначенного выше периода вполне возможно.

Ведь помимо прямых указаний исторических источников — печатных и вещественных — историк располагает целым арсеналом косвенных исторических доказательств, главными из которых являются данные экономического и социального порядка, могущие пролить свет на время появления водки.

Выше мы неоднократно подчеркивали, что водка — особый продукт в том отношении, что он тесно связан с государственными, экономическими и социальными проблемами любого общества, любой формации. А раз так, то и поиск «даты» возникновения водки надо вести посредством детального, тщательного анализа соответствующей экономической и социальной обстановки в государстве.

Иными словами, следует пристально вглядеться в обстановку периода середины XIV — начала XVI века, «прочесать» все события за эти полтора столетия и посмотреть, не было ли там таких моментов, которые резко изменили существующее до этого положение, были каким-то скачком, сдвигом, переменой условий общественной жизни, жизни государства. Этот скачок должен быть так или иначе связан с появлением винокурения и водки, ибо лишь сильные изменения в экономике могли вызвать появление нового вида производства, а вместе с тем само по себе появление водки, без сомнения, должно было бы найти отражение в соответствующих социальных переменах. Таким образом, период между экономическим и социальным сдвигами и должен указать нам более точный исторический момент возникновения русского винокурения.

До того как начать поиски, руководствуясь указанным историческим ориентиром, следует, однако, более точно определить, каков же должен быть характер этих экономических и социальных сдвигов или перемен, какие у них должны быть признаки, по которым мы могли бы узнать, что они представляют собой именно сигналы, имеющие отношение к истории винокурения и водки.

2. Экономические факторы, условия и признаки появления винокурения

Существует один крайне важный признак, являющийся своеобразным точным сигналом, свидетельствующим о наличии винокурения в любой стране как более или менее налаженного и регулярного производства. Этот признак — резкое изменение налоговой политики, налоговой системы в результате введения нового фискального фактора: винной монополии, охватывающей, как правило, и производство и сбыт хлебного вина.

Именно хлебное вино, поскольку его изготовление базируется на таком мериле стоимости, как хлеб, зерно, лежащем в основе экономики любого средневекового феодального государства, сразу же по возникновении становится объектом пристального внимания со стороны государства и главнейшим предметом государственной монополии. Тем более это должно было произойти в Русском феодальном государстве с его ярко выраженным земледельческим характером хозяйства, с его зерновым направлением в земледелии. В то же время не только сырье для водки, но и сам результат водочного производства, сама водка, как только она начинает производиться и появляться на рынке, моментально выступает в качестве концентрированного, более портативного и более ценного, компактного выражения зерновой, хлебной стоимости, и внимание к ней не только органов государственного фиска, но и частных производителей и торговцев максимально возрастает.

Все это, вместе взятое, дает возможность буквально с точностью до года и месяца определить начало создания винокурения по дате введения винной монополии. Дело в том, что все другие алкогольные напитки, указанные в хронологическом и терминологическом списках первой части данного исследования, не знали никакой финансовой узды, налагаемой на них государством. Древняя Русь, как и Древняя Греция или древнейшие государства Кавказа и Малой Азии — Мидия, Парфия, Армения, не знала никаких налогов на алкогольные напитки, не знали их и Британия, и древняя Шотландия, находившиеся в противоположной части Европы. Виноделие, медоварение и пивоварение, издавна носившие патриархальный (домашний или общинно-артельный) характер, были тесно связаны с религией и ритуальными обычаями, восходящими к языческому культу предков и загробных верований, то есть относились к сфере первобытно-общинной идеологии, высокой и священной материи и издревле использовались для важных государственных, торжественных, религиозно-политических целей (например, тризны, вакханалии, праздники сева и сбора урожая, начала и середины года, празднование военных побед и др.). Поэтому все эти напитки рассматривались не просто как алкогольные, но в первую очередь как священные и принципом своего применения, и в силу своей древности, а потому традиционно не связывались с фискальными интересами классового государства, возникшего позже их и молчаливо признававшего их неприкосновенность как даров природы (виноград, мед, хмель), на которые не могло посягать общество уже в силу древнейшей традиции, идущей со времен родового строя.

Домашний, семейный, родовой или общинный, артельный, но всегда патриархальный характер производства этих алкогольных напитков, родившихся в период собирательства, задолго до появления земледелия и скотоводства, начиная от пальмового вина египтян и до ставленного меда славян или верескового эля пиктов, делал их священными и неприкосновенными институтами в любом государстве, в любом позднейшем общественном строе, пришедшем на смену родовому, — и в рабовладельческом, и в феодальном.

С винокурением дело обстояло совершенно по-иному. Оно было одним из первых технических открытий и усовершенствований феодального общества, приобретающих широкий общественный и государственный характер. Возникнув в эпоху перехода от патриархальщины к рыночно-денежному хозяйству, оно само открывало более легкий путь к новой экономической эпохе. Вот почему оно крайне ревниво и опасливо было сразу же объявлено собственностью государства, монархии, ее регальной монополией.

В то время как виноделие, медостав и пивоварение оставались всегда свободными от обложения налогами и лишь при перевозке через ту или иную границу подвергались обычным и довольно низким таможенным пошлинам, хлебное вино — как всякий товар и просто как любая кладь, груз — сразу же после своего появления становилось предметом особого налога.

На смену бесконтрольному, свободному и неограниченному производству виноградного вина, березовицы, кваса, вареного и ставленного меда, домашнего солодового пива и браги приходит вдруг, внезапно, жесткая, беспощадная, скрупулезно проводимая «государственная регалия» на выделку хлебного спирта. Производство хлебного вина в виде самогона, или корчмы, как его именовали в то время, одинаково считалось нарушением важнейшей государственной привилегии как в XV—XVII, так и в XIX—XX веках. Во всех странах мира производство водки частным лицам категорически, подчас под страхом сурового наказания, запрещалось во все времена. Исключения из этого правила были крайне редки и носили временный характер. Все это было неизбежным следствием иной роли, которую играло винокурение в общественном производстве по сравнению с изготовлением других напитков. Пиво, например, приготавливалось долгое время разными народами лишь один раз в год, к 1 марта (отсюда «мартовское пиво» — лучшее по качеству, т.е. свежее и чистое), и требовало усилий, затрат труда и материального вклада всех членов общины; в древнерусских городах пиво варили всей улицей, сотней, слободой, посадом, концом (т.е. районом), в селениях — всем погостом, починком, всей улицей, деревней. Аналогичное положение существовало и в Центральной Европе (в Германии), и в самых глухих районах Средней Азии (например, в Туркмении, где для приготовления местного пива один раз к празднику Байрама каждый житель кишлака должен был принести хоть фунт зерна).

Поэтому пивоварение столетиями оставалось единовременным, чрезвычайным, эпизодическим событием, затрагивающим отдельные группы людей, их общины, сообщества, но совершенно не касающимся государства и общества, общественного производства в целом[1].

---

[1] Можно сказать, что пиво — классический «коммунальный», «муниципальный» напиток, само рождение которого было обусловлено и тесно связано с децентрализацией общества, с укоренением и развитием в народе артельных, вечевых тенденций или стремлением к изолированному существованию небольших, но тесно спаянных сообществ. Вот почему пивоварение оказалось распространено в столь, казалось бы, разных, этнически и исторически не похожих друг на друга странах, но обладающих сходной социально-административной структурой, — в мятежных Чехии и Моравии, в карликовых государствах раздробленной феодальной Германии, в ганзейских и фламандских городах-республиках, независимо от их национального состава (ср.: Брюгге, Любек, Гданьск, Рига, Берген), в островной Дании, в суровой, разбитой на враждующие кланы Шотландии, и более контрастный пример: в Мордовии — главном очаге пивоварения в Поволжье, где сложилась уникальная, специфическая, многостепенная

Аналогично обстояло дело и с производством меда-напитка, который рассматривался еще более патриархальным, священным и «дарованным богами» (т.е. природой) не людям вообще, а именно такой их совокупности, как род, община, клан, племя, о чем ясно говорит разделение и закрепление «бортных ухожаев» (т.е. территорий, где были дикие пчелы) за определенными родоплеменными группировками[1].

Даже виноделие, при всем его размахе в некоторых странах и влиянии на внутреннюю и внешнюю торговлю (например, во Франции, Италии, Испании), оставалось все же частным делом отдельных производителей, винодельческих «фирм», крупных и мелких виноторговцев.

Следовательно, винокурение одним своим появлением вызывало если не переворот, то заметный поворот в экономике и социальном фоне, а поскольку ему сопутствовала монополия на производство и сбыт водки, то установить дату возникновения винокурения в любой стране мы можем с достаточной точностью просто по дате указа о введении винной монополии.

Однако в России подобных, да и иных экономических документов, относящихся к XIV—XV векам, не сохранилось. Вот почему устанавливать факт введения винной монополии нам придется не юридически, на основе определенного документа — распоряжения, закона или фиксированной директивы, а чисто исторически — на основе анализа изменения условий, отражающих фактически наступивший экономический сдвиг, то есть на основе данных о резком расширении посевных площадей, посевов зерновых, значительном росте сборов урожая, явном скачке в увеличении оборотов торговли, заметном появлении повышенной потребности в

структура нации, отражающая тенденции общественного и регионального этнопартикуляризма, когда несколько больших семей из трех-четырех поколений составляли деревни-род, а союзы нескольких близлежащих деревень объединялись в крохотные княжества (беляки); союзы же беляков группировались в два разных племени — мокшу и эрзю, и, наконец, союз этих двух племен составил мордву — народность, а затем и мордовскую нацию, так и не слившуюся в единый народ вплоть до наших дней.

[1] Характерно, что медостав и медоварение еще более, чем в Московском государстве, получили развитие в период феодализма как раз в пивных районах страны — в республиканских Новгороде и Пскове, в той же Мордовии, а также в разделенной на мелкие племенные территории Литве.

деньгах, в переходе к товарно-денежным отношениям или в резком расширении масштабов таких отношений на внутреннем рынке.

Именно резкий переход, скачок в экономических условиях особенно характерен для появления винокуренного производства. Ведь само по себе появление идеи монополии, идеи установления государственной регалии на производство и сбыт водки, подобно регалии на соль и чай, объясняется тем, что при производстве всех этих продуктов весьма легко усматривается резкий контраст между крайне небольшой себестоимостью сырья и новой, относительно высокой розничной стоимостью готового продукта. Разница эта сохраняется и при сопоставлении стоимости готовой водки со стоимостью других алкогольных напитков, включая даже виноградное ординарное вино, и особенно подчеркивается контрастом в выходе доли готового продукта по отношению к доле сырья. Если при производстве меда, как мы видели в первой части работы, масса сырья, затраченного на изготовление напитка, в несколько раз превышала массу готового продукта, не говоря уже о том, что на процесс производства, помимо основного сырья, необходимо было затратить ряд побочных дорогостоящих продуктов, а сам процесс требовал больших расходов, поскольку протекал годами, то при винокурении все обстояло совершенно наоборот. Сырье было крайне дешевое, шло его на производство сравнительно мало, а ценность готового продукта в десятки и сотни раз перекрывала стоимость сырья. Если к этому прибавить удобство транспортировки водки, ее невысокую стоимость по сравнению с перевозкой зерна, концентрацию большой ценности товара в малом объеме, его компактность, легкость деления товара и его сбыта, полное отсутствие проблемы хранения, поскольку этот продукт — спирт — абсолютно не портился, то все это еще больше превращало его в идеальный товар и объект для государственной монополии. Иными словами, если бы водки не было, то ее непременно нужно было бы выдумать, и не из-за потребностей питья (пьянства), а как идеальное средство косвенного налогообложения.

Естественно, что стремление государственной власти к получению прибыли, пополнению казны в период образования централизованного государства, к изысканию средств, когда этого требовали исторические условия, могло быть лучше всего обеспечено введением монополии на производство и сбыт хлебного вина.

И наоборот, если условия требовали быстрого нахождения источника пополнения государственной казны, то они могли ускорить изобретение винокурения, когда оно было подготовлено уже к появлению всем остальным ходом исторического развития. Именно так обстояло дело в России.

Во-первых, сокращение к XV веку исконного сырьевого естественного ресурса (дикого меда) для производства русских национальных алкогольных напитков — ставленного и вареного медов и, во-вторых, изобретение смолокурения, дегтесидения и появление технических средств этих производств к концу XIV — началу XV века создали уже сами по себе экономические и материально-технические предпосылки для появления винокурения.

Но одних этих предпосылок было недостаточно. Нужна была еще резкая потребность государства и общества в новых средствах, в источнике прибыли, нужна была и общая значительная перемена исторических условий, которая побудила бы государство и общество испытать острую потребность в приобретении крупных денежных средств; нужна была, наконец, и историческая цель, на которую были бы необходимы огромные капиталовложения.

Такой государственной потребностью в ту эпоху были война за освобождение от татаромонгольского ига в первую очередь; войны за подчинение удельных княжеств и крупных феодальных государств — Твери, Рязани и Новгорода — Московскому государству; война за выход к Балтике, за обладание Ливонией с ее портами — Нарвой и Ригой; оборонительные тяжелые войны с наступающей с запада и дошедшей до Можайска Литвой. Наконец, внутренняя война против феодалов-бояр внутри Московского великого княжества, против их местничества и центробежных тенденций. И не в последнюю очередь нужны были средства, и немалые, для создания преданного царю нового аппарата насилия внутри складывающегося централизованного государства. Помимо войн, были и другие цели: освоение земель к югу от Оки, к востоку от Волги и к северу от Вологды, укрепление казны, расходы на поддержание великокняжеского, а затем и царского престижа. Словом, в конце XIV — первой половине XV века расходов хватало и в целях не было недостатка.

При поисках исторически зримых признаков изменения ситуации в России в связи с появлением водки следует учитывать также и то весьма важное обстоятельство, что водка в средневековой России была одним из первых по времени новоизобретенных промышленных продуктов (порох и вместе с ним огнестрельное оружие хотя и появляются в России почти одновременно с водкой, но являются более сложной технической новинкой, и потому первоначально не производятся собственными русскими силами, а импортируются из Западной Европы; кроме того, порох и оружие не становятся известны сразу широким слоям населения, народу). Водка же, в качестве фактически первого массового промышленного продукта, должна была оказать большое воздействие на экономику страны, а ее «внедрение в массы» должно было произвести более сильный социальный шок.

Ведь до тех пор все ремесла, все производства были традиционными, основывались на навыках, методах, приемах и инструментах, созданных предшествующими поколениями и освоенных уже веками, в крайнем случае десятилетиями. Следовательно, значительный контингент людей, обслуживающих монополию винного производства и торговли, должен был учиться чему-то абсолютно заново, не имея учителей, традиций, навыков, вынужден был ломать свои прежние представления. И все эти люди впервые в общественных условиях того времени оказались на государственной службе промышленного, а не промыслового и ремесленного характера, на «государственном производстве». Они уравнивались и экономически и социально, быть может, лишь с одной привилегированной профессиональной группой — с кузнецами — и все же фактически оказывались поставлены выше их. И это также имело социальные и экономические последствия.

Таковы в общих чертах экономические и социально-экономические факторы, предпосылки, причины и последствия появления и развития винокуренного производства.

Что же касается массового сбыта (торговли) водки через сеть государственных питейных заведений — кружечных дворов и царевых кабаков, то одни лишь факты перехода к новому виду «торговых точек» и запрещение продажи водки в частных лавках всех видов, особенно в корчме (постоялых дворах), а также закрепление термина «корчемство» за незаконной торговлей водкой дают возможность по этим признакам установить время появления водки в России.

3. Социальные, социально-психологические, моральные и идеологические последствия появления винокурения в России, служащие сигналом для установления времени появления водки

Обратимся теперь к социальным признакам, которые могут указать нам на появление водки в обществе, прежде не знавшем ее.

Одной из заметных особенностей водки как продукта и товара было то, что она разлагающе воздействовала на старое, пронизанное древними традициями, замкнутое общество Средних веков. Она разрушала одним ударом как социальные, так и старые культурные, нравственные, идеологические табу. В этом отношении водка подействовала как атомный взрыв в патриархальной устойчивой тишине. Вот почему последствия появления водки особенно легко различимы в социальной и культурной областях, причем все они отражаются в документах эпохи — от юридических актов до художественной литературы.

Отсюда признаком появления водки могут быть не только статистические показатели роста пьянства, но и возникновение иных, более свободных от патриархальных уз и морали, общественных и бытовых отношений, появление новых конфликтных ситуаций в обществе и заметное ускорение социального расслоения и дифференциации старого общества, его классов.

Особое значение имеет и факт использования водки правящими кругами как нового средства, как орудия социальной политики. Спаивание народов Севера, хорошо известное в XIX—XX веках, имело свою предысторию в спаивании коренного русского населения Московского государства на три-четыре века раньше.

Признаки появления водки, таким образом, могут быть легко обнаружены и на основе анализа не только экономического, но и чисто социального и социально-культурного, а также идеологического материала эпохи конца XIV — начала XVI века. Наконец, создание новых учреждений по сбыту водки и надзору за ее хранением также получает заметное отражение в социальных и идеологических фактах.

Уже один институт «кружечных голов» и «целовальников», лиц, основным качеством которых должен был быть предельный цинизм, неизбежно влек за собой возникновение невиданных еще в средневековом обществе конфликтов, поскольку «идеология» целовальников объективно являлась прямым вызовом официальной христианской морали. И поскольку источником, насаждавшим новые общественные противоречия, было само царское правительство, то «нравственные конфликты» неизбежно должны были принимать форму общественных. Ведь в то время как церковь метала громы и молнии против пьянства и сопутствующих ему дерзости и безбожия, целовальники получали предписание «питухов от царевых кабаков отнюдь не отгонять» и «кружечный сбор сдавать в цареву казну против прошлых с прибылью», то есть призывали всячески расширять сбыт водки. Все это не могло не найти и, несомненно, находило отражение в самых различных проявлениях общественного мнения, в общественных конфликтах и в появлении нового типа «предерзостных» людей, свободных от пут средневековой морали и традиций.

Эти люди быстро пополняли собой новый социальный слой городского люмпен-пролетариата, или, по терминологии того времени, «посадской голытьбы», всегда полуголодной, злобной, жестокой, циничной, не связанной никакими нормами толпы, энергию которой можно было направить по любому руслу за... ведро водки.

Резкий рост численности городского нищенства также был следствием появления водки. Нищенство рекрутировалось, с одной стороны, из членов семей разорившихся «питухов» всех сословий, и с другой — из менее активной части спившейся «посадской голытьбы». Именно резкий скачок в численности нищенства, в контрастной диспропорции к обычному процессу, порождаемому естественными экономическими факторами — неурожаями, классовой дифференциацией и т. п., указывает на то, что в появлении нищенства приняла участие на сей раз водка, причем не только прямое, но и косвенное (например, резкое увеличение числа городских пожаров и полное выгорание некоторых городов и сел).

Наконец, заболеваемость, эпидемии и эпизоотии также имели связь с появлением винокурения и широкой продажей и распространением потребления водки (например, широкое распространение приняло кормление скота остатками винокуренного производства — жомом, бардой). Таковы в общих чертах те социальные, общественные, культурно-моральные факторы, следствия или признаки появления винокурения, которые мы можем обнаружить, изучая историю конца XIV — начала XVI века, и по которым можно установить время возникновения водочного производства.

4. Где территориально, в каком из русских государственных образований XIV—XV веков могла возникнуть водка

Прежде чем детально рассматривать внешнеполитические, социально-экономические, внутриполитические и культурно-идеологические события конца XIV — начала XVI века с целью выяснить, как, в чем и на каком хронологическом отрезке резко изменились прежние общественные, производственно-технические и бытовые исторические условия, прежде чем выяснять, как и в какой степени эти изменения были связаны с появлением винокурения или вызваны распространением водки, следует установить, на какой территории, в каком государстве, в каком обществе мы должны изучать все эти явления и искать все указанные нами выше признаки.

Дело в том, что в период XIV—XV веков на территории России было несколько независимых крупных самостоятельных государственных образований, то есть отдельных государств. Поэтому принципиально важно указать, в каком из них можно предполагать возникновение водки, в каком из них она действительно возникла. Обосновать научно необходимость поисков — в определенном месте, в том или другом государстве — крайне важно до начала самих поисков, ибо иначе исследование может проводиться впустую или чрезвычайно усложниться и затянуться. Но как это установить?

Прежде всего уточним, о каких государственных образованиях может идти речь.

На территории европейской части России в XIV—XV веках, не считая ряда мелких удельных княжеств, находившихся в вассальной или полувассальной зависимости от крупных государств, существовали Золотая Орда, Московское великое княжество, Тверское великое княжество, Рязанское княжество, Нижегородское княжество, Новгородская республика, Великое княжество Литовское, Крымское государство Гиреев, генуэзская колония Кафа, Ливонский орден (в то время бывший частью Тевтонского ордена). Из этого десятка государств два, а именно Золотая Орда и Крым, не могли быть родиной водки по целому ряду веских причин[1], и потому о них речи не будет.

Западные государства — Литва и Ливония — требуют более внимательного рассмотрения.

Литва в Средние века была главным центром торговли медом в Европе. Здесь его запасы еще не подвергались такому сильному истощению, как в русских государствах. Бортничество северной части Литовского государства стало дополняться в XV веке пасечничеством в южных, украинских частях Литвы. В конце XIV века Литва продолжала прочно базировать свое производство алкогольных напитков на медовой основе, тем более что конкуренция русских государств в то время ослабла, а спрос на Западе и цены на мед на европейском рынке сильно поднялись. Кроме того, ставшая с 1386 года католической страной Литва никак не могла свертывать свое пчеловодство, а, наоборот, должна была увеличивать, расширять его производственную базу, дополняя древнее бортничество пасечничеством, поскольку Литва рассматривалась папским престолом как главная база поступления воска для свечной промышленности в Европе, находившейся в руках католических монастырей. Вот почему римская курия требовала от Литвы развития пчеловодства, а это определяло односторонний характер литовского хозяйства, основанного на производстве меда-напитка и воскобойном промысле как основных источниках поступления золота (денег) из Западной Европы.

Наряду с наличием медового сырья Литва была гораздо хуже обеспечена зерновым сырьем. В собственно Литве и в Белоруссии основным злаком был овес, на втором месте стояли посевы ржи, скудно обеспечивающей своими урожаями лишь самые минимальные потребности местного населения в столовом хлебе. В южной, украинской части Литовского государства, на Волыни, Киевщине и Брацлавщине существовало землепашество, были превос-

---

[1] В числе этих причин: запрет Корана употреблять крепкие спиртные напитки, особенно неестественного происхождения; древняя традиция виноделия и виноградарства в Крыму с античных времен и привозное виноградное вино из Закавказья в Золотую Орду; невозможность создания винокуренного производства у кочевых и полукочевых народов, отсутствие у них избытков зернового сырья и вообще развитого зернового земледелия.

ходные природные условия для земледелия, но непрерывные войны, набеги кочевых народов (особенно ногайцев, крымчаков), а также чрезвычайно редкое население этих районов, отсутствие рабочей силы и трудности поднятия целины практически не давали возможности создать устойчивое, развитое, прибыльное зерновое хозяйство.

Украинское казачество, поселенное здесь во второй половине XV века для охраны приграничной полосы от набегов кочевников и несения сторожевой службы, фактически не занималось земледелием. Оно пользовалось отчасти услугами арендаторов-наймитов, то есть полурабов, вынужденных отдавать значительную часть урожая хозяину за владение землей, а потому вовсе не заинтересованных в интенсификации сельскохозяйственного производства. Поэтому-то на «цветущей земле Украины» вплоть до второй половины XVII века, то есть до воссоединения Украины с Россией, фактически не могли использоваться природные богатства и развиваться хозяйство в соответствии с имевшимися благоприятными природными условиями.

Украина обеспечивала себя, и весьма неплохо, пока речь шла об отдельно взятом хозяйстве, хуторе. Но как целый хозяйственный, а тем более государственный организм Украина в XIV—XV веках представляла собой фактически пустое место. Организовать здесь такое государственное производство, как винокурение, требующее контроля во всем — от поступления и сбора сырья до наблюдения за ходом производства, сбытом и хранением готового продукта, и обеспечить такой контроль надежными людьми было бы фантастикой в условиях Средневековья.

Короче говоря, создание винокурения на Украине в виде организованного, регулярного монопольного государственного производства в условиях XIV—XV веков и вплоть до создания Запорожской Сечи — государства, обладавшего и военной силой, и исключительно крепкой, дисциплинированной организацией внутренней жизни, исторически было невозможно. А Запорожская Сечь возникла лишь с 40-х годов XVI века, то есть к тому времени, когда винокурение было уже хорошо развито, например, в Московском государстве, в Польше и даже в Швеции. Следовательно, говорить о Литве — Литовском государстве во всех его малостях: Жемайтии, Старой Литве, Инфлянтах (Латгалии), Белоруссии, Черной Руси, Волыни и украинских землях — Киевщине, Брацлавщине, Подолии как о месте первоначального возникновения винокурения в XIV—XV веках не приходится. Исторически это было невозможно.

Что же касается Ливонии, а также Кафы — государств маленьких, далеко отстоящих друг от друга на северо-западной и юго-восточной периферии Восточно-Европейского массива и тесно связанных всей своей историей, хозяйством и культурой с Западной Европой, с папским Римом, с Италией и Германией, то создание здесь винокурения было невозможно экономически, прежде всего с точки зрения отсутствия сырьевой базы, в то время как технически и теоретически не только изобретение, но и осуществление такого производства в экспериментальных масштабах было вполне возможно.

Дело в том, что генуэзцам дистилляция и получение винного спирта из виноградного вина были известны с 40-х годов XIV века.

Ливонские рыцари, имевшие тесные связи с тевтонскими, вплоть до 1309 года постоянно посещали свои владения, остававшиеся в Венеции и Трансильвании, и потому, вполне вероятно, сохранили контакты с итальянскими городами-государствами до 30—40-х годов XIV века. В Ливонии были знакомы с получением винного спирта, ибо среди монашеских орденов римской курии, имевших в своем хозяйстве виноградники, процесс дистилляции после открытия Вилльнева не был уже секретом. Это подтверждается, кстати, и тем фактом, что данцигские представители Тевтонского ордена в 1422 году демонстрировали «горящее вино» (спирт). Это мог быть в равной степени как винный спирт собственного изготовления, так и привозной из Италии, Франции или даже из арабских стран Северной Африки, с которыми тевтоны поддерживали через генуэзцев и венецианцев торговые сношения. Принципиальной разницы здесь, в сущности, нет. Ведь речь может идти только об экспериментальном производстве, об изготовлении небольших, ограниченных, «домашних» партий винного спирта (более сомнительно — хлебного спирта) в монастырских лабораториях.

До внедрения такого изобретения в производство, говоря современным языком, еще весьма далеко, а тем более далеко до превращения водки из лабораторной пробы, из химического вещества в важный производственный, социальный и общественно значимый фактор. Только в этом случае водка становится действительно водкой в полном значении этого понятия. Такое становление водки как социального понятия имеет прямое отношение и к качеству водки как товара, к ее достоинствам, кондиции, наконец, к стандартности качества. Лишь после того как водка, хлебное вино, превращается в общественно заметный и социально значимый фактор, общество и государство, как основной уполномоченный общества, начинают обращать серьезное внимание на все, что связано с ее качеством, составом, установлением единого стандарта на территории всего государства. И это вполне понятно, ибо водка, как предмет государственного значения, — товар, право на производство и сбыт которого государство резервирует за собой, приобретает необходимость соответствовать высокому престижу государства и практически становится эквивалентом денег.

Вот почему любое изменение качества водки воспринимается в Средние века как нанесение ущерба государству, как такое же преступление против государственной регалии, как и фальсификация государственной монеты. Вот почему любое правительство всегда проявляло и проявляет заботу о высоком качестве или о единообразии стандарта качества водки. Нарушителями этого выступают всегда отдельные, низовые, корыстные исполнители местной администрации, но в этом случае они всегда посягают на правительственный престиж, а вовсе не действуют от лица правительственной власти. Кстати, такие нарушения качества государственного стандарта всегда чутко воспринимаются обществом, народом, который в случаях грубого несоответствия качества монопольного государственного продукта с установленным стандартом реагирует крайне остро — бунтом, вспышкой народного возмущения, восстанием.

История Западной Европы и России дает нам многие примеры таких реакций: соляной и медный бунты в Москве (удорожание соли при низком качестве, замена стандартной серебряной мелкой монеты медной), серебряный бунт в Новгороде (замена тяжелой старой гривны тонкими монетами-«чешуйками»), аналогичные бунты в различных странах в связи с облегчением веса серебряной монеты, весовые бунты (из-за подделки гирь или вследствие изменения стандарта гирь) и т. п.

В период винной монополии в России, ни первой — с XV до XVII века, ни последней (четвертой) — с 1896 до 1917 года, не было известно ни одного случая, который можно было бы квалифицировать как «водочный бунт»[1]. Недовольство вызывала только акцизная и откупная системы, при которых государство сдавало как бы в аренду свою регалию, что вело к злоупотреблениям в отдельных местах. Это лишний раз говорит о том, что понятие «полноценности», «высокой кондиции» и «качества» водки как продукта особого, наделенного «общественными» признаками, неразрывно связано с правовым, социальным положением этого продукта и что поэтому, говоря о производстве водки, о ее возникновении, мы не имеем права отрывать этот вопрос от того статуса, который приобретает водка после своего возникновения.

Если она возникла как результат эксперимента, как образец (даже если этот образец создан в количестве сотен литров!), но не стала товаром, причем товаром, имеющим государственное признание и привилегии в виде монополии, то она еще не может называться водкой в полном смысле этого слова. Ибо только установление правового и социального статуса за водкой, признанного государством, обеспечивает ее качество и как пищевого продукта. Это качество может быть не обязательно самым высоким (что вполне понятно, ибо в каждый данный исторический период оно будет зависеть от общего уровня знаний и развития техники), но оно никогда не будет произвольным и подверженным колебаниям, как у водки-самогона, изготовленной тайно, незаконно, в нарушение и без учета государственного стандарта. Качество государственно-монопольной водки не может быть никогда низким, каковы бы ни были развитие техники и исторические условия, ибо государственная монополия будет автоматически стремиться к установлению предельно высокого для данного времени стандарта качества. Это диктуется как престижными государственными соображениями, так и соображениями весьма далекими от альтруизма — чисто деловым стремлением

---

[1] В то же время, когда монополия государства на водку отсутствовала, «водочные бунты» происходили в России довольно часто. Так, уже через 16 лет после введения откупной системы (1632 г.) произошел крупнейший за всю историю России «водочный бунт» в 1648 году. Земский собор 1649 года решительно высказался за отмену откупов, а Собор о кабаках 1652 года подтвердил это решение.

Точно так же против ненавистных народу откупов и подделки водки откупщиками были направлены «водочные бунты» 1859—1862 годов, вызвавшие разные изменения в производстве и законодательстве о водке и ускорившие отмену крепостного права.

первой фирмы государства, чтобы выпускаемый ею монопольный продукт не мог быть подделан и мог быть узнан любым потребителем по характерному стандартному высокому качеству.

Таким образом, водка становится по-настоящему водкой лишь с того момента, когда она превращается в государственно охраняемый и лелеемый продукт. Без этого нельзя говорить о производстве водки. Без этого мы имеем дело лишь с экспериментом по созданию хлебного спирта. Вот почему вполне должно быть очевидным, что случайные факты наличия или демонстрации образцов винного спирта или хлебного вина на территории Тевтонского ордена в начале XV века (в 1422 г.) не могут служить основанием для вывода о том, что там была впервые изготовлена водка. Тем более что за этим фактом не следует никакого дополнительного известия о создании винокуренного производства или водочной торговли в Ливонии. И такие факты не могут существовать уже потому, что после поражения под Грюнвальдом в 1410 году Тевтонский орден не мог уже больше оправиться и прекратил свое существование спустя 50 лет, в 1466 году, причем весь этот последний период своей истории почти непрерывно воевал.

В 1422 году, к которому относится упоминание о «горящем вине», продемонстрированном в Данциге, орден заключил Мельнеский мир с Польшей, и вполне возможно, что в честь празднования мира тевтонские рыцари привезли из Италии или изготовили, быть может, сами по рецептам провансальцев и генуэзцев в монастырских орденских лабораториях спирт. Но что это был за спирт — винный или хлебный, на каком сырье он был основан, нам абсолютно неизвестно. Даже само название «горящее вино», «вино-пожар» (Brand-Wein, brantwein, brannvin), позднее закрепившееся за хлебным вином и водкой в Германии и германоязычных странах, в данном случае не говорит ни о чем, ибо впервые оно было употреблено не как термин, а как описание впечатления. То, что это же слово позднее превратилось в термин, относящийся исключительно к хлебному (или позднее — картофельному) вину, к водке, в данном случае не имеет значения. Здесь это слово не термин, и, следовательно, оно не дает нам права видеть в нем то, что мы обычно усматриваем в термине «хлебное вино», — то есть водку.

Немаловажно в этой связи вновь напомнить тот факт, что в германоязычных странах водка (хлебное вино) и ее название «брантвайн» появляются лишь после Великой крестьянской войны, то есть где-то в 30—40-х годах XVI века Мартин Лютер, переводивший с греческого в 1520 году Библию и встретивший там арамейское название водки — «сикера», не мог найти для него эквивалента на немецком языке и потому назвал его «сильный напиток» (Stark Gentrank)[1], поскольку он был поставлен в Евангелии в порядке перечисления после виноградного вина. Это показывает, что и наименование «горящее вино» было первоначально такой же попыткой описать водку по одному из бросающихся в глаза отличительных признаков. Лишь значительно позднее «вино-пожар», или «горящее вино», превратилось в термин. Но это произошло уже в начале — середине XVII века в Германии, в Тридцатилетнюю войну.

Тевтонский орден, Ливония не могли стать создателями винокуренного производства, поскольку они не обладали экономическими условиями для его развертывания. Непрерывные войны на территории ордена, недостаток рабочих рук, ставший с XV века хроническим из-за резкой убыли населения в результате военных потерь, а также из-за массового бегства крестьян в соседние земли — Польшу и Новгородскую Русь — от произвола ордена и тяжкой барщины (в Польше и в Новгороде не было закрепощения в это время), и, наконец, необходимость ввозить зерно из Польши для покрытия собственных потребностей, поскольку местного зерна недоставало, — все эти обстоятельства, вместе взятые, делали создание винокуренного производства на территории Тевтонского и Ливонского ордена крайне затруднительным, особенно учитывая общее политическое и экономическое ослабление этого военно-теократического государства. Следовательно, мы должны исключить и Ливонию как родину водки и водочного производства из нашего рассмотрения.

Что же касается Кафы, генуэзской колонии, то в ней винный спирт изготавливался. На этот счет имеются точные сведения источников, но все-таки это был не хлебный спирт, ибо у нас нет никаких данных на этот счет, поскольку сырье генуэзцы имели в основном виноградное, да и ре-

---

[1] См. Das Nene Testament unsers Herrn und Heilandes Jesu Christi. Nach der deütschen Ubersetzung Dr. Martin Luthers. — Er./ am. Main, 1838. — S. 126; Ev. Luca, 1: 15. «Wein und Stark Getrank wird er nicht trinken» («Вина и сикеры не имать пити»). — Русские переводчики оставили слово «сикера» без перевода, не найдя для него русского эквивалента.

цепт дистилляции и перегонки они заимствовали у провансальцев, вырабатывавших спирт из закисшего виноградного вина.

В 1386 году генуэзское посольство, направлявшееся в Литву через Московское княжество по случаю обращения Витовта и литовского народа в католичество, демонстрировало винный спирт московским боярам. Однако не как напиток, а в качестве лекарства. В 1429 году генуэзцы также проездом в Литву на Тракайский съезд, где Витовту должен был быть присужден королевский сан, показывали аквавиту при дворе Василия III Темного, но она была признана слишком крепкой, непригодной для питья. Генуэзское посольство везло аквавиту в Троки Витовту, но из описания семинедельного празднества совершенно неизвестно, был ли этот подарок там воспринят как напиток и был ли он предложен гостям для застольных возлияний. Скорее всего, и в этом случае аквавита (а может быть, уже и коньяк?!) была воспринята только как лекарство[1].

Показательно и интересно то, что демонстрация западноевропейского изобретения винного спирта, или аквавиты, как генуэзцами из Кафы, так и тевтонско-ливонскими рыцарями из Данцига почти совпадает по времени — 1422 и 1429 годы! Это лишний раз доказывает то, что здесь в обоих случаях имела место попытка ознакомить восточноевропейские дворы — русский, литовский и, возможно, польский — с достижениями западной науки и техники с целью демонстрации силы и искусства Запада.

Однако на этом этапе дальше эксперимента, опыта, демонстрации дело не пошло. Ни как средство-панацея, ни как товар спирт не произвел впечатления на «восточных варваров».

---

[1] Н.М. Карамзин дает следующее описание застольных напитков, подававшихся во время Тракайского съезда: «Ежедневно из погребов княжеских отпускалось 700 бочек меду, кроме вина, «Романеи» и пива...» Здесь «вино» упомянуто как нечто побочное, главное же — мед, основной алкогольный напиток литовцев. Кроме того, указана романея (но с прописной буквы, как собственное название этого бургундского вина — «Романс-Конти»). Следовательно, вином этим была только романея. Можно, однако, понять и так, что романея особо выделялась из других, прочих виноградных вин, но в том, что речь шла о виноградных винах, не может быть сомнения. Н.М. Карамзин весьма точен и, пользуясь первоисточником, всегда очень верно воспроизводит его, без привнесения своего толкования. (См. *Карамзин Н.М.* История государства Российского. — Т. V. — СПб., 1817. — С. 243.)

О возможности же получения хлебного вина еще не думали или не догадывались, причем ни та, ни другая сторона.

Таким образом, ни Ливония, ни Кафа не были центрами возникновения винокурения и водки. Кафа в 1395 году была совершенно уничтожена войсками Тамерлана, а в 1465 году вошла в состав Крымского ханства Гиреев, прекратив существование не только как государственное и экономическое образование, но и вообще как культурно-ремесленный центр.

Посмотрим теперь, как обстояло дело с русскими государствами. Самое мощное и древнейшее из них — Новгородская республика была в экономическом и отчасти внешнеполитическом отношении ориентирована на Балтику и Поморский Север. Она вела обширную торговлю с Ганзой — Данией, Швецией, Голландией, Тевтонским орденом и несколько меньшую с Польшей и Литвой. Главным предметом сбыта новгородцев были меха, лен, пенька, отчасти воск, серебро. Новгород закупал в то же время у Московского и Нижегородского княжеств хлеб, зерно. Издавна в обмен на свои товары Новгород получал из Западной Европы виноградные вина: немецкие (рейнские), французские (бургундские). Ввоз виноградных вин был традиционен для Новгорода с X—XI веков; более того, Новгород реэкспортировал часть вин в Московское и Тверское княжества, а взамен покупал московский мед для экспорта в Западную Европу.

Таким образом, в Новгороде, несмотря на его экономическое могущество, не было условий для возникновения винокурения: отсутствовали излишки хлебного зерна, не было своего развитого зернового хозяйства[1], не было недостатка во ввозном виноградном вине, существовала традиция его потребления. Кроме того, в Новгороде с XII века установилась прочная традиция пивоварения, в основном ритуального характера, носившего форму общинно-артельного производства: пиво варила вся улица, вся сотня, весь конец, весь посад, причем в складчину.

Многочисленные давно и тщательно ведущиеся археологические раскопки в Новгороде и Пскове и в других городах на территории Новгородской Руси также не дают никакого

---

[1] См. *Никитский А.И.* История экономического быта Великого Новгорода. — М., 1892. — С. 56, 295.

материала о возникновении здесь винокурения, так что нет никаких — ни документальных (на берестяных грамотах), ни экономических, ни исторических, ни материально-археологических — оснований для того, чтобы считать возможным возникновение винокурения в Новгороде.

Более того, когда винокурение было уже развито в Московском государстве, оно не привилось в Новгороде, и сюда привозили из Москвы хлебное вино, то есть водку. Следовательно, Новгородская республика отпадает как место, территория, на которой могло возникнуть винокуренное производство.

Следующим граничащим с Новгородом государством было Тверское великое княжество. В XIV веке оно переживало крайне тяжелый период. Его территория все время сокращалась, окружаемая Московским княжеством. Оно являлось постоянным объектом военных и дипломатических нападок со стороны московских властей. Москва, распространившая к середине XIV века свое влияние далеко на Север, владевшая Вологдой, простиравшая свои владения за Волгу и тянувшаяся уже к Предуралью, «натыкалась» у Волоколамска, всего в 80 км от Кремля, на тверские пограничные заставы, на враждебные таможенные рогатки. Естественно, что московские князья делали все возможное, чтобы уничтожить Тверь как государство. Более того, они терроризировали тверичан тем, что блокировали границы Тверского государства, изолировали его от подвоза необходимых товаров, досаждали тверским крестьянам набегами и уничтожением их посевов, так что те в конце концов стали перебегать в Московское государство, где к ним за это проявляли «милость». Так, тверской князь был лишен поддержки подданных и был вынужден оставить Тверь, бежав в Литву.

Совершенно ясно, что тянувшаяся свыше столетия борьба Москвы против Твери на измор не давала возможности тверичанам заниматься чем-либо, кроме проблем обороны. Тут было, естественно, не до винокурения, тем более что проблема обеспечения себя хлебом в условиях постоянной блокады со стороны Москвы всегда была для Твери крайне острой.

Остается выяснить, как обстояло дело в русских государствах, расположенных к юго-востоку от Москвы, — в Рязанском великом княжестве и в Нижегородском княжестве.

Рязань. До Куликовской битвы, то есть до 1380 года, нельзя говорить о возможности возникновения винокурения в Рязани, равно как и в других русских государствах. После же Куликовской битвы положение Рязани — единственной из русских земель вставшей на поддержку войска Мамая и разделившей с ним его участь — было крайне тяжелым. Ни политически, ни экономически Рязань уже не могла оправиться после Куликовской битвы. Находясь в постоянном союзе с Ордой и Крымом и в обостренных, враждебных отношениях с Москвой, Рязанская земля в последнее столетие ее самостоятельного существования превратилась фактически в проходной двор, в гнездо интриг, прибежище беглых из разных государств — татар, белорусов, ногайцев, литовцев, русских. Кроме того, в пределах княжества жили также мордовские племена — мокша и эрзя, касимовские татары, мещеряки и чуваши, что еще более увеличивало национальную пестроту и нестабильность этого промежуточного, пограничного государства.

В связи с этим экономическое положение Рязанского княжества было крайне неустойчивым. Русское население, составлявшее лишь менее половины численности «рязанского народа», несло основную тяжесть повинностей и было главным производителем зерна. Остальные не занимались земледелием. Отсюда лишь в урожайные годы в Рязанской земле создавались излишки хлеба, которые шли на вывоз. В остальные, и особенно в неурожайные годы Рязань с трудом обеспечивала собственные потребности в хлебе. Возможности расширения посевных площадей были невелики из-за того, что значительную часть княжества занимали болотистые земли Мещеры и непроходимые леса, являвшиеся бортными и охотничьими угодьями мордвы и союзных (касимовских) татар. Русское же население, опасаясь постоянного разорения в условиях политической нестабильности Рязани, крайне неохотно обрабатывало землю князей и крупных рязанских вотчинников.

Наконец, известное препятствие возникновению винокурения в рязанских землях представляло развитие здесь медового пивоварения под явным влиянием мордовских национальных традиций. Приготовление медовой браги пуре являлось по своему существу естественным препятствием развитию винокурения, ибо было построено на принципиально противоположной технологии и как бы исключало иной подход, иное мышление в деле производства алкогольных напитков. Подобное явление широко известно во всем мире: в Чехии, например, где издревле сложилось классическое пивоварение, винокурение возникло очень поздно — лишь в XIX веке, да и то под влиянием чисто внешних факторов. То же самое наблюдалось и в Рязани.

Таким образом, ни экономические условия, ни историческая обстановка, ни национальные традиции не способствовали возникновению на Рязанской земле винокурения.

Нижегородское княжество. Эта земля находилась в сравнительно благоприятном положении. Княжество не было подвержено такой нестабильности положения, как Рязань. Находясь в постоянном союзе и тесных экономических отношениях с Москвой, оно, несмотря на близость к татарским землям, не столь сильно подвергалось опустошениям. Этому содействовали непроходимые леса, занимавшие большую часть нижегородских земель. Но развитие земледелия здесь было слабее.

Основу экономики княжества составляли рыболовство, охота на дичь — красную и пернатую, охота на бобров, бортничество и выделка лыка и рогож, а также предметов из них: лаптей, коробов, корзин, туесов. Отчасти было развито и животноводство, в основном овцеводство, шерстобитное и валяное производство. Все это делало Нижегородское княжество охотничье-ремесленным резервом Москвы, превращало его в естественного партнера, заинтересованного в сбыте всех этих товаров лесного хозяйства посадскому и столичному населению Московского государства. Но именно это направление хозяйства препятствовало развитию хлебопашества, земледелия, тем более что для этого надо было выжигать лесную целину, что было крайне трудоемким процессом. Все эти обстоятельства в совокупности дают основание считать, что винокурение не могло возникнуть в Нижегородской земле, хотя княжество не испытывало особых затруднений с хлебом и даже в случаях неурожаев не бедствовало так, как другие русские земли, но это объяснялось исключительно его благоприятным транспортным положением и возможностью снабжения зерном из других районов по Волге, Оке, Каме.

Наличие значительных по сравнению с нуждами населения запасов собственного меда консервировало древние привычки к развитию медоварения и медового пивоварения. Ни в XIV, ни в XV, ни даже в XVI веках здесь не возникало вопроса о необходимости найти замену старым алкогольным напиткам.

Следовательно, все русские самостоятельные государства — Новгород, Тверь, Рязань, Нижегородская земля — не могли быть в XIV—XV веках потенциальными родоначальниками винокурения. Здесь не было совокупности условий, необходимых для его возникновения.

Остается рассмотреть, как обстояло дело в Московском великом княжестве.

Московское великое княжество уже к середине XIV века было крупнейшим и могущественнейшим государством среди других русских княжеств. Во-первых, оно оказалось самым густонаселенным, поскольку сюда в течение XIII—XIV веков стекалось для укрытия от татарских грабежей самое разнообразное население. Во-вторых, распаханность и развитие земледелия в Московской земле были намного выше, чем в соседних княжествах. В-третьих, здесь было больше всего городов и больше всего посадского, городского люда, чем в других княжествах. Это служило стимулом к развитию земледелия, ибо излишки зерна и других сельскохозяйственных продуктов крестьянин мог здесь легко сбыть, продать. И цены здесь на сельскохозяйственную продукцию, особенно в самой Москве, были самые высокие в России, ибо непроизводительное население непрерывно росло. В-четвертых, в Московском княжестве находились наиболее крупные и хорошо организованные монастыри. Они улучшали свое хозяйство, заводили ремесла и оказывали влияние на развитие товарно-денежных отношений: имели излишки продуктов и им важны были деньги как для приобретения дорогой церковной утвари, различных иностранных тканей, так и для внешней торговли, а также для строительства церквей, оборонительных укреплений и приобретения оружия. В-пятых, потребности меда и воска здесь были гораздо большие, а бортничество из-за изреженности лесов было почти сведено на нет. Пасечничества как продуктивной отрасли еще не знали. Следовательно, мед и воск приходилось завозить, покупать или взыскивать в форме дани из дальних колоний. В-шестых, хлеба, зерновых в Московском государстве старались производить намеренно больше собственных потребностей, «с запасцем», с целью вывоза на внешние рынки, особенно в Новгород. В-седьмых, городское население привыкло к праздности (особенно строительные, сезонные рабочие в

Москве), требовало отвлечения от забот. Проблема поисков дешевых алкогольных, массовых, народных напитков возникла уже примерно в середине XIV века в связи с рядом московских бунтов, в первую очередь строителей, занятых на сооружении Кремля (число их доходило до 2—2,5 тыс. человек). В-восьмых, Москва, как политический центр, была связана с Западной Европой, Византией, Швецией, Данией. Здесь были послы Индии, Персии, Турции, приезжали греки, итальянцы, болгары, молдаване, валахи, французы, немцы, шведы, голландцы, поляки, датчане, шлезвиг-гольштинцы, ливонцы, эсты, финны, генуэзцы, венецианцы, сербы, венгры, чехи.

Все это создавало гораздо большую возможность заимствований, культурных воздействий, влияний, проникновения новых идей, а также стимулировало рост потребностей, даже если учитывать замкнутость тогдашнего общества и трудность контакта с иностранцами.

Таким образом, потенциально Москва лучше, чем другие государства, могла стать базой для возникновения любого нового ремесленного производства, любого технического нововведения, в том числе и винокурения. Вот почему свой анализ обстановки, благоприятствовавшей возникновению винокурения и водочного производства, мы должны вести на основе изучения, в первую очередь, истории Московского государства. Ведь именно здесь впервые возникло централизованное государство в России, здесь сосредоточились, следовательно, и политические, и экономические, и производственные, и социальные предпосылки винокуренного дела.

Надо сказать, что уже некоторые русские историки, изучавшие правовые институты Московского государства, подчеркивали, что такой продукт, как хлебное вино (водка), требующий введения государственной монополии на него, мог возникнуть исключительно в условиях создания централизованного, абсолютистского (самодержавного) государства. И это как бы косвенно доказывало то, что водка возникла именно в Московском княжестве, а не в соседних русских землях. Характерно и то, что уже в XVII веке, а затем и на протяжении XVIII—XIX веков в народном языке стойко удерживается выражение «московская водка». В наше время, в XX веке, оно стало, между прочим, официальным наименованием одного из сортов водки и потому не воспринимается ныне так, как оно звучало в далеком прошлом. А в прежние века оно имело точно такой же смысл, как и наименования других типичных, специфичных для какого-либо города или местности «фирменных» товаров: московские калачи, московская водка, тульские или вяземские пряники, коломенская пастила, валдайские баранки, выборгские крендели и т.д. Иными словами, все эти названия целиком связаны с возникновением данного производства первоначально в определенном месте и с продолжением специализации этого места на производстве именно этого вида продукта. Причем важно отметить, что продолжение специализации влекло за собой стремление закрепить репутацию товара и потому обязывало подымать всемерно его качество. Тем самым названия «московская водка» или «вяземские пряники» звучали уже через несколько десятилетий как гарантия высокого качества, как признание, похвала качеству.

Характерно, что даже значительно позднее, в период развития капитализма, когда водка начала производиться во многих городах России, почти повсеместно, она не стала называться ни киевской, ни тверской, ни петербургской, ни рязанской, а так и осталась московской. Это как раз и говорит о древнем, средневековом возникновении этого наименования и о том, что в более позднее время подобного рода название возникнуть просто не могло; оно не приобрело бы ни всенародной известности, ни своей нарицательности.

Это факт исторического значения, и его надо особенно подчеркнуть. Ибо всякие вымыслы о создании водки в других местах русских земель в свете вышесказанного становятся несостоятельными. Так, фантастично представление о появлении якобы водки впервые в Вятке в 1474 г. (тогда колонии Новгорода, а позднее Москвы). Ведь никто никогда не слышал о вятской или о суздальской водке, хотя если бы ее изобретение там имело место, то оно немедленно отложилось бы в народном стойком определении, как и московская водка. Название «московская водка» закрепилось еще столь прочно потому, что ее производство было подкреплено сбытом, который в первые годы существования водки имел место только в Москве, где был создан первый «царев кабак». Следовательно, термин «московская водка» отражает исторический факт появления водки первоначально и притом исключительно лишь в Москве и служит как бы фиксацией уникальности этого продукта как специфически московского изделия, неизвестного в другом месте. Все это обязывает нас внимательно рассмотреть события истории Московского государства в XIV—XV веках, чтобы попытаться определить, в какое примерно время за этот период могли там возникнуть винокуренное производство и идея создания водки.

5. Обзор и анализ исторической обстановки в Московском государстве XIV—XV веков

Прежде чем обратиться к анализу исторической обстановки, перечислим и сведем воедино все те хронологические данные, которые нам известны из разных источников о времени, связанном с возникновением винокурения или изобретением водки в России, а также в других странах Европы, даже если эти данные и могут показаться нам неверными или недоказанными. Это поможет лучше определить место России и сузит рамки наших поисков.

1334 г. — изобретение дистилляции и получение винного спирта из виноградного вина в Провансе Арнольдом Вилльневом.

1360-е гг. — получение в ряде итальянских и южнофранцузских монастырей винного спирта высокой концентрации, названного аквавита.

1386 г. — генуэзское посольство демонстрирует московским боярам и иностранным аптекарям в Москве аквавиту.

1422 г. — тевтонские рыцари-монахи демонстрируют аквавиту в Данциге.

1429 г. — генуэзцы по пути в Литву посещают Василия III Темного и дарят ему аквавиту как лекарство.

1446 г. — одно из последних упоминаний меда-напитка в источниках на старославянском языке западного происхождения, что указывает на то, что примерно с середины XV века массовый экспорт русского меда в Центральную и Западную Европу прекратился.

1474 г. — «корчма» упоминается в псковской летописи («корчму не привозити»).

1485 г. — в Англии при дворе Генриха VII созданы первые образцы английского джина.

1493 г. — во время завоевания Арской земли (Удмуртии) обнаружено приготовление кумышки (молочной водки).

1506 г. — шведский источник сообщает, что шведы вывезли из Москвы особый напиток, называемый «горящим вином».

Итак, если не принимать во внимание первую из этих дат, когда открытие, сделанное в тиши провансальского монастыря алхимиками, оставалось в течение многих десятилетий секретом[1], то все наши сведения о винном спирте в Европе и его производстве относятся ко времени между 1386—1506 годами, которые можно считать периодом, когда производство водки выходит за рамки контроля в одной стране и становится общеевропейским, переступая границы государств.

Вот на этом-то отрезке времени в 120 лет и следует вести наши поиски. Если принять дату изготовления джина в Англии как более позднюю, чем изготовление русской водки, то отрезок времени сузится до 100 лет. Пока у нас нет точных данных о том, что в Московском государстве водка могла быть известна до возникновения английского джина, мы будем рассматривать весь период с 1386 по 1506 год.

Но может быть, есть необходимость начать рассмотрение и несколько ранее 1386 года, с середины XIV века? Ведь иначе может показаться, что, начиная исследование с момента привоза генуэзцами аквавиты, мы связываем возникновение винокурения в России с западноевропейским изобретением. Однако дело не в этом. Во-первых, то удивление при царском дворе, которое сопутствовало демонстрации аквавиты, говорит, что подобного продукта в Москве не знали в то время, и именно поэтому для нас важно зафиксировать эту дату. Во-вторых, есть и другое косвенное доказательство того, что по крайней мере до 1377 года хлебное вино и винокурение были неизвестны в Московии. Существует подробное описание трагедии при реке Пьяной (Пьяна), когда перепившееся ополчение князей переяславских, суздальских, ярославских, юрьевских, муромских и нижегородских было почти полностью перебито небольшим войском татарского царевича Арапши

---

[1] Период в 50 лет (1334—1386 гг.) был «нормальным периодом», который требовался в то время, чтобы открытия в области техники, сделанные в Западной Европе, достигли Московии. Эти полвека были нужны, с одной стороны, на «рассекречивание» открытия, а с другой — на то, чтобы достичь Москвы. Совершенно аналогичный путь проделало и изобретение огнестрельного оружия и пороха. Порох был открыт Шварцем в 1320 году, усовершенствован в 1338-м, а Москве о его военном применении стало известно впервые в 1389 году (вновь тот же цикл в 50 лет — 1338—1389 гг.).

2 августа 1377 года. При этом сам главнокомандующий князь Иван Дмитриевич Нижегородский утонул вместе с совершенно пьяной дружиной и «штабом». В летописи, скрупулезно описывающей детали этого пьянства, указаны в качестве напитков только мед, мордовское пуре, брага и пиво, которое воины суздальского князя пили, разбредясь перед боем по деревням[1].

Таким образом, мы имеем точное указание о домашнем, патриархальном характере производства и соответствовавшем ему виде напитков. Вот почему, если уж быть более точными, отсчет периода, в который можно обнаружить начало винокурения в России, можно вести с 1377, а не с 1386 года, но никак не ранее этого времени.

Подозрительно лишь то, что, как и в последовавшем через пять лет «великом опьянении» в Москве, при нашествии Тохтамыша в 1382 году, характер опьянения домашними напитками был все же иным, чем, скажем, в предыдущие 50 лет, а именно гораздо более тяжелым, вызывающим парализующее воздействие на людей. Это может говорить лишь о крайнем несовершенстве винокурения или, скорее, о зачатках корчажного сидения, дающего крайне быстроваркий, неочищенный, неотстоенный, невыдержанный продукт, полученный, однако, на медовом сырье.

Интересно отметить и само название «Пьяна» («Пьяная река»). Оно возникло после трагедии 2 августа 1377 года. И одновременно с этим событием или чуть позже появилась дополняющая его пословица: «За Пьяной люди пьяны»[2], бытовавшая лишь в Рязанской, Нижегородской и в юго-восточной половине Московской губернии и лишь отчасти в Тульской и Пензенской. Причем эта пословица так и осталась местной, локально-провинциальной, и не перешла ни в XVIII, ни в XIX веке в разряд общероссийских пословиц. Она была изначально понятна лишь в определенном местном историко-бытовом контексте, в сугубо местной географической и даже в топографической среде, то есть только к северу, к северо-западу, к западу и к юго-западу от Мордовии, только по русскую сторону от реки Пьяны, которая вовсе не носила подобного наименования до конца XIV века.

---

[1] См. *Карамзин Н.М.* История государства Российского. — Т. 4. — СПб., 1817. — С. 46.

[2] См. *Карамзин Н.М.* История государства Российского. — Т. 4. — СПб., 1817. — С. 47.

Так, в XII—XIII веках в русских актах она называлась по-русски Межевой рекой, то есть образуемый ею водный рубеж обозначался официально еще в XII веке как межа между русскими и мордовскими землями. Собственного же русского названия она не имела, а мордовское, угрофинское ее наименование русские не знали, или не хотели, или не умели произносить, а тем более — записывать. Название же «Межевая» постепенно закреплялось, ибо река эта стабильно продолжала веками, то есть и в XIII, и XIV веках, сохранять значение пограничного рубежа, отделяющего земли Рязанского княжества от Владимирского.

Этому погранично-рубежному значению река была обязана тем, что левый ее берег, мордовский, был крут, обрывист, сложен из известняка, а правый, русский, — низок, равнинен, а по весне и осени даже топок. Поскольку топография и этнополитические условия отвечали друг другу, то за рекой закрепилось не географическое, топонимическое, а официально-политическое наименование «Межевая», хотя она все это время имела свое древнее угрофинское название, известное лишь местным жителям, но не попавшее в русские акты[1]. После 1377 года положение резко изменилось: река получила и местное, и официальное общерусское наименование «Пьяна», за которым, разумеется, стоял некий финский, фонетически близкий эквивалент, ибо чисто исторические названия реки обычно не получают. Историческим мог быть только толчок, подтолкнувший людей на то, чтобы переименовать местное угрофинское, мордовское название в более понятное и ло-

---

[1] Характерно, что все притоки реки Межевой (Пьяной) до сих пор носят угрофинские, а не русские названия: Алезь, Ежать, Ройка, Киржень, Чапара, Сердемя, Ватка, Кетаржа и др.

Таким образом, в подобном окружении Пьяна, имеющая мордовские по наименованию притоки и впадающая в Суру с ее мордовско-марийскими притоками, выглядит со своим «русским» названием как «белая ворона». Отсюда вполне понятно, что она имела финноязычное название до 1377 года, которое до нас в чистом виде не дошло, но которое фонетически близко русскому слову «пьяна» (т.е. пиено, пихено, кияно и т.д.) и было переосмыслено и превращено в русское «Пьяна» после событий 1377 года. Ссылки на то, что, возможно, русские назвали эту реку «пьяной» из-за ее извилистого течения, хорошо видного на аэрофотографиях, не выдерживают критики, во-первых, потому, что другие реки этого края едва ли менее извилисты, а во-вторых, в основном потому, что видеть в целом течение реки при помощи аэрофотосъемок в XIV веке, а тем более ранее никто не мог. Так что все иные объяснения, кроме приведенного нами, отпадают как надуманные и модернизированные.

гически объяснимое русское название. И таким толчком была неудачная битва 2 августа 1377 года. После нее уже все знали, что за Пьяной рекой лежала некая «пьяная сторона», где варили хмельное, сильно опьяняющее зелье, несравненно более коварное, чем то, к которому прежде привыкли русские[1].

---

[1] В Мордовии издревле и до сего дня варят особый хмельной напиток, называемый «пуре». Хотя он приготавливается из меда, как и русские питные меды, но имеет совершенно иную технологию приготовления и основан не на методе приготовления ставленного меда с длительной выдержкой и с большим процентом натуральных ягодных соков (брусники, черной смородины, малины и т.д.), а на меде, с примесью перги (совершенно не употребляемой никогда и ни в каком виде русскими), и на брожении этого меда с зерновым солодовым суслом, сильно сдобренным хмелем. Солод для пуре используется только ржаной, то есть именно такой, какой был исходным сырьем и для получения древнейшей русской водки (и в этом исходном сырье, в его совпадении — то общее, что есть между водкой и пуре). Но вся технология совершенно различна. Во-первых, добавлением к ржаному солоду различных побочных компонентов: хмеля, меда, перги, во-вторых, тем, что пуре проходит дрожжевое брожение, при котором высока доза дрожжей и отсюда сила брожения все время противостоит ведущемуся обратному сознательному процессу: прерыву или ослаблению брожения резким остуживанием сусла пуре и одновременной подкормкой этого сусла молодым медом. При такой технологии малейшее нарушение, малейшая неточность должны неизбежно вести к накоплению в напитке вредных сивушных спиртов, присутствие которых лишь маскируется приятным медовым ароматом пуре.

При умелой, выдержанной, тщательно осуществленной технологии пуре вредные вещества частично выходят с газами, частично выступают в виде пены (регулярно снимаемой), а частично входят (впитываются) в дерево бочонка, отчего пуре надо готовить в липовых бочонках, так как это дерево мягкое, хорошо адсорбирует и присасывает к стенкам вредные вещества. Поэтому в правильно приготовленном виде пуре относительно безвредно, но при нетщательном приготовлении опасно. Вот как описывает этнограф действие «хорошего» пуре: «Как только выпьешь ковшичек, так и отяжелеешь. Его много пить нельзя: быстро разыгрывается кровь и человек наливается какой-то тяжестью. От него пьянеют ноги, руки и даже, как говорит мордва, «ухи». Все обвисает. Пуре пьют только на сытый желудок. Одновременно с ним нельзя ни в коем случае пить любой другой алкогольный напиток. После пуре тянет резко ко сну, и человек может проспать пять-шесть часов кряду, хотя формально крепость пуре едва достигает 16—18°» (*Никул Эркай*. Добрая, здоровая, народная пища//Мордовская кухня/ Сост. А.В. Зотова. — Саранск, 1977. — С. 10). Можно себе представить, каково было действие наскоро изготовленного для массового потребления русского войска «меда» в 1377 году, ибо не мед, а сброженное с нарушениями зерновое сусло пуре, снабженное хмелем и пергой, «сделало свое дело». Но, видимо, идея использования ржи для хмельного напитка была посеяна уже тогда среди русских, пытавшихся понять, чем их так опоили.

Итак, факт массового опьянения и в результате его полное поражение русского войска от явно слабого и сильно уступавшего русским в численности противника[1] настолько потрясли воображение современников своей неожиданностью, что был зафиксирован в истории и официально — в летописях, и неофициально — в народных устных преданиях, легендах, песнях.

Вот почему это событие можно считать известным начальным рубежом в поисках даты возникновения винокурения в России. И вот почему мы остановились на нем столь подробно, детально, с выяснением всех его обстоятельств.

Итак, рассмотрим теперь события между 1377 и 1506 годами, то есть за 130 лет. Прежде всего обратим внимание на внешнеполитические крупные события, характеризующие положение Московского государства.

XIV век

1371 и 1375 гг. — завоевание Новгородом Костромы и Ярославля. Грабежи новгородцев на Каме, несмотря на то, что на эти земли уже начинает претендовать Москва.

1375 г. — Москва побеждает в кровопролитной войне Тверь, заставляет ее не искать великого княжения.

1376—1379 гг. — Новгород еще настолько силен, что продает пленных москвичей волжским булгарам и татарам.

1377 г. — трагическое поражение союзного с Москвой войска удельных князей владимиро-суздальских малых княжеств на реке Пьяной от царевича Арапши.

1380 г. — Куликовская битва. Победа над войском Мамая объединенных сил русских княжеств (кроме Рязанского и Новгорода).

1382 г. — разгром и захват Москвы ханом Тохтамышем. Бегство Дмитрия Донского в Кострому. (Москва взята после повального пьянства горожан и войска.)

---

[1] Нельзя упускать из виду, как это обычно делают современные историки, что разгром на реке Пьяной явился не только невиданным поражением русского войска, но и способствовал взятию и полному разграблению и сожжению дотла Нижнего Новгорода и Рязани. Это был сильный, долго не заживающий рубец на «русском народном теле».

1386 г. — 26 областей и уделов, в том числе подданные Новгорода, объединяются под началом Москвы и осаждают Новгород, налагая контрибуцию в 8000 рублей литого серебра. Новгород откупается.

1388 г. — бегство сына Дмитрия Донского из ордынского плена. Татары продолжают держать аманатами князей Нижегородского и Суздальского.

1389 г. — войны между Москвой и Серпуховом, между Москвой и Рязанью.

1389 г. — смерть Дмитрия Донского. Установление правила майората в Московском княжении. Наследником престола впервые становится не старший в роду, не брат князя, не дядя сына правящего монарха, а прямой наследник правителя — его сын, как бы он ни был мал. Отмена выборности великих князей.

1391 г. — первая карательная экспедиция Москвы в северные колонии Новгорода: попытка взятия с них дани и отторжения.

1391 г. — договор Новгорода с Ганзой, Ливонией, Эстляндией (Ревелем) против Москвы. Резкий отказ новгородцев нарушить мир с немцами по требованию Москвы.

1392 г. — присоединение к Москве Суздальского и Нижегородского княжеств.

1395 г. — Тамерлан доходит до Ельца и Рязани, ликвидирует Кафу, завоевывает Закавказье, разрушает столицу Золотой Орды.

1395 г. — Литва захватывает Смоленское княжество. Границы Литвы и Польши с Москвой проходят в районе Боровск — Можайск — Руза — Ржев. Калужская и Тульская области в руках Польши и Литвы.

1397 г. — попытка Москвы захватить у Новгорода Двинскую землю и Заволочье.

1398 г. — Новгород карает двинян, возвращает Заволочье. Разгром Литвы в битве с ханом Едигеем. Витовт теряет тульские, орловские и калужские земли, татары проникают до Луцка, Москва продвигает границу на западе до линии Смоленск — Калуга — Медынь.

1399 г. — Москва завоевывает Булгарское Волжское государство и присоединяет его к своим владениям.

1399 г. — смерть великого князя тверского Михаила Великого и смуты в Тверской земле. Москва стремится воспользоваться ослаблением вассалов Твери — Ламских и Кашинских князей, чтобы присоединить их владения.

1404 г. — поход московского войска в колонию Новгорода — Двинскую землю и снаряжение пиратской экспедиции в 250 судов для грабежа Камской земли с целью добычи серебра.

1408 г. — полное прекращение (в первый раз!) московской дани и даров Золотой Орде.

1412 г. — вновь введение дани Орде до 1425 года в результате репрессивного похода Едигея на Москву и полнейшего опустошения десяти городов владимирской и московской земель. Наложена контрибуция в 3000 рублей, которую москвичи уплатили с радостью, лишь бы Едигей не брал Москву.

1431 г. — Витовт налагает на Новгород контрибуцию в 55 пудов литого серебра (новгородский пуд — берковец — равен 163 кг). Иначе говоря, речь шла о 8965 кг литого высокопробного серебра. Новгород уплатил эту сумму в течение пяти месяцев. Прекращение продажи Новгородом Москве заморских вин — бургундских и рейнских.

1453 г. — завоевание Византии турками. Бегство в Россию византийского духовенства, военных, чиновников, ремесленников.

1458—1459 гг. — завоевание Москвой Вятской земли, конец Вятской республики.

1460 г. — полное и окончательное прекращение Москвой дани Орде. Распад Орды на ряд мелких враждующих ханств.

1460—1465 гг. — прекращение существования Кафы как города-государства, ее захват и разорение Крымским ханством, и отсюда — полное прекращение торговли Москвы с Италией (Венецией, Генуей, Пизой) и прекращение подвоза французских, итальянских, греческих и испанских виноградных вин.

1466—1472 гг. — организация путешествия Афанасия Никитина в Индию с целью найти путь на Восток для компенсации ликвидированной торговли со Средиземноморьем. Попытки (неудачные) найти рынок виноградных вин в Индии и Персии. Никитину удается договориться лишь о торговле тканями, драгоценными камнями и пряностями.

1472 г. — присоединение к Москве Великой Перми.

1475 г. — начало торговли Москвы с Персией.

1478 г. — присоединение Карелии к Московскому государству.

1478 г. — ликвидация независимости Новгорода, присоединение его к Москве.

1480 г. — формальное полное освобождение Москвы от всех форм зависимости от татар. Москва начинает теснить Казанское ханство.

1483 г. — установление торговли (тканями, фруктами) с Крымом и Турцией.

1483 г. — завоевание Югры — Вогульских княжеств.

1483 г. — заключение первого торгового договора с Индией.

1484 г. — основание Архангельского порта, начало торговли с Голландией.

1485—1488 гг. — ликвидация Тверского княжества. Присоединение его к Москве путем завоевания. Изгнание тверских князей в Литву.

О чем говорят эти факты, казалось бы разрозненные и изолированные?

Прежде всего они позволяют довольно ясно увидеть резкий контраст в положении Московского государства в XIV—XV веках. Вплоть до конца XIV века внешнеполитическое и военное положение Московского государства является крайне неустойчивым. В отдельные моменты создается даже впечатление о полной потере преимуществ, полученных в предыдущие десятилетия. Однако общая тенденция, несомненно, идет по пути укрепления исторического положения Москвы. Все это мы можем говорить ныне, когда знаем, как происходили дальнейшие события, но это вовсе не было известно и заметно современникам.

Перелом наступает лишь на рубеже XIV—XV веков. Завоеванием Волжской Булгарии в 1399 году открывается целый период поступательного роста территориального расширения Московского государства, а тем самым роста его населения, экономической мощи, военного потенциала, политических и экономических возможностей, превращения его в великую державу, царство. Все это ускоряет и подстегивает процесс централизации.

Период XV века, имея общую единую тенденцию исторического развития, в то же время неоднороден. В нем прямо-таки бросаются в глаза три периода.

Первый период — с 1399 по 1453 год, когда при нарастании силы Москвы все еще проявляется сопротивление ее соперников, хотя ясно, что их время исторически сочтено.

Все же для современников не ясно, сколь долго еще будет продолжаться этот период колебания между окончательной победой Москвы и противодействием ее противников. А это, естественно, заставляло напрягать все силы на достижение основной цели — освобождения от внешней зависимости.

Второй период — с 1453 по 1472 год — небольшой по времени, менее четверти века, характеризуется, однако, созданием совершенно нового международного положения Московского государства. В этот период достигает кульминации основная многовековая цель — полная политическая и внешнеполитическая независимость, полное прекращение внешней угрозы. И к тому же открывается перспектива новой исторической миссии — стать наследником Византии на всем пространстве Восточной Европы и Ближнего Востока. Одновременно с этими заманчивыми политическими перспективами складывается и совершенно новое, но не столь благоприятное внешнеторговое положение. Старые внешние рынки исчезают мгновенно. В частности, полностью прекращается подвоз виноградного вина, необходимого для ритуальных нужд церкви. Это создает чрезвычайное положение. Отсюда задача поиска новых внешних рынков, и прежде всего рынка вина, становится актуальной, и она решается сравнительно быстро, особенно по условиям того времени.

Третий период, также кратковременный, но наиболее цельный, ясный по своему направлению и историческим результатам. В период с 1472 по 1489 год происходит как бы стремительный прыжок Москвы на Восток, в эти два десятилетия складывается, по существу, вся территория Русского государства, каким мы привыкли ее считать. «Переварить» столь обширные приобретения трудно любому государству. Но Москва с ними справилась. Это говорит об экономической, политической, социальной подготовленности происходивших процессов, об их не случайном, а закономерном историческом характере. Главный исторический результат, который может интересовать нас с точки зрения нашей темы, — мощный рост экономического потенциала государства, а отсюда — создание огромного рынка и втягивание в рыночное хозяйство новых территорий и слоев населения. Такое развитие либо приводит к концентрации капиталов для создания новых производств, либо складывается из-за того, что предварительно уже были созданы соответствующие производства, давшие сильный экономический эффект.

Иными словами, этот период либо был периодом, подтолкнувшим возникновение винокурения, либо, наоборот, стал возможен за счет винокурения, за счет использования роста капиталов и экономического развития, полученных от винокурения. Значит, винокурение возникло предположительно либо где-то в период с 1460 по 1470 год, либо с 1472 года по конец XV века. В то же время говорить о возникновении этого производства в неспокойный и неясный период XIV века вряд ли будет правильно с исторической точки зрения. Хотя категорически отвергать такую возможность до сих пор историки не решались[1].

Таким образом, мы должны внимательно посмотреть на экономическую историю периода XV века, сравнить оба отмеченных нами этапа и лишь затем решить, какой из них мог быть более исторически вероятным для возникновения винокурения.

---

[1] Как известно, историк XVIII века М. Чулков, занимавшийся изучением русской экономической истории, и особенно истории внешней торговли России, писал вполне определенно как о само собой разумеющемся факте: «Что ж принадлежит до винокурения, то оное около четвертагонадесять столетия перенесено к нам из Италии от генуэзцев», имея в виду, по всей вероятности, уже не раз упомянутый нами факт привоза генуэзцами аквавиты в Москву. Если это так, то данные М. Чулкова — ошибка, или, точнее, воспроизведение ошибки летописцев. Но может быть, М. Чулков и располагал такими фактическими материалами, которые нам ныне не известны. В этом случае, однако, винокурение могло возникнуть лишь не ранее второй половины 90-х годов XIV века. По-видимому, здесь имеет место описка — и речь идет о начале («около»!) XV века, а не о XIV веке (см. *Чулков М.* История краткая российской торговли. — М., 1788. — С. 19). Однако вполне возможно, что никакой описки у Чулкова нет, он просто воспроизвел факты так, как они ему представлялись.

Вероятность этого нельзя отвергать хотя бы потому, что в той же самой книге Чулков излагает вполне точно (также без ссылки на источник) документы, ставшие известными лишь в 20-х годах XIX в., после публикаций Н.П. Румянцева.

Но никто из историков XIX и XX веков не имел в своем распоряжении фактов и документов, подтверждающих наличие винокурения не только в XI, но даже и в XV веке. С.М. Соловьев, например, в своей многотомной «Истории России» первый раз упоминает о водке (хлебном вине) лишь под 1558 годом, в эпоху Ивана IV Грозного, хотя о ней было уже достоверно известно за 50—60 лет до этого.

6. Экономическая и социальная обстановка в Московском государстве. Симптомы, указывающие на сдвиги и новые явления на рубеже XIV—XV веков

Выстроим важнейшие экономические события исследуемого периода так, как мы поступили выше в отношении внешнеполитических и военных событий, характеризовавших общее историческое положение Московского государства в XIV и XV веках.

1367 г. — начало строительства первого каменного Кремля вместо часто сгоравшего и непрестанно обновляемого и перестраиваемого — деревянного. Это строительство, затянувшееся на три десятилетия, потребовало огромных капиталовложений на: а) материалы; б) транспортные расходы по их доставке Москвой-рекой; в) оплату труда приглашенных из Италии архитекторов, художников и мастеров; г) приглашения в Москву лучших мастеров из других русских государств, прежде всего Новгорода, Пскова, Твери; д) концентрацию в Москве большой армии строительных рабочих (свыше 2000 человек), сезонников — первых «пролетариев» в Московском феодальном государстве.

1370—1390 гг. — возведение крупнейших монастырей-укреплений в Москве и Московском государстве: Чудова, Андроникова, Симонова — в Москве и по ее окраинам и Высоцкого — в Серпухове. Расходы на это строительство несла церковь.

1372—1387 гг. — заложение и строительство новых городов с крепостями (каменными кремлями): Курмыш (1372 г.); Серпухов (1374 г.), Ямбург (1384 г.)[1], Порхов (1387 г.).

1375 г. — куны (кожаные и меховые деньги) последний раз упомянуты во внешнеполитическом договоре Московского государства. Прекращение их приема с этого времени для оплаты государственных платежей.

1380—1390 гг. — резкое возрастание значения денег в торговле и в политике Московского государства.

---

[1] С 1703 года Ям — старинное русское поселение, известное еще с XI века, — по распоряжению Петра I был переименован в Ямбург (из-за петровских склонностей к иностранщине).

1384—1386 гг. — Москва требует и добивается от Новгорода уплаты «черного бора», то есть контрибуции, которая перекладывала большую часть дани, выплачиваемой Москвой Золотой Орде, на другие государства Руси, и главным образом на Новгород, как возмещение услуг Москвы, предохраняющей якобы Новгород от татар.

1387—1389 гг. — введение серебряной монеты великого князя Московского и всея Руси с его изображением и гербом. Полное прекращение приема кун и мехов как платежного средства во внутренней торговле (первая денежная реформа в Московском государстве), сбор и сжигание кун, обмененных на серебро.

1389 г. — приглашение иностранцев — итальянцев (генуэзцев, пизанцев) и греков на высшие чиновничьи должности, требующие специальных знаний и образования, в Московское государство: посланников, послов, казначеев, сборщиков податей, управителей хозяйством областей, наместников над отдаленными колониями.

1389 г. — введение огнестрельного оружия в Московском государстве.

1393 г. — создание в Москве первой русской мастерской по производству пороха с иностранными мастерами.

1397—1398 гг. — резкое обострение московско-новгородской борьбы за рынки и владение колониями.

1410 г. — новгородское правительство отменяет кожаные деньги в Двинской земле (Заволочье) и в самом Новгороде, переходя во внутренней торговле и в торговле с колониями на шведскую и литовскую монеты (эртуги и гроши). Во внешней торговле с Западом (Ганзой, Голландией, Францией, Швецией, Данией) остается древнее средство обмена — серебро в слитках (гривна).

1412 г. — Орда требует увеличения дани и добивается этого на десять лет (фактически до 1425 г.).

1418 г. — восстание должников против кредиторов в Новгороде. Бунт новгородских «люмпенов», требующих раздачи общественных денег.

1419—1422 гг. — четыре подряд неурожайных года в Новгородской земле. Невозможность убрать хлеб из-за раннего снега (15 сентября). Чудовищный голод в Новгородской земле.

1420 г. — Новгород вводит свою «национальную» серебряную монету по типу московской.

1446 г. — контрибуция хана Махмета с Василия III Темного — около 20 млн рублей золотом (по ценам 1926 — 1927 гг.).

Это дает представление о средствах, которыми располагал далеко не самый бережливый, а наиболее расточительный великий князь, казну которого («золотой запас») к тому же дважды похищали и расхищали.

1456 г. — Москва, угрожая Новгороду прекратить поставки хлеба, заставляет вече признать, что без санкции великого князя Московского оно не может издавать общеполитических и внешнеполитических законов.

«Черный бор» превращается с этого года в постоянную дань Москве, без камуфлирования его под «ордынский взнос».

1460 г. — полное прекращение выплаты Москвой дани и иных платежей Золотой Орде.

1462 г. — «серебряный бунт» в Новгороде. Отказ народа принимать новую серебряную монету (тонкие «чешуйки»), которую новгородское правительство стало выпускать, пытаясь выйти из состояния «серебряного голода».

1478 г. — полная ликвидация в Русском централизованном государстве торговли иностранцев своими товарами непосредственно на внутреннем рынке, а также отказ от использования иностранных купцов в качестве торговых агентов Русского государства на зарубежных (внешних) рынках (до 1553 г.).

Анализ всех этих фактов дает возможность увидеть, что перелом в обстановке на рубеже XIV—XV веков, определявшийся уже внешнеполитическими событиями, становится гораздо яснее на примере фактов экономической истории. Конец 80-х годов XIV века и начало 10-х годов XV века, когда происходит переворот в области торговли и товарно-денежных отношений, вызвавший необходимость замены прежних денег и введения новых средств оплаты товаров и труда, является заметным, явственным рубежом старой и новой эпох. Если факты внешнеполитического порядка говорили о том, что период до середины XV века еще не вполне ясен по тенденции, что победа нового типа отношений, уже обозначившаяся в нем, все же не выражена убедительно, то на основе экономических фактов можно считать, что период, когда чаша весов колеблется между старым и новым, смещается к 1380—1440 годам, а уже после 40-х годов XV века ни о каком сомнении относительно направления развития в смысле победы Москвы как экономически, так и военно-политически говорить не приходится.

Если же к уже изложенным фактам прибавить, что за период в 50 лет, а именно за 1390—1440 годы, население Московского государства увеличилось вдвое[1] и что уже примерно в 10—20-х годах перенаселенность в связи с голодными, неурожайными годами выдвинула проблему перехода на новую, более прогрессивную систему земледелия — трехполье, то станет ясно, что полная экономическая победа Москвы фактически обозначилась к концу 30-х — началу 40-х годов XV века и что с этого времени вопрос о том, кому будет принадлежать безраздельная победа в руководстве Россией, был уже решен и экономическая база для создания централизованного государства уже полностью сложилась.

Действительно, правильные севообороты уже через 6—12 лет вызвали резкое увеличение производства хлеба на тех же площадях и при том же количестве рабочей силы. Это позволило Московскому государству не только сравнительно легко преодолеть нехватку хлеба в неурожайные во всей остальной Руси годы, окончившуюся трагически для Новгорода, но и накопить излишки хлеба, несмотря на усилившийся расход его в связи с увеличением населения не только за счет рождаемости, но главным образом за счет притока пришлых людей. Уже к концу этого периода, то есть к середине 40-х годов XV века, хлебная торговля захватывает монастыри и свободное крестьянство, которые стали сбывать хлеб купцам для более выгодной перепродажи его в другие княжества и за границу. Создававшиеся излишки хлеба ставили Московское государство в уникальное положение в это время. Ибо переход на трехполье был осуществлен Москвой чуть ли не на 100 лет раньше, чем, например, это было сделано в Швеции, в государствах Прибалтики, в Польше, Литве и в других русских княжествах.

---

[1] См. История СССР с древнейших времен до наших дней. Первая серия. — Т. II. — М., 1966. — С. 106.

Этот факт, не замеченный и не оцененный по достоинству до сих пор историками[1], ясно указывает на причины более раннего возникновения в Московском государстве условий для создания винокурения по сравнению с другими государствами Восточной Европы. Он не только объясняет нам причину особо благоприятного экономического развития Москвы по сравнению с другими русскими государствами, но и в значительной степени меняет и исправляет стандартное представление об исторической отсталости Московского государства. По крайней мере, по сравнению со своими ближайшими соседями на Западе — Данией, Швецией, Литвой, Польшей, Новгородской республикой, Тевтонским орденом и Ливонией — Московское государство в области развития экономики, организации и развития сельского хозяйства и в деле общего развития производительных сил занимало более передовое положение. И при том опережало, например, Швецию[2] в этом отношении примерно на 80—100 лет. Настолько значительные преимущества давал в первые десятилетия (в первые 15—25 лет) резкий переход к новой системе трехполья, в какой степени создавались при этом значительные излишки хлеба и как это влияло на общее экономическое положение крестьянства и вообще всего народа, можно наиболее наглядно увидеть на примере Швеции, где тот же процесс происходил на столетие позже и где сохранились статистические данные, фиксирующие этот процесс. Характерно, что высокая конъюнктура, связанная с переходом к новой системе сельского хозяйства, держалась не более полувека, а фактически 30—40 лет, а затем усиленное потребле-

[1] Обычно подъем экономики и сельского хозяйства России датировался серединой XVII века. Только С.Г. Струмилин указывал, что переломный поворот в экономике Московского государства следует «искать раньше, чем его находит большинство историков», — до XVI века, а Б.Д. Греков задаточные формы товарного производства находил в конце XV века (см. *Струмилин С.Г.* Очерки экономической истории России и СССР. — М.: Наука, 1966. — С. 145; *Греков Б.Д.* Крестьяне на Руси. — М.; Л., 1946. — С. 674; *Маковский Д.П.* Развитие товарно-денежных отношений в сельском хозяйстве Русского государства в XVI веке. — Смоленск, 1960. — С. 14, 92, 172).

[2] Мы берем для сопоставления Швецию, потому что, во-первых, лишь Россия и Швеция превратились в великие державы в Восточной Европе и, следовательно, их положение сопоставимо, а во-вторых, Швеция имеет хорошую историческую статистику, которая дает возможность нагляднее представить те же процессы, о которых в Московском государстве мы не имеем статистических данных.

ние зерна для винокурения резко ухудшило продовольственное положение в стране, что в конце концов завершилось кризисом в конце XVI века.

Общая картина этого развития отчетливо видна на примере Швеции.

Годовое потребление продовольственных продуктов на 1 человека (в кг)

В Швеции	1555 г.*	1638 г.	1653 г.	1661 г.
В России	1446 г.*	1533 г.	1555 г.	1583 г.
Хлеб	608	278	368	366
Мясо	104,5	24	25,5	35,5
Рыба	145,5	46	34	34
Соль	11,9	17	19	11

*После двух десятилетий перехода на трехпольную систему земледелия.

Иными словами, кривая экономического развития в Московском государстве в 1446—1583 годах примерно должна была напоминать кривую развития в Швеции через сто лет — в 1555—1661 годах, но, конечно, в общих чертах.

Это сопоставление приводится нами только для того, чтобы наглядно показать, что «экономический взрыв», происходящий в результате перехода с подсечной системы земледелия на трехполье, дает не только увеличение урожая хлеба более чем в два раза, но и увеличивает «выход» мяса в три-четыре раза, рыбы — в три раза по сравнению с «нормальным», «обычным», ибо трехполье, интенсифицируя хлебопашество, высвобождает также рабочие руки для других сельскохозяйственных нужд и промыслов.

Вот почему вторая половина XV — первая четверть XVI века была в истории России самым «сытным» временем, «пиком» продовольственного благополучия. И не случайно именно в эту эпоху сложился и классический репертуар русской национальной кухни и была впервые составлена первая русская поваренная книга (1547 г.). Эта же «сытость» эпохи объясняет, кстати, и то, почему не только мирное царствование Ивана III, но и бурное и сумбурное правление его сына Василия Темного, и даже суровая диктатура его внука Ивана IV Грозного сносились народом тем не менее относительно спокойно.

Таким образом, данные экономики Московского государства в XIV—XV веках позволяют сделать вывод о том, что создание винокурения в России, вероятнее всего, приходится на период апогея экономического развития сельского хозяйства, на период, когда создались резко увеличенные излишки хлеба в результате повышения урожайности вследствие применения трехполья. Следовательно, период 40—70-х годов XV века можно считать наиболее вероятным для возникновения винокурения.

При этом нужно отметить, что 1478 год, видимо, можно принять за крайний срок, когда это произошло. Более того, этот год можно принять, безусловно, за год введения винной монополии, поскольку именно в это время была введена фактическая монополия государства на внешнюю торговлю, предприняты такие законодательные шаги, которые говорили о введении общего финансового контроля государства за доходами от производства и торговли. А это значит, что такие удобные для монопольного производства и налогообложения продукты, как соль и водка, подверглись монополизации, несомненно, в первую очередь[1], либо раньше полного окончательного введения контроля казны за торговлей (изгнание иностранцев), либо одновременно с постановлением о контроле.

Введение монополии на водку было, или могло быть, решающей, последней мерой по введению государством строгого финансового надзора в стране в интересах казны. Если это действительно так, то это означает, что к этому времени, то есть к 70-м годам XV века, винокурение в Московском государстве было уже достаточно развито и, следовательно, его начало, его зарождение надо искать по крайней мере за два-три десятилетия до этой даты, то есть примерно за период жизни одного поколения людей, ибо этот срок

---

[1] При монополизации какого-либо продукта или изделия государством основное значение имеет тот факт, что данный продукт не может иметь эквивалентную замену, суррогат и, следовательно, не может быть полностью подделан. Отсюда соль, которая вовсе не имеет суррогата, несмотря на свою дешевизну, является с техническо-финансовой точки зрения идеальным продуктом для введения монопольного налога. Точно так же такими продуктами считались чай, кофе, водка, спички и керосин, когда техническими секретами их производства владело только государство и они не могли быть воспроизведены кустарным образом на том же качественном уровне, как и при государственном оборудовании, на государственных предприятиях.

является минимальным для приобретения и личного, и общественного, и государственного опыта относительно влияния водки (хлебного вина) на различные стороны жизни.

Иными словами, речь идет о 40—70-х годах XV века. Чтобы уточнить и проверить это предположение, просмотрим «график» социальных событий этого времени, ибо и в них, как мы установили выше, можно найти отражение появления в обществе хлебного вина. Вместе с тем внесем в этот «график» и все другие события стихийного характера (пожары, эпидемии, неурожаи), поскольку и они оказывали влияние как на экономическое, так и на социальное положение населения, понижая его жизненный уровень.

1367 г. — «великий пожар» в Москве, полное сгорание деревянного Кремля-посада и Зарядья (Китай-города).

1367 г. — моровая язва (чума).

1375 г. — первая смертная казнь в Москве тысяцкого (выборная должность военачальника народного ополчения).

1377 г. — уничтожение татарами русского войска суздальцев и ярославцев у реки Пьяной в результате массового опьянения.

1389 г. — ересь стригольников против власти денег вообще и особенно в церковных делах. Введение сожжения в Москве еретиков.

1389 г. — крещение Перми и ее «мирное» завоевание.

1390 г. — гигантский пожар в Москве: дотла сгорело несколько тысяч дворов.

1395 г. — повторение большого пожара в Москве: сгорело больше половины отстроенного после предыдущего пожара.

1390—1424 гг. — период непрерывных эпидемий гриппа, холеры, охватывавших все западнорусские государства: Новгород, Псков, Смоленск, Тверь.

1408—1420 гг. — лишь дважды за этот период эпидемии перекидываются на часть Московского государства — его западные и северные уезды: Можайск, Дмитров, Ярославль, Кострому, Ростов.

1422 г. — лишь единственный раз эпидемия охватывает все Московское княжество.

1410 г. — митрополит Фотий Московский в послании к епископам вводит новые правила поведения и регламентации жизни: священникам запрещается заниматься торговлей, ругаться матом, венчать до 12 лет, пить вино до обеда.

1421 г. — тяжелая морозная бесснежная зима. Метеорные дожди.

1424 г. — церковь начинает активно бороться против пивоварения как укоренившегося языческого культа.

1425—1426 гг. — замена прозвищ на фамилии у всех знатных лиц и у лиц, находящихся на государственной службе (дьяков, подьячих, писцов) независимо от знатности.

1426 — 1431 гг. — в Москву завезена чума из Ливонии. Невозможность применить оксимель (медовый уксус) как обеззараживающее средство для всеобщего употребления в связи с его дороговизной. Обычно во время чумы и других эпидемий покупатели опускали деньги на рынке в сосуд с оксимелем или уксусом, который был у каждого продавца.

1430 г. — «великая засуха»: иссыхание рек, пожары лесов, «белая мгла».

1372—1427 гг. — за 55 лет население Новгорода сократилось на 89 тыс. человек, лишь умерших от эпидемий (в Москве за то же время население удвоилось).

1431 г. — перепись населения Новгорода — 110 тыс. человек тяглых людей. Всего в республике, считая детей, женщин и население колоний, около полумиллиона человек.

1437—1439 гг. — первое путешествие посольства Москвы в Западную Европу на VIII Вселенский собор.

1442—1448 гг. — возобновление моровой язвы по всем княжествам.

1445 г. — пожар и разграбление Москвы татарами, пленение великого князя Василия III.

1445 г. — землетрясение в Москве, пыльные бури.

1446 г. — «зерновой дождь» в Новгороде: все пространство между реками Мстой и Волховом на 15 верст покрылось толстым слоем зерна (по-видимому, зерно было принесено бурей с полей Москвы или Твери, ибо в самом Новгороде в это время был неурожай и посевы погибли).

1462 г. — введение в Москве первый раз «торговой казни» — битья кнутом знатных за политические преступления.

Приводимый перечень удивит всякого или по крайней мере покажется неожиданным, особенно по сравнению с перечнем экономических событий за тот же период. Его можно назвать с успехом «списком несчастий», и многим, вероятно, показалось бы, что он относится совсем к другому периоду, даже к другой эпохе, если бы не были указаны те же самые годы, что и в списке экономических событий, — настолько эти два перечня противоречат друг другу. С одной стороны, огромные капиталовложения, гигантское строительство, прирост населения, повышение урожайности и урожаев, с другой — эпидемии, стихийные бедствия, голод, массовое сокращение населения. Как все это совместить, как объяснить возможность свершения этих событий одновременно в одну эпоху? Объясняется это, однако, просто.

Все экономические достижения, расцвет относятся к Московскому государству, все же несчастья (за исключением случайно счастливого «зернового дождя», спасшего многих людей от голода) происходят в основном на территории Новгородской республики.

Более того, те стихийные бедствия, которые перекидываются и на территорию Московского государства, не производят там такого же уничтожающе-отрицательного эффекта, как в Новгороде. Во-первых, в Москве несчастья случаются реже, во-вторых, там они «падают» на менее «растерзанную» почву, а потому и преодолеваются сравнительно легко. Важнейшими для Москвы событиями оказываются в этот период не стихийные бедствия, усугубившие экономический упадок Новгорода, а такие новые социальные явления, которые свидетельствуют об изменении общественного сознания.

Все историки и современники единодушно отмечают, что в XV веке, особенно в 40—60-е годы, происходит резкое изменение нравов, прежде всего их поразительное огрубение.

Об этом свидетельствует не только введение новых видов государственных и общественных репрессий, их ужесточение, существование трех видов казни: условно-политической (смертная), гражданской («торговой») и церковной (сожжение заживо), но и изменение отношения к сословной иерархии (публичное битье бояр, введение фамилий наравне для бояр и для безродных, но грамотных дьяков и подьячих), а также крайний упадок престижа дворцовой камарильи — ослепление двух князей, Василия Косого и Василия III Темного, публичное вероломство, ставшее обычным (Шемяка), отравление ядом политических противников, вспышки бунтов посадской голытьбы по совершенно незначительным поводам, когда «чернь» топила и жгла людей без всякого суда. Этого же порядка и нарушение ранее священной неприкосновенности военнопленных: в первой половине XV века были нередки случаи совершенно гнусных и массовых издевательств над военнопленными.

Все эти явления дают основание соотнести их в значительной степени с резким распространением пьянства, его массовостью и, главное, с изменением самого характера опьянения, вызывающего не веселье, а ожесточение. Именно это и дает основание предполагать, что сам характер, состав алкогольных напитков испытали какие-то изменения.

В каком направлении идет это изменение, совершенно ясно: производство меда сокращается, во всяком случае, он предназначается лишь для стола знати. «Чернь», бедный люд, должны довольствоваться вначале суррогатом (наиболее известный суррогат — жидкий, разбавленный мед или недобродивший оксимель, настоянный на различных дурманящих травах, в том числе на полуядовитых и ядовитых). Благодаря чрезвычайной способности меда маскировать разные суррогаты (незначительное добавление меда или воска уже создает «медовый» запах), этот вид фальсификации опьяняющих напитков стал наиболее распространенным в XV веке, а в XVI—XVII веках он был усугублен отчасти привычкой настаивать и фальсифицированный мед, а затем и водку на табаке «для крепости».

Распространение фальсифицированных опьяняющих напитков в первой половине XV века особенно стимулируется двумя обстоятельствами: ростом народонаселения Москвы и Московского княжества, концентрацией там больших масс сезонных рабочих и политикой церкви, начавшей с 1424 года настоящее преследование домашнего и артельного пивоварения. Это обстоятельство совпадает с перенесением столицы всея Руси формально в 1426 году окончательно из стольного города Владимира в Москву, где с этих пор начинают совершаться коронации на великое княжение, до тех пор происходившие во Владимире. Такое формальное перемещение центра тяжести политической жизни в густонаселенную Москву и ее окружение еще более усиливает разрыв с языческими традициями пивоварения, более сильными в Ростово-Суздальском крае (населенном финскими народами), но почти не получившими развития в собственно Московском княжестве, в его древних границах. Почти нет сомнений в том, что запрет Фотия (1410 г.) употреблять священнослужителям и монахам вино до обеда, даже если это касается только виноградного вина (под вином в это время подразумевали только виноградное), связан с сокращением ассортимента опьяняющих напитков в этот период и с сильным использованием фальсифицированного меда, вследствие чего именно монашество и священники, располагавшие запасами казенного церковного виноградного вина, стали расхищать его на личные цели, а не на богослужебные.

Именно этим и было вызвано указание о сокращении расходов вина в послании Фотия епископам. (Это косвенно подтверждается тем, что Фотий, грек, назначенный митрополитом в 1400 году, был уроженцем Мальвазии, родины лучшего греческого вина, ввозимого в Россию. Он не мог бы назвать водку вином. Следовательно, в 1410 году хлебного вина не было.) Однако 1410 год мы можем рассматривать как время, когда в области снабжения и расходования опьяняющих напитков положение в Московском государстве стало напряженным. Вполне понятно, что именно в этот период и должно было возникнуть стремление к созданию более дешевого, чем мед, но столь же крепкого и натурального опьяняющего напитка.

Поход церковников против изготовления пива в 1424 году еще более убеждает, что создание хлебного вина, водки, очень близко к этому времени. Можно даже предположить, что церковь не стала бы резко выступать против запрета пивоварения в московских уездах, не имея ему альтернативы, хотя это, разумеется, и не обязательно может быть так. Во всяком случае, такая возможность не исключена. Если к этому прибавить уже известный нам факт, что в 1429 году генуэзцы вторично демонстрировали при проезде в Литву аквавиту (спирт) великому князю и его двору, то в свете новых фактов это известное нам сообщение приобретает более веское значение. Вполне возможно, что на этот раз аквавитой-спиртом заинтересовались в России всерьез, и не ради забавы, а с расчетом на ее производство.

Следовательно, к концу 20-х — началу 30-х годов XV века вопрос о создании хлебного вина вполне назрел со всех точек зрения, и прежде всего с точки зрения создания запасов зернового сырья. Ведь именно в 30-х годах впервые сказываются результаты перехода на трехпольную систему. По крайней мере, к началу 40-х годов, то есть после периода в 9—12 лет, в течение которых трехпольная система «наращивает силу», можно почти с уверенностью говорить о наличии необходимых запасов зернового сырья для удачного старта винокуренного производства.

За 40-е годы как годы возможного начала русского винокурения говорит еще и тот факт, что в конце 30-х годов Италию впервые посетило русское церковное посольство, присутствовавшее на VIII Вселенском соборе. Известно, что члены посольства имели тесные контакты с католической верхушкой римской курии, посещали монастыри Италии, знакомились с организацией католических орденов и с монастырским хозяйством, бытом и промыслами, ибо речь шла об унии русского православия с римской церковью. Не исключено, что именно в монастырях Италии члены русской Духовной миссии имели возможность ознакомиться не только с аквавитой как продуктом, результатом дистилляции, но и увидеть винокуренное оборудование лабораторий и наблюдать сам процесс перегонки. Именно это знакомство с оборудованием, с техникой винокуренного производства могло иметь решающее значение для начала организации винокурения в России, ибо известно, что «лучше один раз увидеть, чем сто раз услышать». Никакая демонстрация напитка (аквавиты) не могла дать представления о винокуренном производстве, но достаточно было одного взгляда на оборудование, чтобы понять, что процесс этот несложен.

В составе русской делегации были чрезвычайно образованные для своего времени люди: грек фессалиец Исидор, епископ Суздальский Авраамий и с ними сто духовных и светских сопровождающих. Они посетили Рим, Венецию, Флоренцию, Феррару. По приезде в Москву Исидор был заключен в Чудов монастырь, где просидел год, а затем бежал в Киев и оттуда в Рим. Удивительно то, что, во-первых, он не был сожжен Василием III за переход на сторону римского папы на Флорентийском соборе; во-вторых, содержался в Чудовом монастыре в хороших условиях, а не как преступник; в-третьих, получил возможность беспрепятственно бежать, имея и транспорт и сопровождающих; и, в-четвертых, не был преследуем Василием III, а невредимым оставил пределы Московского государства.

Вполне возможно, что, желая обеспечить себе жизнь, Исидор, как чрезвычайно хитрый грек, мог создать экспериментальную винокурню в Чудовом монастыре и, не имея винограда или изюма или испорченного вина, вполне случайно мог использовать зерно, жито. Именно получение спирта, о свойствах которого Исидор хорошо знал по своим более ранним поездкам в Италию в начале 30-х годов, могло облегчить ему усыпление стражи и бегство из монастыря.

Подобное предположение вполне реально потому, что, даже если считать этот факт совершенно недоказанным, все равно следует полагать, что винокурение в России могло зародиться и развиться исключительно как монастырское производство, в условиях монастырских лабораторий, под прикрытием и покровительством церкви. Вот почему если даже винокурение не возникло в Чудовом монастыре в результате усилий Исидора, то оно, несомненно, возникло в другом крупном, но обязательно московском монастыре примерно в это же время — в 40—60-х или 70-х годах XV века.

Такое предположение объясняется многими причинами: во-первых, монахи в привилегированных монастырях Москвы были наиболее образованными и технически сведущими людьми в Московском государстве. Во-вторых, они были знакомы либо по книгам, либо визуально с византийской практикой создания сикеры — изюмной и финиковой водки, а также могли ознакомиться сами или через приезжих греков (если они сами не были греками) с производством аквавиты в Италии при посещении этой страны. В-третьих, только в условиях монастыря могло быть изготовлено и опробовано необходимое оборудование. В-четвертых, только монастырское начальство и церковь в более широком смысле могли дать санкцию на производство и были экономически заинтересованы в нем.

Политические и экономические отношения между церковью и светской властью (великим князем) были совершенно особыми в Московском государстве и отличались от отношений церкви с новгородским и тверским правительствами. Особенность этих отношений в Москве состояла в том, что московские князья не конфликтовали с церковью и допускали ее не только участвовать в ограблении русского народа, но и не спорили с ней о мере награбленного.

В то время как новгородское правительство придирчиво следило за тем, чтобы церковь не слишком лезла в мирские дела, а тверской князь силой запрещал попам заниматься торговлей, московские князья освобождали церковь, и особенно ее хозяйственные цитадели, монастыри, от всех видов налогов, пошлин, дани и иных поборов феодального государства, в том числе даже от прямой «царевой пошлины», от послужного, ямского, подводного, кормового и иных сборов. Этому научили московских князей золотоордынские ханы, находившиеся, несмотря на все свое магометанство, в теснейшем, трогательном союзе с русским духовенством. Результаты этого, казалось бы, поразительного и парадоксального альянса говорят сами за себя — за XIV и XV века в России не было ни одного народного восстания против ханов. В церквах молились за хана, как за... государя Руси.

Показательно, что упомянутый нами митрополит Фотий, грек, прибывший в Россию в 1409 году и посмевший, не зная местных условий, запретить монастырям и священникам торговлю и отдачу и прием денег в рост, под проценты, встретил такую сильную оппозицию всего церковного синклита, что уже в 1411 году перешел к прямо противоположной политике — к отнятию у светских лиц земель и имущества монастырей, перешедших к ним в прежние годы.

Как могущественные землевладельцы, монастыри извлекали главную прибыль и из перехода на трехполье. Более того, и это нововведение тоже было заимствовано церковью из Византии и Греции с их развитым земледелием и потому не было известно соседям России на Севере — Ливонскому ордену и Швеции, не имевшим связей с православным Востоком. Следовательно, монастыри и экономически, и исторически, и технически должны были быть наиболее вероятными местами, где в условиях России должно было возникнуть винокурение. Здесь было то, чего не было ни у бояр, ни тем более у других сословий: сырье, кадры, знания, оборудование, защита власти. Более того, у церкви была также ясная экономическая и политическая цель, связанная с винокурением.

Экономически церковь не только была склонна к созданию мощного финансового источника, но и имела опыт монопольной эксплуатации такого источника. В Киевской Руси монополия на соль — древнейшая из всех монополий — осуществлялась и была дарована не князьям, монархам, государству, а церкви — в лице Киево-Печерского монастыря. Вполне вероятно, что монастыри могли надеяться захватить в свои руки и винно-водочную монополию. При этом играли роль не только экономические соображения, как бы они ни были важны.

Поскольку на повестке дня уже с середины XV века стоял вопрос о завоевании восточных колоний, населенных язычниками, то церковь или по крайней мере ее отдельные представители могли задумываться об использовании в деле более легкого обращения этих язычников «чудесных и неотразимых свойств» водки. Если Стефан Пермский (1345—1396 гг.) еще не мог по времени воспользоваться таким изобретением, как водка, так как он осуществил крещение коми-пермяков в 1379—1383 годах, то его последователи, особенно Питирим, использовали алкогольный (опьяняющий) напиток как средство, облегчавшее согласие на крещение со стороны вождей (князцов) воинственных манси. Поскольку миссионерская деятельность Питирима (17-го епископа Великопермского) осуществлялась между 1447 и 1455 годами (в 1455 г. он был убит вождем манси Асыкой), то имеются основания полагать, что хлебное вино было создано монахами по крайней мере в конце 40-х годов XV века, а может быть, и несколько ранее.

Таким образом, целый ряд разнообразных косвенных данных постепенно подводит нас к выводу, что винокурение возникло в Московском государстве и, по всей вероятности, в самой Москве, в одном из монастырей (может быть, в Чудовом, находящемся на территории Кремля), в период 40—70-х годов XV века, причем 1478 год следует считать как крайний срок, когда винокуренное производство уже существовало некоторое время и на основе опыта этого существования была введена государственная монополия на производство и продажу хлебного вина.

Однако чтобы такое предположение или такой вывод на основе косвенного исторического материала был более убедителен, необходимо ответить на вопрос, который невольно возникает при ознакомлении с этим выводом и заключается в следующем: если хлебное вино, или хлебный спирт, было действительно изготовлено в русских монастырях, и особенно в Москве, во второй половине XV века, то как могло случиться, что об этом событии не осталось никакого известия — ни в русских летописях, составлявшихся и переписывавшихся монастырскими писцами как раз в XV веке, особенно в его второй половине, ни тем более в монастырских хозяйственных документах как XV, так и начала XVI века.

Не является ли факт отсутствия документального материала доказательством того, что винокурение возникло либо в другом месте, либо в другое время, и, следовательно, предпринятое нами исследование и установленный в результате него вывод нельзя считать неопровержимыми?

7. Почему русские летописи и монастырские хозяйственные книги не сообщают ничего о создании винокурения в России, об изобретении русской водки и о введении на нее государственной монополии

Даже если факт, дата создания винокуренного производства могли быть сочтены недостойными для занесения в летописи, то сама по себе водка, или «горящее вино», должна была поразить воображение современников, и они должны были бы так или иначе выразить свое отношение к этому новшеству, столь повлиявшему на общественные порядки и нравы.

Однако летописи молчат. Более того, в них совершенно отсутствуют какие-либо отдаленные намеки на факт существования хлебного вина во времена летописца. А ведь большинство переписчиков летописей жило как раз в середине или второй половине XV века.

Как объяснить это противоречие? Такой вопрос невольно возникает не только у исследователя-историка, но и у всякого сколько-нибудь внимательного читателя, перед которым изложен весь вышеприведенный материал.

Чтобы ответить на этот вопрос, надо прежде всего ясно представить себе, что такое русские летописи, как и когда они создавались и кем были русские летописцы.

Русские летописи, самая древняя из которых начинает изложение событий с IX века, доводят его как раз до середины XV века, но оставляют за бортом события второй половины XV века. Это относится ко всем русским летописям, ко всем их вариантам и редакциям, в том числе и к Спискам, составленным во второй половине XV века, то есть в 1456, 1472, 1479 и 1494 годах. Иными словами, в этих редакциях летописных сводов не прибавлено ни слова о том, что произошло во второй половине XV века, во время, когда жил сам летописец и чему он сам был очевидец.

Основное содержание летописей включает факты только до 1423 года, и лишь в некоторых вариантах летописей можно найти факты до 1431 или до 1448 года (это единственное и самое «полное» издание) о том, что произошло на Руси в целом и в Московском государстве в частности. Лишь отдельные провинциальные летописи вроде двинской, вятской и пермской затрагивают события более позднего времени — второй половины XV века, но крайне неполно, не систематически, а устюжские и вологодские летописи продолжаются даже до XVII — XVIII веков, но крайне лаконичны и фрагментарны. К тому же в них отражены лишь периферийные события[1].

Следовательно, если считать, что летописцы не могли пропустить такого события, как создание винокурения или введение винной монополии, то это значит, что такого события не было по крайней мере до 1448 года или, быть может, до 1423—1431 годов и что лишь после 1431-го или после 1448 года надо по-настоящему искать дату возникновения винокурения и создания водки.

Однако такой вывод не может быть сделан слишком категорически, хотя он логичен и дает возможность более точного определения времени возникновения винокурения.

Дело в том, что русские летописи имеют две характерные особенности, которые дают основание предполагать, что вполне мог иметь место и простой пропуск этого события, даже если оно произошло до 1448 года. Во-первых, русские летописи крайне скудно и неохотно сообщают даже очень крупные факты экономической истории. На это указывал уже первый исследователь летописей А. Шлецер. Летописец охотно сообщает подробности о драке на новгородском или московском мосту или площади, которая кажется ему важным событием, но упорно будет молчать о заключении внешнеторгового договора с иностранным государством или о товарах и произведениях искусства, которые можно было увидеть в Москве. Все подобные сведения мы вынуждены искать в иностранных источниках. Точно так же летописец мог охотно сообщать о пьяном побоище, о пьянстве, но... обойти вниманием, «не заметить» создания винокурения. Во-вторых, в противоположность нашим нынешним взглядам и представлениям, средневековые историки-летописцы считали нужным более подробно освещать древние события, чему они не были

---

[1] См. ПСРЛ. — Т. 37. Устюжские и вологодские летописи XVI—XVIII вв. — Л., 1982.

свидетелями, чем события близкие к ним или современные им, о которых они считали возможным не упоминать как о мелочи. Отсюда ясно, что тот, кто составлял летопись во второй половине XV века, не сообщал ни одного события этого времени. Вот почему, если винокурение возникло после 1448 года, то мы о нем никогда не найдем никакого сообщения в летописях, ибо события после этого времени и не записывались, поскольку не были созданы архивы, и не могли быть записаны по чисто психологическим причинам, ибо в это время уже считалось неприличным фиксировать события современные[1].

Таким образом, отсутствие в летописях прямых указаний на факт возникновения винокурения в России объясняется тем, что, во-первых, летописи не фиксировали событий второй половины XV века и, во-вторых, события экономической истории могли быть пропущены в летописях, даже если они и происходили до середины XV века. Однако такое событие, как винокуренное производство и его продукция, должно было быть отражено в хозяйственных документах монастырей и дворцовых служб, в документах земских изб. К сожалению, именно такого рода документы не сохранились ни в какой степени. Большинство хозяйственных документов в наших хранилищах, как правило, относится к XVII веку, и лишь очень немногие затрагивают конец XVI века. Просмотр фондов монастырей, которые, несомненно, могли бы раскрыть тайну не только даты возникновения, но и первых шагов, опытов и поисков русской рецептуры хлебного вина, показал, что, хотя многие монастыри возникли задолго до XV века, документы именно за XIV и XV века, то есть за время, как раз интересующее нас, в них не сохранились, по крайней мере в нынешних государственных архивах[2]. Об этом убедительно свидетельствует следующая таблица:

---

[1] На этот факт никто не обращал внимания, поскольку современным историкам, привыкшим излагать новейшую историю подробно, а прошедшую — сжато, трудно понять иную позицию. Однако не следует забывать, что вплоть до 30-х годов XX в. даже у советских историков считалось «дурным тоном» доводить изложение событий до современности. Историки же дореволюционного периода обрывали изложение событий за одно-два царствования до своего времени.

[2] Все монастырские архивы сконцентрированы ныне в Архиве ЛОИИ (Ленинградском отделении Института истории АН СССР); там же находятся архивы архиерейских домов, церквей и поместные фонды.

Дата основания монастыря	Название монастыря	Дата начала сохранившихся фондов архива
XII век	Антониев Новгородский	1653 г.
XII век	Никитский Переяславский	1617 г.
XII век	Троицкий Гледенский (г. Великий Устюг)	1617 г.
XII век	Николаевский Гостинопольский	1623 г.
XIII век	Николаевский Косинский (Старая Русса)	1660 г.
XIII век	Староладожский	1662 г.
1330 г.	Ипатиев Костромской	1596 г.
1330 г.	Печерский Нижегородский	1615 г.
1335 г.	Воскресенский Новгородский	1620 г.
1337 г.	Троице-Сергиев (Загорск)	1466 г. Жалованные
1365 г.	Покровский Суздальский	1587 г.
1371 г.	Спасо-Прилуцкий (г. Вологда)	1510 г.
1371 г.	Алексеевский Угличский	1639 г.
1374 г.	Высоцкий Серпуховский	1677 г.
1393 г.	Вознесенский Московский	1691 г.
1397 г.	Кириллов Белозерский	1522 г.
1398 г.	Ферапонтов Белозерский	1438 г. Жалованные
1420 г.	Старо-Вознесенский Псковский	1627 г.
1426 г.	Богословский Важский	1588 г.
1479 г.	Иосифов Волоколамский	1532 г.
1490 г.	Антониев Сийский	1490 г. Вкладные, жалованные

П р и м е ч а н и е: Фонды монастырей, основанных позже, не имеют значения для нашей темы.

Из таблицы видно, что монастыри Москвы вовсе не попали в данный список, поскольку их фонды полностью были уничтожены в период польско-шведской интервенции и крестьянских войн 1604—1612 годов. Фонды отдаленных от Москвы монастырей сохранились лучше, но лишь в Ферапонтовом и Троице-Сергиевом остались документы второй половины XV века. К сожалению, они относятся только к политической истории монастыря: жалованные грамоты на владения, грамоты, дарованные за заслуги в обороне, вкладные и т. д.

Однако важно отметить, что монастырские документы более позднего времени подтверждают факт производства хлебного вина в стенах монастырей. Об этом говорят, например, отчеты о расходах сырья в монастырских варницах (1587 г.), о смещении монастырских целовальников (XVII в.) и позднейшие распоряжения Петра I о сдаче монастырями всех медных винокуренных аппаратов и кубов. Совершенно ясно, что монастыри могли производить водку в условиях монополии лишь в том случае, если они начали это производство до введения монополии. Таким образом, предположение о том, что русское винокурение возникло именно в стенах монастырей, подтверждается, хотя и косвенным образом. Требуется, однако, объяснить, почему винокуренное производство и его продукт — водка, — созданные, по всей видимости, в русских монастырях, не нашли никакого отражения в позднейшей, вполне уцелевшей от гибели, монастырской литературе, то есть в описаниях житий братии, в житиях святых и т. п.

Ответ на этот вопрос несложен. Кто были летописцы, изобретатели, писатели, моралисты и идеологи Средневековья? В подавляющем большинстве случаев монахи. Не просто служители церкви, а именно монахи. В XIV—XV веках эта категория не была столь же никчемной и праздной, как в XIX веке. Она выполняла в средневековом государстве разнообразную роль. Были здесь и свои ученые, и мастера, техники, были и изобретатели-алхимики, имевшие свои, тайные от остальных обитателей монастыря лаборатории, были и ученые-философы, и историки-летописцы, занимавшие нередко место советников великого князя или составлявшие свои летописи в согласии с волей монархов или, наоборот, с тенденциозным освещением против них. Вполне понятно, что если первые опыты по винокурению были произведены в стенах монастырей, то сообщать о них могли только монахи. Могли, но, может быть, не желали этого делать по ряду причин.

Таким образом, от монахов зависело, раскрыть или сохранить тайну рождения водки. В секретных документах монастырей, которые не дошли до наших дней, такое изобретение могло быть зафиксировано, но в любой другой позднейшей церковной литературе оно, по всей вероятности, не могло появиться по причинам чисто идеологическим. Уже спустя 40—50 лет после предположительного изобретения водки стали очевидны пагубные социальные и нравственные последствия этого открытия. Более того, ставшая экономическим источником пополнения государственной казны и запрещенная к продаже всем, в том числе и монастырям, водка встретила в лице церкви одного из своих первых ожесточенных оппонентов. Точнее, не сама водка, а ее последствие — пьянство; именно это и заставляло монахов и церковников тщательно скрывать свое авторство, свою причастность к созданию дьявольского зелья. Появилась даже сказка «Отчего уставися винное питие», рассказывающая, как черт научил мужика делать водку. Эта сказка возникла очень поздно, в начале XVIII века, но подобное объяснение пускалось в ход церковью гораздо раньше. Все это дополнительно объясняет ту таинственность, которой окружена дата «рождения» водки, то полнейшее исчезновение документов о возникновении винокурения и еще более поразительное изъятие всяких упоминаний о начале производства водки в исторических материалах о монастырях в ту эпоху, когда еще были целы и доступны многие монастырские архивы.

По всей вероятности, внутримонастырские документы об изобретении, технологии и производстве водки, о ее изобретателях и мастерах были безжалостно уничтожены в середине XVII века, во время борьбы никонианцев и раскольников и особенно после ареста и ссылки самого Никона. Это было сделано с целью не дать в руки идеологических противников оружие против официальной церкви и с целью решительно отмежеваться от всех «грехов» дореформенной церкви. Отсюда возникла именно та ожесточенная борьба, которая велась по поводу «исправления старых записей в церковных книгах».

Было бы наивно думать, что вычеркивали и «исправляли» лишь упоминания о двоеперстии и тому подобные мелочи и литургические формальности. Ф. Энгельс остроумно заметил однажды, что если бы теорема о равнобедренных треугольниках затрагивала неким образом экономические интересы людей, то по поводу ее доказательства разыгрывались бы войны. А водка была «серьезнее» и, главное, реальнее любых теорем.

Конечно, ее социальное, общественное значение как фактора, оказывавшего экономическое и нравственно-социальное воздействие на государство и людей, проявилось не сразу, а по крайней мере спустя два-три поколения, то есть через 50—60 лет после ее изобретения и распространения. Поэтому именно по таким поздним социальным «отголоскам», как народные бунты, волнения и даже «ереси», можно косвенно датировать и вести поиски приблизительной даты возникновения водочного производства в России.

К сожалению, как буржуазные, так позднее и советские историки совершенно игнорировали или сознательно проходили мимо того факта, что волнения и бунты середины XVII века, а именно 1648—1650 годов, как в Москве, так и в Новгороде и Пскове имели своей подоплекой не вообще «угнетение» масс, но и политические требования об удалении наиболее одиозных лиц тогдашней царской администрации — Плещеевых, Морозовых, Траханиотов, Чистого и других, как это обычно представляют в исторических работах, описывая Московский бунт летом 1648 года, а в первую очередь экономические требования, сводившиеся к трем пунктам: 1) снижение цены на соль, то есть фактически ликвидацию или ослабление соляной монополии, введение на соль твердой, стабильной и справедливой государственной цены; 2) ликвидация откупной системы на разные государственные отрасли (таможню, кабаки, виноторговлю и т. п.), сокращение или ликвидация частной торговли, введение государственных твердых цен на все товары первой необходимости. В челобитной выборные московские люди писали: «На Москве и около Москвы устроены патриаршие, монастырские, боярские и других чинов людей слободы... В них живут закладчики и их дворовые люди, (которые) покупают себе в заклад... лавки и погреба, откупают таможни, кабаки и всякие откупы; и от этого они, служилые и тяглые люди, обнищали и одолжали... Искони при прежних государях на Москве и в городах всего Московского государства ничего этого не бывало, везде были государевы люди; так государь пожаловал бы, велел сделать по-прежнему, чтоб везде было все государево... чтоб в избылых никто не был»; 3) требование не экспортировать за рубеж хлеб и съестные припасы, которыми торговала также церковь в обмен на зарубежные товары для себя. «Милосердный государь! Не вели из своего Московского государства своей денежной и хлебной казны за рубеж шведским людям давать и пропускать и не вели митрополичьим и окольничьего князя Хилкова отпискам верить», — писали «от всех сердцов» челобитчики. Как видим, на первом месте в числе главных нарушителей народного благосостояния указаны церковники — патриархия, монастыри, митрополит. На втором — бояре.

Таким образом, в середине XVII века, то есть примерно через 100 лет после «изобретения» водки и распространения торговли алкогольными напитками в России, произошло обнищание и разорение народных масс, которые во всех своих бедах, во-первых, винили частнохозяйственную деятельность церкви, а во-вторых, требовали прекращения отправки за рубеж так называемых «хлебных излишков», поскольку они уже не были излишками по сравнению с экономическим состоянием страны, а создавались благодаря скупке, осуществляемой церковью, по преимуществу монастырями и боярами. Вот почему Московский бунт летом 1648 года в XVII—XVIII веках еще называли Соляным, или Кабацким (т.е. в тесной связи с его фактическими, а не внешними поводами), а земский сход, созванный царем для решения введения вторично винной монополии, — Собором о кабаках 1652 года. К сожалению, эти названия и термины уже свыше 250 лет не упоминаются в исторических учебниках и исследованиях, вследствие чего мы даже спустя примерно столетие после предполагаемой даты возникновения водки в России все еще наталкиваемся на «стыдливое» замалчивание как самих терминов «водка», «кабак», «виноторговля», «водочный бунт», «кабацкий бунт», так и на сокрытие и искажение всей дальнейшей эволюции и развития «водочного вопроса».

Если вспомнить еще, что именно в это время, то есть в 1648—1649 годы, на смену главного царского советника по внутриполитическим вопросам вместо скомпрометированного боярина Морозова, мужа сестры царицы, приходит никому не известный и не связанный с коррумпированным синклитом Московской патриархии новый глава церкви — Никон, то станет понятным, что все эти важные перемещения происходили не просто так, а в тесной связи со стремлением царской и высшей церковной администрации тщательно отмежеваться от всего того, что было связано в глазах народа с церковью как с «хозяйственным спрутом», ведавшим прибыльной торговлей, в том числе и винокурением, и виноторговлей. Именно после Собора о кабаках 1652 года церковь официально лишается возможности заниматься винокурением и все питейные дела переходят в ведение «земских изб»; одновременно, согласно Уложению 1649 года, кормчество, то есть частное и нелегальное винокурение, производство самогона, наказывается кнутобитием, а при рецидиве — тюрьмой, штрафом. Но так было уже два столетия спустя после «изобретения» водки, после того как она обнаружила себя не как безобидный напиток, сообщающий веселость народу, а как орудие его одурманивания, закабаления и обнищания. И об этом времени, к счастью, мы еще имеем сохранившиеся архивы.

Учитывая тот факт, что церковь вовсе не оставалась непричастной к винокурению и виноторговле и что на этом поприще она неизбежно должна была сталкиваться с государством, крайне заинтересованным в фискальных возможностях такого продукта, как водка, посмотрим, возвращаясь на одно-два столетия назад, в XVI и XV века, не было ли там каких-либо столкновений между церковью и государством по хозяйственным или иным вопросам, чтобы тем самым нащупать еще один возможный индикатор для косвенного определения даты начала русского винокурения. Выше мы неоднократно отмечали, что для Московского великого княжества, для Московского государства с самого начала его зарождения при Александре Невском, то есть с середины XIII века, было характерно трогательное единение и тесное идейно-политическое сотрудничество между светской, великокняжеской, властью и церковью, властью митрополитов, которые продолжали и после татарского нашествия носить звание (титул) митрополитов Киевских, хотя 200 лет сидели во Владимире и в Москве (с середины XIII в. и до середины XV в.). Однако такое единение неожиданно нарушается лишь к 70-м годам XV века, после 230 лет безоблачного сотрудничества, причем нарушается не эпизодически, не случайно, не временно, а уже систематически и последовательно.

В 1464 году уходит сам со своего поста в монастырь (в Чудов, в Кремле) последний митрополит Киевский, после него русские митрополиты начинают именоваться Московскими. При этом обращает на себя внимание такой факт, что за время царствования Иоанна III на Московской митрополичьей кафедре их сменяется целых пять: Феодосий, Филипп I, Геронтий, Зосима, Симон[1], в то время как прежде чуть ли не правилом было, что на каждое царствование приходился один митрополит, который нередко даже переживал великого князя. Но это могло бы быть сочтено чистым совпадением, если бы мы не знали, что за

---

[1] См. История российской церкви. — СПб., 1838. — С. 101—112.

30—35 последних лет правления Иоанна III (1472—1505 гг.), самого уравновешенного, самого мудрого, самого рассудительного и спокойного русского государя из московских Рюриковичей, на правление которого приходятся самые мирные и обеспеченные, самые сытые и заполненные созиданием годы полной занятости населения за все время существования Московского государства, происходят в то же время самые крупные ссоры и столкновения монарха с церковью.

С тремя последними митрополитами у Иоанна III дело доходило до открытых публичных столкновений, причем предлогами были даже чисто церковные дела, в которые великий князь, фактически первый царь, позволял себе не только вмешиваться, но и по которым он считал возможным выносить собственные решения. В 1479 году возник спор по поводу неправильного освящения новопостроенного Успенского собора в Кремле, в 1490 году — о потворстве митрополита Зосимы еретикам. В середине 90-х годов великий князь участвовал в обнаружении фактов вопиющей коррупции в церкви в связи с назначением в священники и епископы за взятки, во второй половине 90-х годов XV века и в начале XVI века (1504 г.) в России были осуществлены редкие для нашей страны аутодафе (публичные сожжения заживо) больших групп еретиков, бывших церковных и монастырских деятелей во главе с архимандритом Кассианом и крупным русским дипломатом Иваном Васильевичем Курицыным, ведшим в 1495 году переговоры с императором Максимилианом I и в 1482 году с венгерским королем Матьяшем Корвином. Наконец, отбросив всякие религиозные предлоги, Иоанн III предложил новому митрополиту Симону обсудить вопрос среди епископата русской церкви, может ли церковь владеть имуществом и не приличнее ли для нее передать его в руки светской власти[1].

Все эти события приходятся на два последних десятилетия XV века и весьма прозрачно связаны с обострением имущественных отношений между обогатившейся после введения трехполья церковью (с 30-х гг. XV в. по 90-е гг., т.е. за 50—60 лет) и организующимся централизованным сильным государством в период введения этим государ-

[1] См. биографию Ивана III в: РБС. — Т. *Ибак-Ключарев*. — СПб., 1896. — С. 222.

ством монополии на алкогольные напитки. Как раз именно на 70-е годы (т.е. на период 1472—1478 гг.) падает и сообщение Иосафата Барбаро, венецианского путешественника, ученого, политического деятеля и купца, о том, что Иоанн III ввел монополию на все алкогольные напитки, производимые в России, в том числе даже на питный мед и пиво.

Это единственное историческое свидетельство иностранца о приблизительной дате введения монополии на алкогольные напитки в России не называет конкретно продукта, который получался в результате винокурения, но оно ясно говорит о монополии и употребляет именно этот термин, который, как мы знаем, всегда сопутствует только хлебному вину, а не алкогольным напиткам традиционно-ритуального типа. Но Барбаро подчеркивает, что при Иоанне III даже употребление хмеля сделалось исключительной собственностью казны. Он лишь не сообщает точной даты, когда, с какого момента было введено это правило[1]. Но зато благодаря ему мы уже совершенно точно можем датировать 70-ми годами XV века (между 1472 и 1478 гг.) возникновение напряженности в обществе по поводу введения монополии на алкогольные продукты и проследить по другим доступным источникам развитие этой напряженности в конце XV века как конфликта между светской и церковной властью по имущественным, хозяйственным и финансовым вопросам, что и обнаруживает тот факт, что данный конфликт мог возникнуть только как спор по поводу контроля за новыми источниками обогащения, а не как спор по поводу вообще имевшихся у церкви ее прежних богатств.

8. Выводы из анализа исторического материала. Определение времени изобретения винокурения в России

Итак, подведем итоги. К каким выводам позволяет прийти весь представленный нами материал? Какой период в XV веке можно считать наиболее вероятным для возникновения винокурения?

---

[1] См. НААЭ. — Т. I. — № 134. — С. 58; *Соловьев С.М.* История России с древнейших времен. — Кн. 1. — СПб., б.г. — С. 1508.

Выше мы отмечали, что из трех периодов, на которые можно разделить XV век, то есть 1399—1453 годы, 1453—1472-й и 1472—1505 годы, наиболее вероятным периодом возникновения винокурения, исходя из оценки общего исторического положения Московского государства, следует считать 1472—1505 годы. А если учесть, что в этом периоде есть элементы, подтверждающие, что стремительный экономический рост и развитие денежных отношений стимулировались и винокурением, то можно по крайней мере на десятилетие вперед перенести границу этого периода и, следовательно, считать, что винокурение возникло где-то между 1460 и 1500 годами.

Анализ экономического материала показал, что переход на трехполье, происходивший в 20—30-х годах XV века, был важным событием в создании излишков зерна, которые и были использованы в качестве сырья для винокуренного производства, и что без этих излишков переход к массовому винокурению как к государственной отрасли хозяйства был бы практически невозможным, а поэтому винокурение, если оно и было изобретено в России и не явилось лишь результатом установки и эксплуатации иностранной аппаратуры, вынуждено было бы еще неопределенно долгое время оставаться на экспериментальной стадии.

Следовательно, на основе экономического материала границу начала винокурения можно отодвинуть к середине 20-х — началу 30-х годов XV века.

В то же время данные экономической истории ясно показывают, что к 1478 году происходит такая консолидация русского рынка, что правительство устанавливает за ним фактический контроль, отказываясь от услуг иностранных купцов как посредников и на внутреннем, и на внешнем рынке. Это позволяет прийти к выводу, что подобный шаг мог быть сделан либо в преддверии введения монополии на водку, либо сразу после введения такой монополии, как завершающий аккорд. А это означает, что к 1478—1480 годам производство водки было фактом и достигло известного стандартного уровня. О том, что эти годы являются важным экономическим рубежом, говорит и конфликт светской и церковной власти по вопросам имущественных отношений в этот период. Таким образом, экономические данные позволяют нам считать, что водка в России была создана где-то между 1430 и 1480 годами.

Анализ социальных фактов позволяет в целом подтвердить эту датировку, но все же не дает вполне ясной картины.

Борьба церкви с пивоварением и с культовым языческим пьянством, приуроченным к определенным дням или неделям, к строго определенному, но всегда продолжительному сроку (от трех дней до двух недель), как бы говорит косвенно о начале винокурения; в 1425 году пиву противопоставляться могла только водка. Ее исключительно легкая делимость и равномерность качества (крепости) превращали этот новый напиток в космополитический, делали его обычным, не священным товаром, не связанным ни с каким определенным событием, объективно исторически выступающим как провозвестник бестрадиционного опьянения[1]. Именно это качество казалось в ту эпоху важным достоинством водки и с точки зрения церкви (ибо водка противостояла языческим напиткам — пиву и меду), и с точки зрения великокняжеской администрации, стремившейся прекратить массовое пьянство в определенные времена года, поскольку в условиях товарно-денежного хозяйства и многонаселенности оно надолго нарушало административный порядок и ритм хозяйственной жизни.

Было также замечено, что именно культовое пьянство и питье пива усиливают эпидемии или способствуют их распространению, в то время как употребление водки сокращает эпидемические заболевания[2]. Особенно это касалось эпидемий гриппа, которые тогда не отличали от язвы, чумы и также называли мором. Между тем в 1408—1422 го-

---

[1] Как в древности на Востоке, так и в античное время в Греции и Риме, а также среди всех языческих народов Европы и Азии вплоть до XIV—XV веков опьянение совершалось всегда как традиционное религиозное или историко-праздничное действие в строго определенные моменты: на тризнах, вакханалиях, в день весеннего и осеннего равноденствия, на праздниках урожая и т. п.

[2] Это вполне понятно, так как культовое пьянство осуществлялось коллективно, при больших скоплениях людей, а водка (как нетрадиционный и к тому же запретный продукт государственной монополии) потреблялась либо на дому, индивидуально и к тому же тайно, либо только в царевом кабаке, то есть эпизодически, индивидуально, кратковременно.

Кроме того, дезинфицирующее воздействие хлебного спирта имело огромное гигиеническое значение, в то время как пиво, бражка, пивное сусло являлись питательной средой для роста различных грибковых культур и микробов.

дах в Новгороде почти каждый год свирепствовал мор, то есть грипп, а не чума.

Поэтому уже на основании того факта, что пандемии гриппа в это же время не коснулись Москвы, можно говорить, что с середины 20-х годов, а может быть, и с начала XV века водка уже была известна в Москве. В то же время «пиком» экономического благополучия и максимума урожайности следует считать начало 40-х годов XV века, а ведь именно излишки продовольствия являются необходимой базой для развития винокурения. Кроме того, такой показатель, как «резкое падение нравов», наиболее сильно и ярко выраженно проявился лишь с середины 40-х годов XV века.

Таким образом, социальный и экономический материал позволяет остановиться на периоде 1440—1478 годов как на наиболее вероятном с точки зрения возникновения винокурения. Конечно, не исключено, что и период 1425—1440 годов мог бы быть временем возникновения водки, но веских тому доказательств у нас нет. Прежде всего против этого говорит тот факт, что о водке не упоминается ни в одной русской летописи, которая заканчивается серединой XV века, и, следовательно, события 1425—1440 годов записывались в ряде случаев либо очевидцами, либо лицами их знавшими, но принадлежавшими к следующему поколению. А это должно гарантировать, что факты винокурения или сведения о водке, если бы она была изобретена на памяти очевидцев событий 1425—1440 годов, должны были бы как-то войти в летописи.

Однако подобные факты в период 1425—1445 годов не занесены ни в один вариант летописных сводов. В то же время известно, что все сведения всех летописей заканчиваются событиями 1448 года. Таким образом, после всех этих уточнений можно считать, что русское винокурение и производство водки возникли между 1448 и 1478 годами. Этот период представляется не только как наиболее вероятный, но и как наиболее несомненный. Иными словами, винокурение, видимо, возникло ранее середины XV века, предположительно в период между 1425 и 1440 годами, а возможно, и на рубеже XIV и XV веков, но такое предположение не может быть строго доказано, в то время как предположение, что винокурение возникло между 1448 и 1478 годами подтверждается всей суммой исторических, экономических, социальных, бытовых фактов и тем самым превращается из гипотезы во вполне обоснованный вывод[1].

Этот вывод не только устанавливает несомненный приоритет русского винокурения по сравнению с винокурением в других, соседних Московскому государству странах — от Дании и Германии до Швеции, Польши и Молдавии, не говоря уже о других землях России, но и дает возможность с этого момента вести целенаправленный поиск более точной даты возникновения винокурения, сосредоточив внимание на документальном материале именно этого исторического отрезка.

В задачу данной работы не входит более детальное установление даты возникновения русского винокурения и создания водки. Тридцатилетие (1448—1478 гг.) — достаточно точный исторический срок для датировки возникновения и развития подобного промышленного производства. То, что к 1478 году производство хлебного вина не только было развито, но и сам продукт приобрел к этому времени уже известный определенный стандартный вид и обладал определенным уровнем качества, устанавливается на том основании, что на него была введена казенная монополия и что в законодательном порядке водка, хотя и не имевшая еще этого наименования, а называвшаяся перво-

---

[1] Период, определенный на основе историко-логического доказательства, хотя и не дает возможности назвать одну определенную, единственную дату, все же является более точным научным методом, чем все иные. В Швеции, например, где часть историков считает, что водка была завезена впервые в 1505 году из России, а другие настаивают на том, что еще ранее имелось национальное производство хлебного вина, методом доказательства времени появления водки избрано исчисление потребления соли населением. Поскольку в Швеции в XV—XVI веках существовал соляной налог и сохранились списки уплаты налога каждой деревней и даже каждой семьей, то вычислить, как изменялось потребление соли, очень легко. Годы наибольшего или резкого увеличения потребления соли шведские историки и сочли годами создания винокурения (?!). Они исходят из того, что тот больше пьет, у кого солонее пища, то есть тот, чья пища постоянно включает мясо, мясные и рыбные копченые и соленые изделия и т. п., а не растительно-мучной рацион. Такой метод хотя и основан на точном гастрономическом и архивно-документальном математическом расчете, но исторически не совсем верен, неточен. Во всяком случае, он более случаен, чем историко-сопоставительный метод, связывающий воедино факты экономического, социального, политического и нравственно-бытового развития общества с целью определить по их совокупности наступление того или иного исторически кульминационного момента.

начально «горящим вином», юридически отличалась государством от всяких подделок и самоделок (самогона), получивших, согласно указу, термин «корчма». Для сопоставления хода развития винокурения в России и процесса возникновения винокурения в соседних с ней странах приводим следующую хронологическую таблицу.

Сравнительная хронологическая таблица развития винокурения в России, Швеции, Германии

Факт	Россия	Швеция	Германия
Первое упоминание об образце спирта или письменные сведения о том, как получать спирт	1386 г. (образец привозной)	1446 г. (опытное производство образца)	1512 г. (перевод с латинского языка на немецкий книги о дистилляции)
Начало спорадического домашнего производства	1399—1410 гг.	1490 г.	1525—1528 гг.
Запрет производства водки*	1426—1429 гг. (пива, аквавиты)	1550 г.	1545 г.
Производство в монастырях	1440 г.(?)	?	?
Самовольное распространение винокурения или требование снять запрет, официальное снятие запрета	1440 г.(?)	1560 г.	1612 г.
Введение монополии	1474—1478 гг.	1638 г.	1648 г.

* Показательно, что во всех странах спустя 15—40 лет, то есть через одно-два поколения после начала производства водки, следует ее запрет, так как начинают сказываться негативные общественные последствия пьянства. Но эти запреты нарушаются стихийно. Поэтому государство ищет выход во введении монополии как единственно разумного средства контроля за производством водки.

Из таблицы видно, что, во-первых, развитие винокуренного производства и весь цикл винокуренного законодательства — от запрета до разрешения и монополии на производство водки — опережали в России другие соседние страны примерно на одно-полтора столетия и, во-вторых, во всех странах развитие винокурения представляет собой сложный и длительный, прерывистый процесс, растянувшийся также на столетие и более (от 70 до 148 лет). Россия не составила в этом исключения, но у нее этот процесс прошел наиболее быстро: введение винной монополии в России опередило Германию почти на 200 лет! Это прекрасная иллюстрация к тому, насколько сильно была централизована Россия и насколько раздроблена, децентрализована была средневековая Германия, ибо введение монополии на водку — классический показатель высокой централизации государства[1].

Итак, теперь, когда мы знаем, что хлебное вино было создано в Московском государстве, скорее всего, в самой Москве, в одном из ее монастырей (Чудовом?), то есть в Кремле, и что винокурение получило развитие в период с 1448 по 1478 год, мы можем обратиться к вопросу об истории развития производства этого продукта с середины XV до середины XIX века, то есть до момента, когда производство водки было поставлено на современный промышленный уровень и когда начался новый этап в технологии ее приготовления.

Наша задача состоит в том, чтобы подробно проследить, каким образом хлебное вино, хлебный спирт превратился в водку, то есть в продукт, наделенный особыми, национально обусловленными качествами, какие стадии развития он прошел, какие формы (сорта, виды) он принимал за это время и какие технические и иные усовершенствования создали высокий уровень его качества и оказали воздействие на окончательное формирование водочной рецептуры.

Все эти сведения, хотя и являются достоянием истории, тем не менее могут иметь немалое значение для улучшения и дальнейшего усовершенствования качества современной водки, для внесения в современную рецептуру водки таких дополнений, которые были либо забыты и утрачены, либо не могли быть использованы прежде в рамках заводской технологии, но которые не только способны улучшить, но и обновить, реставрировать водку (и, что особенно важно, улучшить качество), воссоздав ряд ее забытых исторических вариантов.

С этой целью мы должны прежде всего получить представление о водочной терминологии, которая существовала с середины XV до середины XIX века, и раскрыть смысл этих терминов.

---

[1] В Германии монополия была введена лишь после Вестфальского мира, окончившего Тридцатилетнюю войну, под давлением внешних обстоятельств.

Глава 2

ТЕРМИНОЛОГИЯ ХЛЕБНОГО ВИНА
С СЕРЕДИНЫ XV ДО СЕРЕДИНЫ XIX ВЕКА

К хлебному вину с самого начала его возникновения и производства, вплоть до 60-х годов XIX века и даже несколькими десятилетиями позднее, продолжал неизменно применяться термин «вино», так же как и к виноградному, но он имел иные определения-эпитеты, чем виноградное, а также обладал и целым рядом дополнительных значений, не включающих слово «вино». Таким образом, за период с XV до XIX века бытовало несколько значений термина «хлебное вино», которые, по существу, были равнозначны понятию «водка», хотя сам термин «водка» возник гораздо позднее. Чтобы идентифицировать водку в разные исторические периоды ее существования, необходимо знать все те термины или «клички», под которыми она появлялась на протяжении нескольких веков, причем весьма часто несколько разных наименований водки бытовало одновременно в одну и ту же эпоху.

Обычно в контексте любого источника, литературного памятника или торгового и фискального документа сравнительно легко отличить, о каком вине идет речь — виноградном или хлебном. На это могут указывать различные побочные признаки — характер применения, цена, объем, тара и т. п. Но вне контекста или же в контексте, лишенном дополнительных описательных признаков, для современного человека крайне затруднительно ориентироваться в исторически исчезнувших терминах виноделия и винокурения, а тем более точно знать, что означает каждый термин и к какому времени он примерно относится. Вот почему крайне важно дать обзор винно-водочной терминологии в хронологическом порядке, приводя наряду с терминами «водка», «хлебное вино» также другие, даваемые в ту же эпоху виноградным винам, чтобы исключить смешение и путаницу между двумя этими категориями. Наряду с терминами торгового и бытового обихода мы приведем отдельно другую систему винно-водочных терминов, относящихся к степени их промышленной (производственной) обработки.

Таким образом, зная обе системы, можно получить достаточно полное представление и об эволюции наименований водки за несколько веков, и о фактическом изменении состава, качества, и о различиях в технологии ее изготовления в разные эпохи.

1. Термины виноградного вина в XV—XVIII веках

В первой части данной работы упоминалось, что термин «вино» в русском языке, как и в церковно-славянском, явился прямым заимствованием с латинского и был введен в наш бытовой язык после перевода Евангелия — в конце IX века. С появлением в XV веке хлебного вина усложняется и детализируется также и терминология виноградных вин. К существующим до XV века терминам «оцьтно вино» (кислое, сухое) и «осмирьнено вино» (десертное, сладкое) прибавляются термины, подразделяющие виноградные вина по внешним, цветовым признакам: «вино красное» (1423 г.) и «вино белое» (1534 г.), а наряду со старым термином «вино церковное» с XVI века появляется термин «вино служебное» (1592 г.). В том же веке виноградные вина стали подразделяться и по степени выдержки. Так, *вино ветхое* означало выдержанное, старое, марочное, а вино ординарное стали называть *вино нерастворенное* (1526—1542 гг.), чтобы отличать его от вина, непосредственно подаваемого к столу и потому, по греческому обычаю, растворяемого, разводимого водой.

С середины XVI века, а особенно с XVII века, когда возникает впервые русское виноделие[1], все виноградные вина чаще всего называются по стране происхождения, а греческие и затем французские вина — по маркам, то есть по локальному месту происхождения.

Так, *«фряжские вина»* означают французские, итальянские и генуэзско-крымские (до 1476 г.). *«Вино угорское»* означает, как правило, разные сорта токайского. *«Вино ренское»* (1680 г.) — это мозельские вина. А вина греческие и малоазийские встречаются исключительно под локальными названиями: «косское», «бастро» (1550—1570 гг.), «мальвазия» (1509—1520 гг.), «кипрское».

Французские вина также с конца XV по XVI век различаются по маркам, например, «романе» (Романе-Конти, бургонское), «мушкатель» (1550 г.). В XVII веке появляются и испанские вина: «херес», «марсала», «малага», «мадера».

_____

[1] Считается, что виноделие в России возникло после присоединения Крыма в конце XVIII — начале XIX века. Однако уже в 1647 году на Тереке был организован «Государев виноградный сад», указ о котором последовал в 1650 году, а в 1659 году было принято решение о разведении винограда и о виноделии в Астрахани.

С 1731 года *натуральные вина стали обязательно называться виноградными* в добавление к прочим терминам, особенно при их официальном упоминании в торговле: «виноградное красное вино», «виноградное белое вино», «виноградное вино малага» и т.д. Именно с этого времени, в связи с детализацией и уточнением терминологии виноградных вин, начинает широко применяться и термин «водка» для обозначения отличных от вин крепких и чисто спиртных напитков. Так, арманьяк и коньяк с 1731 года называются сортами французской водки, российская фруктовая водка — кизлярской водкой.

2. Основные торговые и бытовые термины хлебного вина в XV—XIX веках

1. **«Хлебное вино»** (1653 г.). Этот термин известен в литературе уже со второй половины XVII века как наиболее общий для обозначения водки или хлебного спирта. Но официально такой термин не применялся. Термин «хлебное вино» упоминался без всякого определения. Во всех торговых, административных, юридических документах с 1659 по 1765 год употребляется только слово «вино», без иных определений. С 1765 года вводится обязательное уточнение степени очистки хлебного спирта при его официальном упоминании, что наряду с введением с 1731 года точной терминологии виноградных вин дает возможность совершенно четко различать с середины XVIII века водку и вино. До тех пор в неофициальных случаях, в быту, литературных произведениях и в торговле, особенно розничной, применялись различные термины, отличающие именно хлебное вино и являвшиеся либо эквивалентом, либо заменой самого определения «хлебное», либо эвфемизмом или метонимией, либо, наконец, со второй половины XVIII века, прямым указанием на степень облагороженности товара.

Вместе с тем до 1649 года и частично вплоть до 1765 года продолжали бытовать термины «хлебного вина» наиболее древнего происхождения, закрепившиеся исключительно в быту простонародья или в древних актах. Древнейшие из этих терминов — «вареное вино», «корчма», «горящее вино».

2. **«Вареное вино»** и **«перевар»**. «Вареное вино» — один из первых, а может быть, самый первый из терминов, связанных с производством водки. Его древность подтвержда-

ется документом конца XIV века (1399 г.) — «пьюще вареное вино». Но главное, что по своему значению термин «вареное вино» создан по аналогии с терминами «вареный мед» и «вареное пиво». Близок к этому и исчезнувший термин «перевар» (существовал с середины XIV в. и исчез в начале XVI в.), означавший крепкий напиток, приготовленный путем варки готового вареного меда невысокого качества с готовым пивом. По-видимому, перевар — непрямой, параллельный предшественник водки, вареного вина, и именно перевар как эрзац доброкачественного меда использовался в событиях у реки Пьяной (1377 г.) и при взятии Москвы Тохтамышем (1382 г.).

Эта механическая смесь двух различных спиртных напитков подала идею усиления дурманящего действия вареного меда путем варки с ним готового алкогольного продукта, содержащего солод и хлеб (зерно). Создающееся при механической смеси этих двух начал усиление концентрации сивушных масел в напитке и вызванное этим резкое дурманящее действие перевара было приписано исключительно хлебному компоненту, что и побудило использовать в дальнейшем для винокурения в качестве сырья исключительно хлеб. Это объяснение возникновения водки наиболее полно совмещает и наиболее верно интерпретирует все имеющиеся по этому вопросу «противоречивые» факты, так что «противоречие» исчезает.

Как новое, дешевое и сильнодействующее средство «перевар» в качестве самостоятельного товара упоминается в договоре Москвы с Литвой в 1470 году, а последний раз — в официальном документе в 1495 году. Затем он был полностью вытеснен из производства (не позднее 1530 г.) и заменен вареным вином, что несомненно является одним из первых, а возможно, самым первым официальным термином водки. Возможно, что вареным вином определенное время именовался и сам перевар, так что термин «вареное вино» не обладает достаточно четким смыслом. В то же время преемственность терминов между старым производством (вареный мед), переходным, промежуточным видом производства (перевар) и новым производством — винокурением (вареное вино) все же очевидна. Она убедительно говорит в пользу того, что «вареное вино» — первый по времени термин водки, когда сам процесс винокурения (или точнее — виносидения) еще не осознавался как качественно и технически новый.

3. **«Корчма».** Один из древнейших официальных и полуофициальных терминов водки, существовавший почти одновременно с термином «вареное вино», но переживший его почти на четыре столетия. Корчмой вначале обозначали водку домашнего производства в своем хозяйстве для личного потребления и для угощения гостей, соседей (отсюда и сам термин, совпадающий с «гощением»), а затем, с момента введения монополии на водку в XV веке, термином «корчма» обозначалась водка незаконного производства, то есть то, что ныне именуется самогоном, — водка, запрещенная к производству и продаже, произведенная помимо и в нарушение государственной монополии.

Надо сказать, что термин «корчма» в таком значении древнее водки и прилагался еще до изобретения водки в том же значении к меду, пиву и даже к квасу (позднее, в XVIII в.), когда речь шла о незаконной продаже любого из этих напитков. Так, уже в 1397 году в одном из городских постановлений по Пскову сказано, что горожанам (без разрешения) «корчмы не держать, бочкой меду не продавать», то есть продажа, а следовательно, и производство ограничивались, хотя и не в стеснительных масштабах[1]. В 1474 году еще более определенное указание: «Во Псков корчмы не возити, ни торговати»[2]. В данном случае корчма — несомненно водка, ибо под 1471 годом читаем: «Бысть в Новегороде всякого блага обильно и хлеб дешев»[3].

В «Судебнике» Иоанна IV и в Уложении 1649 года «корчемство» уже совершенно четко определено как незаконное, тайное производство и продажа водки. Этот же термин остался в том же значении на весь XVIII век[4], а 25 декабря 1751 г. был даже принят специальный Корчемный устав, дополняемый поправками до 1785 года (о том, кто корчмы содержит и вином шинкует), о «смотрении» на заставах корчемного вина, о запрещении французского вина в вольных домах продавать, о заклеймении клубов, об искоренении корчемств в Москве и Санкт-Петербурге[5].

---

[1] В данном случае под бочкой понимается медовая бочка в 40 ведер.
[2] Цит. по *Карамзин Н.М.* Указ. соч. — Т. 6. — С. 377.
[3] Цит. по *Карамзин Н.М.* Указ. соч. — Т. 6. Примечания. — С. 467.
[4] См. *Чулков М.* Словарь юридический. — М., 1792.
[5] См. *Чулков М.* Словарь юридический. — М., 1792. — С. 282—283.

Как видно из этих примеров, в XVIII веке под корчемством понималась уже всякая незаконная продажа любых спиртных напитков, а не только водки. Но для XV — XVI веков и даже для первой половины XVII века термины «корчма», «корчемное вино» были связаны исключительно с водкой. Так, в псковском договоре с Ганзой конца XV века указано, что немецкие купцы не могут ввозить в Псков «пиво и корчму», что косвенно говорит не только о совпадении термина «корчма» по значению с водкой, но и подтверждает наше предположение о введении монополии винной торговли уже в середине 70-х годов XV века.

4. **«Куреное вино».** Этот термин впервые встречается в «Уставе» Иосифа Волоцкого в 1479 году и, по всей вероятности, хронологически следует за двумя предыдущими[1]. Известно также упоминание и в XVII веке, в 1632 году, но, по-видимому, во второй половине XVII века этот термин уже не употреблялся, что вполне понятно, так как он отмечал лишь технические особенности нового производства — винокурения, а не потребительские признаки водки. Вероятнее всего, под этим термином водка была известна прежде всего узкому кругу ее производителей, хранителей (сторожей), полицейско-административному и фискальному аппарату. Именно поэтому термин, как отмечающий исключительно технологический признак, долго не удержался.

5. **«Горячее вино»** (1653 г.), **«горючее», «горящее», «горелое», «жженое вино»** (1672 г.). Термины чрезвычайно распространенные в XVII веке, а также сохранившиеся на протяжении XVIII века и отчасти дошедшие до XIX и даже до XX века (в государственных законах — официально — в виде терминов «горячительные», «горячие напитки»)[2]. Несмотря на широту распространения, длительность употребления, термин самый неустойчивый и самый искажаемый. Правильнее всего «горящее вино», то есть то, которое обладает способностью гореть, выгорать, а не «горячее», то

---

[1] См. Словарь книжников и книжности XI—XVII вв. — Т. 1. — М.; Л., 1990. — С. 65.

[2] См. Свод законов Российской империи. — Т. XV: Уложение о наказаниях. — Ст. 1283. О запрещении проносить в городские торговые амбары и магазины водку, пиво, вино или другие горячие напитки см. *Нюрнберг А.М.* Алфавитно-предметный указатель к Своду законов Российской империи. — М., 1911. — С. 86 (8.03.1807 г. Об отпуске горячего вина в Пруссию. ПСЗРИ. — Т. XLV. — С. 950. — № 22480).

есть обладающее высокой температурой, и тем более не «горелое».

Этот термин, по существу, общеевропейский, так как был принят во всех германоязычных странах как официальное название хлебного вина — водки: «брантвайн» («Brandtwein»). Этот термин в украинском языке стал основным официальным названием водки — «горілка», а в польском — одним из двух основных: «gorzalka»[1] и «wodka»[2]. «Горзалка» употребляется в бытовом польском языке постоянно и гораздо чаще, чем «водка», но последняя обычно преобладает на этикетках и в рекламе.

В русском языке, однако, термин «горящее вино» не превратился ни в преобладающий, ни в основной, несмотря на свою распространенность в XVII—XVIII веках, и в конечном счете так и не закрепился в народном сознании и в языке, что вполне понятно, если учесть ту его неустойчивость в формулировке, которая существовала даже в период наибольшего употребления этого термина. Причина этого незакрепления кроется прежде всего в непонимании народом существа данного термина и в различном его толковании разными группами населения, отчего он не смог стать в России всеобщим, единым, общенациональным, как на Украине, где существовало единое объяснение и, следовательно, было и могло быть лишь единственное понимание слова «горилка», что означает «пылающая» (от «горити» — пылать), то есть «горящее вино», или жидкость, способная гореть. Сбиться там на «горячее» или «горелое», как в русском языке, было невозможно, поскольку эти слова в украинском имеют другие корни. В русском же языке из-за близости и даже совпадения корней термин потерял свой основной смысл и потому не закрепился. Кроме того, он был занесен извне, по своему характеру был чужим, инородным, переводным, не русским. Русские более склонны отмечать в явлениях, в продуктах не один из их физических (технических) признаков (в данном случае — способность к горению), а либо особенности сырья, из которого делалась водка (и любой иной продукт), либо особеннос-

---

[1] «Gorzalka» — коренной термин польского языка. От него идет и термин «gorzelnictwo», то есть «винокурение».

[2] «Wodka» произносится по-польски «вудка», как заимствованное с иностранного (русского) языка. Это лишний раз говорит о неправомерности польских притязаний на термин «водка»; лингвистический аргумент в данном случае неопровержим.

ти технологии ее производства, либо, наконец, места происхождения.

Последнее было особенно свойственно именно русской психологии (русские 300 лет говорили: «французская водка» вместо «коньяк») и остается важным определяющим моментом и по сегодняшний день. Мы охотно говорим «датский сыр», «финская бумага», «югославский» или «румынский чернослив», «венгерские куры», вместо «эдам», «верже», «ренклод», «леггорн», как сказал бы француз или немец, ибо нам сразу понятно, ясно при этом, откуда этот товар и что он собой представляет, в то время как для западного европейца показательны лишь порода, марка, фирменное наименование. Точно так же русский человек XV—XVII веков охотно говорил «русское вино», «черкасское вино», «фряжское вино» и при этом прекрасно понимал, что первые два термина относятся к водке, а третий к виноградному вину, хотя грамматически между этими терминами не было различия.

6. *«Русское вино».* Этот термин возник во второй половине XVII века, в источниках он отмечается с 1667 года. В быту он встречался сравнительно редко, но зато фигурировал в официальных внешнеторговых документах. Он отражает ясное осознание тогдашними производителями водки ее национальной особенности (вкусовая и качественная неповторимость, особые свойства по сравнению с другими видами этого же товара — «лифляндским вином», «черкасским вином»).

7. *«Лифляндское вино»* (1672 г.). Термин бытовал в XVII веке в землях, прилегающих к Прибалтике, в Пскове и Новгороде. Им обозначалось привозное хлебное вино из Эстонии (Юрьева — Дерпта — Тарту) и Риги.

8. *«Черкасское вино»* (1667 г.). Этот термин хотя также носит внешнеторговое происхождение, но получил широкое распространение не только в приграничных с Украиной районах, но и во внутренних русских областях, а также в самой Москве. Черкасским вином называли в России украинскую водку — горилку, изготовленную из пшеницы, в отличие от русской водки, производимой либо целиком из ржи, либо пополам из ржи и овса с ячменем, либо из ржи, но с добавками пшеницы. Черкасское вино, или горилка, привозилось из Запорожской Сечи и получило свое наименование по городу Черкассы и по черкасским казакам (так до 1654 года именовали всех украинцев), которые

во второй половине XVI века стали вывозить через Московское государство свою водку-горилку для реэкспорта в северо-восточную Россию. Черкасская водка была хуже по качеству, иногда очень плохо очищена, порой совсем не очищена, а потому была дешева, ибо ценилась значительно ниже московской, русской, поэтому значительная часть ее перекупалась предприимчивыми русскими купцами и оседала в кабаках России, в то время как настоящая московская, русская водка вывозилась за границу на Запад или шла к столу господствующих классов. Причины плохого качества черкасской водки-горилки коренились в ее украинско-польской технологии, не знавшей целого ряда очистительных процессов, применявшихся только в России[1]. Кроме того, сказывались и различия в сырье, что отражалось на вкусовых свойствах водки. В русском обиходе термин «*черкасское вино*» удержался вплоть до Крымской войны 1853—1856 годов, после которой вообще доступ украинской (с 1861 г. — картофельной) водки был прекращен на рынки центральных областей.

9. **«*Оржаное винцо*», «*житное вино*»** (т.е. ржаное вино). Эти термины отражают тот исторический факт, что вплоть до 40—60-х годов XVIII века, то есть на протяжении трех веков, в России выкуривали хлебное вино исключительно из ржи, а с середины XVIII до середины XIX века, то есть еще на протяжении столетия, рожь продолжала составлять в среднем не менее половины сырьевой основы для русской водки. Лишь с середины XIX века Россия постепенно переходит на использование пшеницы и картофеля для производства водки, однако зерновая основа остается преобладающей вплоть до 1917 года.

10. **«*Зельено вино*», «*зелено вино*», «*хмельное вино*», «*зелье пагубное*».** Эта группа терминов встречается на протяжении трех-четырех столетий главным образом в бытовом языке, в художественной литературе, фольклоре, сказках. Однако они имеют вполне реальную основу и означают любой вид хлебного вина любого качества, но сдобренного пряными, ароматическими или горькими травами, чаще всего хмелем, полынью, анисом, перцем или

---

[1] Черкасские казаки не фильтровали водку через уголь из-за отсутствия березовых лесов на Черкащине, не применяли никаких иных русских специфических приемов очистки, но маскировали сивушный запах травами, хмелем, отчего запах пропадал, а сивушная отрава оставалась.

их сочетаниями. Правильное название водки термином этой группы «зельено вино» (от «зелье» — «трава» по-церковнославянски), то есть водка, настоянная на травах или, точнее, перегнанная с травами. Иногда такая водка могла иметь слегка зеленоватый оттенок, но при хорошем качестве она должна быть бесцветна. Поэтому нельзя производить этот термин от слова «зелень» и понимать его как «зеленое вино». Между тем именно эта ошибка наиболее часто распространена.

11. *Горькое вино*. Этот термин, впервые отмеченный в 1548 году и затем появившийся вновь в 1787 году, получил наибольшее распространение во второй половине XIX — начале XX века как эквивалент водки. По своему значению он примыкает к предыдущему и означает водку, перегнанную с горьковатыми травами (полынью, почками березы, дуба, ивы, ольхи и т.д.). Однако это первоначальное значение полностью было утрачено в конце XIX века, и термин переосмыслен как обладающий переносным смыслом — «горькая», то есть напиток, приносящий горькую, несчастную жизнь, или тот, который пьют с горя. «Пить горькую» стало означать запить надолго, безнадежно. Поэтому термин применяется ныне лишь в литературном обрамлении (как метонимия), а не как деловое обозначение водки.

3. Эвфемистические, метонимические и жаргонные термины хлебного вина в XVIII—XIX веках

Возникновение определений, заменяющих официальные или обычные распространенные термины хлебного вина, относится в основном к XVIII—XIX векам. Из эпохи старой, допетровской Руси к таким терминам можно отнести лишь «зелено вино», которое именно в XVIII—XIX веках приобрело свой эвфемистический смысл, но вовсе не имело его ни в XVI, ни в XVII веке.

Эвфемизмы (т.е. стремление придать неприличному слову или понятию благовидное название) вообще крайне характерны для эпохи XIX века в связи с появлением и развитием нового социального слоя — мещанства, в то время как метонимии (переименование, замена какого-либо понятия иным словом, имеющим причинную связь с основным словом-понятием) более характерны для XVIII века с его общими тенденциями к культивированию классицизма. Что же касается жаргонных выражений, то они в основном распространяются в русском языке с середины XIX века и, во всяком случае, лишь после Отечественной войны 1812 года. В целом же все вышеуказанные формы замены основных, официальных и, так сказать, «нормальных» терминов хлебного вина возникают в связи с развитием капиталистических отношений еще в XVIII веке и отражают тенденцию утраты хлебным вином его стандартности в связи с изменением правительственной политики в отношении винокурения: ликвидацией исключительности государственной монополии на производство водки, предоставлением права винокурения дворянству в целом как сословию и введением многочисленных льгот, исключений, поощрений или запретов для ряда других социальных категорий в России. Все это создало известный хаос в винокуренном производстве, что немедленно отразилось на утрате водкой общероссийского стандарта и привело к появлению в стране хлебного вина самого разнообразного (разнокалиберного) качества. Этот процесс хорошо иллюстрируется следующими фактами.

Если с 1649 по 1716 год формально официальный порядок винокурения изменялся, то с 1716 по 1765 год (за 50 лет) было издано 15 новых постановлений о производстве винокурения и хлебном вине, а за период с 1765 по 1785 год (т.е. всего за 20 лет правления Екатерины II) — 37 постановлений. Последний Указ «О дозволенном всегдашнем винокурении дворянам», являвшийся полным отказом от государственного производства водки и от государственного контроля за ее производством частными производителями, был принят 16 февраля 1786 года. Он как бы завершал мощным аккордом тот процесс децентрализации водочного производства в России, который был отличительной чертой XVIII века и который был начат еще при Петре I как мера по разрядке внутреннего социального напряжения. Эта мера нанесла в целом огромный ущерб России, русскому народу, который именно через эвфемическую и жаргонную терминологию отразил свое отрицательное отношение к той «водочной свободе», коей «просвещенные монархи» пытались обеспечить внутренний порядок в России, особенно после таких «социальных взрывов», как восстание К. Булавина (1708 г.) и крестьянская война Е. Пугачева (1774—1775 гг.). Все эти термины не только имеют историко-социальное значение, но и важны для нашего исследования, потому что они объясняют и проясняют появление и упрочение термина «водка», сменившего термин «вино». Именно в XVIII веке водку все чаще перестают называть вином, не называя еще официально водкой, но заменяя официальное название вина (что также является чистым эвфемизмом) жаргонными синонимами, причем преимущественно явно непочтительного свойства. Так, уже в начале XVIII века, в первом его десятилетии и в середине второго, появляются следующие термины водки.

1. *«Царская мадера».* Это эвфемизм с довольно прозрачной иронией, ясной для людей петровского времени. Этот термин является прямым намеком на устраиваемые Петром I «ассамблеи», или общественные развлекательные сборища, где дворяне и купцы могли присутствовать с одинаковым правом и где «провинившимся» предписывалось выпивать огромные кубки крепких (крепленых) вин — хереса, мадеры, портвейна, вызывавших быстрое и сильное опьянение. Для народа же ухудшившаяся в петровское время по качеству водка была, по существу, заменой господской «мадеры», ибо водку простолюдины получали бесплатно, по царскому распоряжению (одна чарка в день всем петербургским строительным, дорожным рабочим, рабочим верфей, портовым грузчикам, матросам и солдатам). Таким образом, термин «царская мадера» означал: отечественная, русская, низкосортная дешевая дармовая водка, изготовленная при царском кабаке и выдаваемая на манер господской «мадеры» от царского имени для простого люда.

2. *«Французская 14-го класса».* Это название водки было широко распространено среди чиновничества не только в XVIII веке, но в основном позднее, в XIX веке, хотя и возникло оно именно в начале XVIII века как иронический намек на петровскую Табель о рангах (14-й класс — низшая категория чиновника — коллежский регистратор). Этот термин прямо отражал чрезвычайно низкое качество водки в царских кабаках в это время, разбавляемой водой, настоянной на табаке.

3. *«Петровская водка».* В этом термине точно указано и время его возникновения, и оценка качества тогдашнего хлебного вина. Для современного читателя здесь никакой иронии не чувствуется. На самом же деле и слово «петровская», то есть не старинное, доброе «зелено вино», а

новое, петровских времен — «водичка», «водчонка», «водка», то есть не хлебное вино, а просто-напросто «петровская вода», даже не «вода», а «водка» (уничижительное от «вода»).

Таким образом, исторически термин «петровская водка» хотя и существовал в России, но обозначал низкое качество хлебного вина. Вот почему неправильно и даже неразумно брать это название теперь для использования на этикетках так называемых старых водок. Слово «петровская» свидетельствует вовсе не о «старинности», а, наоборот, о новом, более молодом производстве по сравнению с водками XVI—XVII веков, и притом о плохом качестве изделия[1].

4. *«Огонь да вода».* Термин второй половины XVIII века, типичный эвфемизм. Носит позитивный характер. Употреблялся в среде провинциального мелкопоместного дворянства, среди чиновничества для характеристики хороших, очищенных сортов водки частного производства. Однако этот термин носил узкобытовой характер. Его можно рекомендовать для введения в рекламно-торговый оборот как название одной из марок водки хорошего качества. Исторически в нем также содержится приближение к термину «водка», дается указание на две составные части водки: спирт (огонь) и воду.

5. *«Хлебная слеза».* Термин преимущественно второй четверти XIX века, эвфемизм с явно позитивным оттенком. Употреблялся для определения водок исключительного, отличного качества частного производства. В XIX веке, особенно в его второй половине, бытовал в мещанской, мелкочиновничьей среде просто как эвфемизм любой водки, лишившись своего первоначального терминологического значения. Термин может быть рекомендован для возобновления как название водки высшего качества и особого технологического режима (тихого погона) или водки с использованием особо высококачественного зернового сырья.

6. *«Сивак», «сивуха».* Термины, дающие варианты мужского и женского рода у существительного, обозначающе-

---

[1] Если под словом «петровская» хотят указать на любимую водку Петра I, то это еще более неверно, ибо любимой водкой царя, как он об этом сам не раз говорил, была анисовая водка, относящаяся к типу «русских водок», то есть двоенный погон простого хлебного вина, настоянного на анисовом семени и затем разбавленного на треть мягкой родниковой водой.

го алкогольный напиток, что отражает неустойчивость или двойственность основного понятия: вино или водка? Эти термины относились обычно к водке крайне низкого качества или к совсем неочищенной, мутной или сероватой (сивой) по цвету. Жаргон конца XVIII—XIX века.

7. *«Перегар».* Жаргонный термин первой половины XIX века, относящийся к жидкому, плохому хлебному вину последней фракции гонки с пригарью или иным сильным неприятным запахом. Термин произошел от искажения технического термина (см. ниже — *промышленные и технические термины*) хлебного вина и дошел до нашего времени с крайне расплывчатым значением вообще всякой водки низкого качества.

8. *«Брандахлыст»* (точнее — брандахлест). Термин жаргонный, середины второй половины XIX века. В основе его немецкое название водки — брантвайн. Им обозначалась преимущественно водка низкого качества — картофельная, поступавшая по более дешевой цене из западных губерний России — Польши, Прибалтики, отчасти из Украины и Белоруссии (Волыни). В конце XIX века терминологическое значение этого названия было полностью утрачено. Так стали называть всякую водку низкого качества, независимо от места производства, но все же это обозначение больше всего относилось к картофельной и свекольной дешевой водке, появившейся до 1896 года и кое-где в центральных районах России. Термин ясно указывает на отрицательные последствия, вызываемые немецкой (т.е. преимущественно польской) водкой: «хлыст» — искаженное от «хлестать», то есть вызывать рвоту, рвать.

9. *«Самогон», «самогонка».* Термины, традиционно дающие мужское и женское соответствия алкогольному напитку, но хронологически выходящие за пределы исследуемого периода и относящиеся к началу XX века. Они появились после 1896 года и означали самовольно, незаконно изготовленное хлебное вино, запрещенное к выкурке после введения государственной монополии 1894—1902 годов на водку. Одновременно термин «самогон» означал в целом неочищенное, плохое хлебное вино (с вариациями «хороший самогон», «плохой самогон»), стоящее по качеству неизмеримо ниже государственной, монопольной водки. Следует отметить, что термин этот жаргонный, крайне безграмотный, что указывает на появление его в самой низкой, некультурной среде. В русском языке не было до начала

XX века слова «самогон» в указанном выше значении. Но само слово существовало и имело два специальных значения: 1) в областном промысловом языке Сибири «самогон» означал добычу зверя погоней на лыжах в отличие от гона на лошади и с собакой; 2) в специальном винодельческом языке «самогон» — это лучшие, первые фракции вина, из которых приготавливают наиболее высококачественные, изысканные вина, то есть та масть виноградного вина, которая не смешивается с сильно или вторично отжатыми из винограда фракциями, а идет самотеком, первой, от легкого отжима.

Как видно, термин «самогон», относящийся к водке, не мог быть заимствован ни из винодельческого лексикона, ни из народного сибирского. Он и появился в южных и юго-восточных губерниях России, на стыке с Украиной и Заволжьем, то есть в областях со смешанным нерусским или полурусским населением, где всегда чувство языка, чистоты его определений и значений было ослаблено.

10. *Монополька*. Жаргонное название, утвердившееся за водкой с 1894 по 1896 год и бытовавшее до 1917 года, но привившееся быстро и крайне прочно, так что это название употреблялось даже вплоть до середины 30-х годов XX века, в советское время. Характерная особенность этого термина — четкое закрепление за основным алкогольным русским напитком женского рода, что знаменовало собой полную победу термина «водка» и окончательное вытеснение им на рубеже XIX—XX веков старого термина водки — «вино».

4. Производственные (промышленные, технические) термины хлебного вина (водки), указывающие степень качественного совершенства продукта

1. *Рака*. Термин турецкого происхождения — «raky» («спиртное») от арабского «aragy» («финиковая водка»). В русской терминологии «рака» означает первую выгонку, или первый гон хлебного вина из барды в заторном чане, которая продолжается до тех пор, пока технически возможно вести перегонку, не допуская исчезновения из барды жидкости до такой степени, чтобы гуща барды подгорела. «Рака» — это, следовательно, краткий, технический и производственный термин, заимствованный вместе с самим

производством спирта или, точнее, вместе с техникой перегонки.

В русских средневековых источниках этот термин иногда переводится по-русски словами «вонючая водка». И его следует считать одним из первейших истоков для обозначения всего продукта словом «водка». Термин «рака» в византийских источниках встречается еще в III веке и позднее — в VIII—X веках. Он был заимствован в России из Византии либо непосредственно, либо через Болгарию и Молдавию, где ракой называют всякую фруктовую водку, продукт перегонки фруктового (ягодного) вина или фруктово-ягодной гущи (смеси).

То, что термин, обозначавший в Малой Азии, Греции, Болгарии, Валахии, Молдавии, Сербии, а из земель восточных славян — в Белоруссии[1] конечный, завершенный, хорошего качества продукт, стал использоваться в России для названия самой грубой стадии полуфабриката, объясняется тем, что его первоначальное толкование принадлежало монахам. В греческом тексте Евангелия слово «рака» употреблено в резко отрицательном смысле, вследствие чего и получило соответственно отрицательное толкование в целом (независимо от контекста) у русских переводчиков, затруднявшихся найти эквивалент слова «рака» в русском языке и потому истолковавших его в переносном смысле как «пустой человек» (точнее, тот человек, который употребляет раку, — пьяница, а следовательно, пустой). В Церковном словаре конца XVIII века слово «рака» толкуется как «безмозглый человек», лишенный разума, достойный оплевания, то есть дается целый набор отрицательных определений для этого понятия — не просто пьяного, а чересчур пьяного человека, что, вероятно, соответствовало различию в опьянении старинными напитками (медом, олом) и новыми (хлебным вином, ракой).

Вполне понятно, что русское винокурение, не имевшее своей терминологии, при освоении византийских технических приемов (быть может, аппаратура для дистилляции была завезена вместе с Софьей Палеолог или была привезена бежавшими из Константинополя в 1453 г. византийскими монахами) использовало этот евангельский термин в

---

[1] В Белоруссии термином «рака» («радзя») обозначался не первый гон, а второй, следующий, известный в России под названием «простое вино», то есть уже готовый торговый продукт.

его русском понимании, ставшем привычным за пять веков, для обозначения первой, наиболее грубой фракции хлебного вина. Ведь именно при опробовании этой фракции наступало опьянение с тяжелыми, отвратительными последствиями. Так что именование грубого полуфабриката ракой, то есть определение его как опасной и пустой, негодной еще к употреблению фракции, вполне логично.

Но самое интересное в этом факте заключается в том, что само по себе применение евангельской терминологии для обозначения столь «богопротивного» занятия, как винокурение, довольно определенно и убедительно говорит о том, что винокурение, несомненно, зародилось в России, как и в Западной Европе, первоначально в монастырской среде. Но в то время как в католической Европе эта отрасль производства надолго оставалась в руках церкви, в России она почти сразу же, уже в конце XV, а тем более в начале XVI века, при Иване IV Грозном, была целиком или почти целиком сконцентрирована в руках светской власти, в руках монархии, государства, казны и монополизирована ею. В начале XVII века у церкви были отняты и ее привилегии на производство водки для своих, внутренних нужд, что указывало на решимость светской власти не давать или не оставлять в руках церкви этого мощного и опасного источника финансового и социального влияния. В XVIII же веке последовал новый удар по церкви в этом отношении — предоставление преимущественных прав на винокурение исключительно дворянству, изъятие из монастырей винокуренного медного оборудования (труб, змеевиков, кубов) под предлогом использования их на военные цели. Тем самым церковь отделялась от «водки», что явилось одной из характерных черт русского исторического развития. Это определило и в целом отрицательное отношение церкви к «дьявольскому зелью», и четкое разделение «сфер влияния» между церковью и светской властью: первая получала возможность влиять лишь на «душу» народа, вторая целиком оставляла за собой влияние на «тело» народа. Одиноким памятником первоначальной причастности церкви к созданию винокуренного производства в России осталось лишь слово «рака», да и то лишь до определенного исторического рубежа — до XIX века. Впоследствии, особенно во второй половине XIX века, термин «рака» стал заменяться чисто техническим, современным термином «первый гон». Это изменение в терминологии знаменовало собой полный переход винокурения в руки русской промышленной буржуазии, разрыв со средневековыми патриархальными традициями в винокурении.

2. *«Простое вино»*. Этот термин, введенный официально Уложением 1649 года, обозначал хлебный спирт однократной перегонки из раки или фактически вторую перегонку первично заброженного затора. Простое вино было основным, базовым полуфабрикатом, из которого получали самый обычный, широко распространенный вид хлебного вина, так называемый полугар, а также все другие марки водок и хлебного спирта в России.

3. *«Полугар»*. Этот термин на производственном языке означал не спирт, полученный путем перегонки раки, а простое вино, разбавленное на одну четверть чистой холодной водой (на три ведра простого вина добавляли одно ведро воды). Полученная смесь и носила название полугара. Оно произошло от того, что после составления смеси обычно следовала техническая проба качества «вина», которое наливалось в особый металлический цилиндр или кастрюльку-отжигательницу (около 0,5 л) и поджигалось. По окончании горения остаток вливался в особый металлический стакан, имевший ровно половину объема отжигательницы. Если вино было стандартно по качеству, то есть было не фальсифицировано, то оно точно заполняло стакан доверху и считалось пригодным для употребления. Простота этой технической пробы имела крайне важное значение для поддержания единого качества (стандарта) водки во всем государстве, ибо каждый «питух», то есть потребитель, имел возможность произвести проверку купленной им порции. Это практически вело к ликвидации фальсификации полугара, отчего этот относительно слабый вид хлебного вина получил особо широкое распространение уже в XVI—XVII веках.

Популярность полугара и особенно связанной с его получением технической пробы оказала воздействие на бытовую терминологию хлебного вина, о которой мы упоминали выше, на все названия водки — горящее, горючее и горячее вино. На Украине же, где полугар веками оставался основной и даже единственной формой хлебного вина, это привело к закреплению позднее, как и за водкой, более высокого качества, единого названия — горилка. В России же уже к концу XVII века, а особенно с начала XVIII века все более и более совершенствуют водочное производство, стремясь к более концентрированным и более очищенным формам напитка.

Поэтому уже в XIX веке слово «полугар» из технического термина превращается в жаргонный, под которым подразумевают вообще всякое нестандартное хлебное вино низкого качества. Не только простое вино, но и полугар начиная с XVIII века рассматривались более требовательными потребителями не как готовый продукт, а лишь как полуфабрикат, хотя и годный к употреблению. Его официальная крепость с середины XVIII века не превышала обычно 23—24°, но поскольку этот вид водки не проходил специальной фильтрации, то его вкус и запах были неприятными из-за наличия сивушных масел. Их ликвидация, очистка обычно достигались сравнительно легко, даже примитивно — путем пропускания полугара через сетчатую коробку, заполненную березовыми углями, сделанными из веток, толщиной в карандаш, то есть из тонких сучков березы. Именно полугар «с сучками» считался очищенным, а «без сучков» — плохим, нечистым. Искаженное воспоминание об этом сохранилось в жаргонном языке до наших дней. Вульгарно ныне называют «сучком» всякую водку низкого качества, недостаточно дистиллированную и нефильтрованную, хотя следовало бы называть ее как раз наоборот — «без сучка», то есть без фильтрации, без обработки. Но народный язык любит краткость и не всегда руководствуется логикой и смыслом.

Однако практически ни полугар, ни тем более простое вино, если они не производились домашним способом, как правило, не фильтровались. Этого процесса «удостаивались» лишь более высокие сорта хлебного вина.

4. *Пенное вино», «пенник».* Лучшей маркой водки, получаемой из полуфабриката «простое вино», было пенное вино, или пенник. Название это произошло не от слова «пена», как часто неправильно теперь думают, а от слова «пенка», означавшего в XVII—XVIII веках вообще понятие «лучшая, концентрированная» часть в любой жидкости. (Аналогично «сливкам» в переносном смысле: например, «сливки общества».) В древнерусском языке слово «пенка» означало, кроме того, верх, верхний слой любой жидкости. Отсюда пенками была названа в винокуренном производстве лучшая, первая фракция при перегонке из простого вина. В пенки шла четвертая или даже пятая часть объема простого вина, причем получаемая при очень медленном

(«тихом» и «тишайшем») огне. Полученная таким путем самая крепкая и более насыщенная спиртом, более легкая фракция простого вина и шла на производство пенника. С середины XIX и до начала XX века эту фракцию вместо «пенки» стали называть «первáком», а с 1902 года за ней официально был закреплен термин «первáч». 100 ведер первача, разбавленные 24 ведрами чистой, мягкой, холодной ключевой воды, и давали пенник, или пенное вино, которое по цене было примерно одинаково с натуральным виноградным вином. Современники, описывающие пенник, подчеркивали отнюдь не его крепость, а то, что это было «доброе вино», обладающее чистотой, мягкостью и питкостью. Пенник всегда проходил фильтрование через уголь, хотя нуждался в этом менее других марок водки.

Наряду с пенником существовали и другие степени разведения водой простого вина, дававшие более слабые по крепости и более дешевые по стоимости марки водки: они были рассчитаны на разные категории потребителей — как «по карману», так и по полу и возрасту.

5. *«Двухпробное вино».* Этим термином обозначалась водка, полученная разведением 100 ведер хлебного спирта 100 ведрами воды. В простом народе такое вино считалось «бабьим» вином и было в числе обычного трактирного набора в первой половине XIX века.

6. *«Трехпробное вино».* Этим термином обозначалась водка, получаемая при разведении 100 ведер хлебного спирта 33 $^1/_3$ ведрами воды, то есть в более концентрированной пропорции, чем полугар. Производство этого вида водки было особенно развито в первой половине XIX века. Это было обычное рядовое трактирное вино «для народа», «для мужиков».

7. *«Четырехпробное вино».* Этим термином обозначалась водка, получаемая из хлебного спирта разведением каждых его 100 ведер 50 ведрами воды.

8. *«Двойное вино», «двоенное вино», «передвоенное вино».* Этими терминами в разное время называлось хлебное вино (спирт), полученное перегонкой простого вина, то есть фактически продукт третьей перегонки (рака — простое вино — двоенное вино).

Начиная с XVIII века эта стадия рассматривалась обязательной для хорошего винокура, желавшего получить высококачественный продукт. В дворянском винокурении XVIII века, особенно во второй его половине, базовым полуфабрикатом становится не простое вино, а двоенное. Именно двоенный, или передвоенный, спирт послужил основой для всех экспериментов по усовершенствованию русской водки в XVIII веке. Двоение было официально признано с 1751 года нормальной и даже элементарной гарантией качества. Крепость двоенного спирта была примерно в то время в различных винокурнях на уровне 37—45°. При этом двоение весьма часто (почти в 50% и более случаев) велось с перегонкой добавочных пряных, ароматических компонентов или с добавлением различных адсорбентов и коагулянтов, о чем будет сказано ниже, в разделе о технических приемах русского винокурения.

Таким образом, двоение было сложной операцией, которая вдвое усиливала не только концентрацию спирта, но и вдвое улучшала общее качество напитка за счет его ароматизации и очистки от сивушных масел.

Как правило, именно двоенное вино наталкивало на идею разбавления его водой, поскольку достигнутая в нем концентрация спирта была слишком сильной, непривычной для воспитанных на натуральных виноградных винах дворян и духовенства. Позднее, в XIX веке, как мы видели выше, весьма решительно разводили водой и простое вино, не столько в силу его крепости, сколько в силу традиций и — главное — в силу того, что было подмечено свойство именно разведенных, разводненных вин (спиртов) хорошо очищаться от примесей, и в первую очередь от сивушных масел. Таким образом, еще задолго до того, как в спиртоводочное производство вторглась научная химия, оно в России достигло высокой степени технической культуры не за счет научного знания, а за счет исторического опыта и эмпирического соединения традиций с экспериментом.

9. *«Вино с махом».* Принцип разведения хлебного спирта одной и той же концентрации разными количествами воды или, наоборот, смешивания с водой разных фракций и разных погонов хлебного спирта был, как мы видели выше, основным принципом русского водочного производства, и его тенденцией было создание разных марок хлебного вина (водки) за счет понижения (уменьшения) доли спирта в спирто-водяной, то есть водочной, смеси. Однако, наряду с этой господствовавшей в русском водочном производстве идеей, уже в середине XVII века возникла мысль использовать смеси разных погонов для усиления

(увеличения) концентрации спирта в напитке и создания таким путем другого ряда марок хлебного вина, отличающегося от водок (т.е. типа виски).

Этот ряд получил полупроизводственное-полубытовое наименование «вина с махом». Самым распространенным его видом была смесь двух третей (двух ведер) простого вина с одной третью (одним ведром) двоенного вина. Существовали и другие пропорции смесей простого и двоенного вина — от четверти и до половины объема двоенного вина с простым. Однако эти спиртовые смеси, не содержавшие воды-разбавителя и не являвшиеся, таким образом, водками, не получили развития в России. Их отрицательным свойством, во-первых, была высокая цена, а во-вторых, они обладали более разрушительным для здоровья действием, чем чистое двоенное вино, хотя формально были слабее его. Поэтому их уже во второй половине XVII века употребляли чаще как технический, а не питьевой спирт. Так, сохранились требования царских и патриарших живописцев выдать им красок, льняного масла и «вина с махом» для работ по росписи палат и церковных помещений.

Уже в первой трети XVIII века «вино с махом» рассматривалось как искажение и отклонение от нормальной линии водочного производства, и подобные смеси стали с этого времени допускаться исключительно как технические, но не пищевые, ибо довольно рано было замечено, что они практически не поддаются очистке от сивушных масел никакими, даже самыми совершенными фильтрами. В то же время русское водочное производство не отказалось от создания напитка более высокой крепости, чем простое и двоенное хлебное вино, а потому пошло по пути дальнейшей ректификации спирта с последующим обязательным разбавлением этого концентрата водой. Этот путь стал основным направлением в русском производстве водки уже в 20-х годах XVIII века. С этого периода «вино с махом» рассматривается не только официальными, законодательными актами как запретное, но и самими частными производителями считалось arcana[1].

10. *«Тройное, или троенное, вино».* Так называлась вторичная перегонка двоенного вина, или, по существу, чет-

---

[1] От лат. «arcanum» — тайное, секретное, запретное, недозволенное.

вертая перегонка спирта. Она стала применяться со второй четверти XVIII века частными дворянскими винокурнями русской знати и стала возможной с усовершенствованием винокуренной аппаратуры. Тройное вино использовалось для производства тонких домашних водок, и практически троение велось всегда с добавкой растительных ароматизаторов.

В XIX веке троенное вино было применено как основа для получения лучших заводских водок домонопольного периода, например водок завода Попова, которые были известны у потребителей под именем «поповка», или «тройная поповка». Крепость тройного спирта была приблизительно 70° в неразведенном состоянии. Его-то впоследствии Д.И. Менделеев и признал классической основой для дальнейшего разведения водой до состояния водки.

11. **Четвертое, или четверенное, вино».** Чаще называлось «четвертной спирт», а в XVIII — начале XIX века известно под названием «винум ректификатиссимум» (vinum rectificatissimum — спирт-ректификат). Эта пятая перегонка была известна уже в самом конце XVII века, в 1696 году (получена в дворцовой царской лаборатории), но в частной практике использовалась сравнительно редко — лишь для научных и лечебных целей. Крепость ректификата — 80—82° (до конца XIX в.).

Однако экспериментально уже в XVIII веке академиком Т.Е. Ловицем был получен технический, так называемый «безводный спирт» 96—98°.

В 60-х годах XVIII века на базе четверенного спирта были созданы настойки-ерофеичи, без добавления воды, отчего они и выделялись из класса водок в особый класс алкогольных напитков — ерофеичей (тинктур).

В то же время на основе четверенного спирта были созданы и некоторые водки двух групп: а) ароматизированные и б) сладкие, или подслащенные (так называемые тафии, или ратафии). Ратафии не только подслащивались, но и подкрашивались ягодными сиропами или иными растительными экстрактами. Как и ерофеичи, ратафии не получили широкого распространения. Уже в XIX веке они становятся редкостью. Основная причина этого — нерентабельность, высокая стоимость, большие затраты труда, необходимость мастеров высокой квалификации и особых материалов (карлука). Но не менее важным была склонность русского стола в силу ассортимента русских блюд, особенно закусок, к нейтральным, неподслащенным алкогольным напиткам типа водок.

Все это обусловило развитие ерофеичей и ратафий — этих видов утонченных алкогольных напитков — лишь в домашних хозяйствах дворянских винокуров в эпоху расцвета крепостного права и исчезновение этих же напитков по мере развития капиталистического производства с его жесткими требованиями рентабельности товара и с ориентацией на более широкий, массовый спрос, на более распространенные народные вкусы. Ратафии, выпускавшиеся промышленным путем во второй половине XIX века, в большинстве случаев представляют собой фальсифицированный продукт, совершенно лишенный их исключительно высокого качества, достигнутого в XVIII веке.

5. Выводы из обзора терминов хлебного вина

Обзор терминов хлебного вина, существовавших в России на протяжении XV—XIX веков, дает основание прийти к следующим выводам:

1. Бросается в глаза чрезвычайное многообразие, пестрота терминов, как технических, торговых, так и, особенно, бытовых. Это, в первую очередь, отражает разнообразие качества, наличие различных марок водки, хотя формально разделение водки на марки — виды с собственными наименованиями — начинается только с эпохи империализма. Это говорит о том, что создание водки на протяжении ряда веков было постоянно развивающимся процессом, общей тенденцией которого было часто неосознанное, а иногда и целенаправленное стремление к получению усовершенствованного, идеального продукта.

2. Раскрытие содержания терминов водки наглядно показывает, что главным, основным, центральным направлением в России было создание алкогольного напитка водочного типа, то есть напитка, полученного путем разведения спирта водой. Тем самым становится понятно, почему русский тип напитка из хлебного спирта получил в конце концов наименование водки, а не родился с этим наименованием. Более того, становится ясно, что напиток с подобным названием не мог родиться сразу же, ибо это название отражает характерную черту, характерное свойство, характерный принцип композиции данного напитка, кото-

рые были получены, выкристаллизировались и сложились лишь в результате длительного развития.

В то же время вполне понятно, что как эпизодическое, частное, неосознанно сформулированное название «водка» может появляться и на весьма ранней стадии производства русского хлебного вина, даже когда современникам видится более характерным иной признак или свойство (например, горящее вино).

3. Анализ терминов показывает, что хотя в ранние эпохи, в начале производства хлебного спирта, русского потребителя поражали или им фиксировались самые различные внешние, а не главные свойства или признаки этого продукта (место происхождения, физические свойства — горючее, горящее, вареное и т. д.), то для производителей водки, для тех, кто непосредственно участвовал в ее производстве с самого начала главным было то, что любой прогон, любая степень перегонки требовали разведения водой, и порой в весьма больших количествах, прежде чем превратиться в готовый для потребления пищевой продукт.

4. Эта тенденция характерна лишь для русского производства и возникла с самого начала исключительно в силу византийской традиции растворять водой любой алкогольный напиток перед его потреблением. Так, например, растворялось не только греческое и итальянское виноградное вино, но и рассычивался мед. Этот традиционный порядок разведения водой должен был быть с еще большей необходимостью применен к новому алкогольному напитку — хлебному вину, потому что хлебное вино по своему вкусу и запаху просто настоятельно требовало разведения, особенно для русских людей, приученных к ароматным, вкусным, приятным напиткам, основанным на таком добротном натуральном сырье, как мед, ароматические травы, ягодный сок, солод.

Можно с достаточной долей вероятности предположить, что первоначально, в XV веке и даже вплоть до XVII века, получаемый хлебный спирт разводили не просто водой, а сытой, то есть водой, слегка ароматизированной небольшим количеством меда. В Домострое (середина XVI в.) содержится определенный намек на то, что именно так поступали с хлебным вином в эту эпоху, ибо сказано, что простое вино надо не растворить, не развести водой, а «рассытить», то есть разбавить сытой — водным раствором пчелиного меда.

Это, с одной стороны, объясняет, почему определение «водки» «запоздало» на несколько веков, отстав от фактического производства водки, ибо как-никак люди считали, что они не «разводняли», а всего лишь «рассычивали» горящее вино, а с другой стороны, не менее убедительно доказывает, что определение «водка» не случайно «выплыло» как основное именно в XVIII веке, поскольку в это время перестали «рассычивать» хлебное вино, перейдя к ароматизации и отбиванию неприятного запаха травами и пряностями, а кроме того, именно в это время поняли, что прием разводнения хлебного спирта диктуется уже не только и даже не столько византийскими традициями, сколько техническими условиями и исторически сложившимися привычками потребителя. «Вино с махом» не прижилось и не пошло в широкое производство и торговлю. Перспективной оказалась только водка, то есть спирт любой крепости, любого погона, но лишь разведенный после получения водой.

5. Таким образом, водка является русским специфическим видом алкогольного напитка на основе хлебного спирта и в силу традиционно-исторических причин, и в силу истории технического развития русского винокурения. Иными словами, водка возникла в России не случайно, ибо в этой стране исторически не могло возникнуть иного спиртного напитка, кроме водки, как в силу историко-культурных традиций, так и в силу историко-технической отсталости страны и наличия приемов, связанных с производством питейного меда.

6. Во всех других странах Европы (Франции, Италии, Англии, Германии, Польше) процесс создания алкогольных крепких напитков развивался по иному пути: по пути развития процесса дистилляции, то есть по пути совершенствования аппаратуры для дистилляции, все большего увеличения спирта и увеличения числа перегонок. Создателям коньяка и виски не могла бы прийти в голову шальная мысль разводить полученный путем технических усилий высококачественный, концентрированный продукт водой. Это вело бы к ликвидации результатов их усилий, их производства. На подобный путь создания спиртового напитка не наталкивало ничто: ни традиции, ни логика, ни тем более задачи получения все более очищенного продукта, ни технический прогресс. В России, наоборот, все толкало к тому, чтобы развести, разбавить водой полученный

спирт: требования церкви, традиции, привычка к «мягким», «питким» питиям и обычай пить помногу и подолгу, так чтобы действие алкоголя проявлялось не сразу, а позднее; к этому же склоняло и первоначально низкое качество продукта, которое надо было улучшать и улучшать, а также техническое несовершенство аппаратуры, заставлявшее надеяться не на совершенство дистилляции, а на механическое улавливание примесей к спирту путем его фильтрации и на применение других приемов очистки.

7. Чтобы еще яснее, еще четче подчеркнуть нашу мысль о том, что водка, возникнув исторически закономерно, затем и столь же исторически закономерно пробила себе путь, победив все другие русские старинные национальные напитки и завоевав себе «место под солнцем» в силу того, что оказалась наиболее приемлемой и приспособленной ко всем суровым изменениям в русских экономических и социально-исторических условиях, — мы сделаем обзор еще одной группы терминов, связанных не с самой водкой как напитком, не с ее производством, а с мерами объема жидкостей в России. Из этого обзора станет ясно, в сколь большой степени эти меры приспосабливались к водке и зависели от такого товара, как водка. Изменение мер жидкостей буквально позволяет проследить все этапы «наступления водки» на другие напитки и тем самым дает возможность более точно и конкретно зафиксировать момент, когда водка превратилась в безраздельно господствующий напиток.

6. Терминология мер жидкостей в России, расположенная в хронологическом порядке по мере ее возникновения и развития

Древнейшей единицей русских мер жидкости является ведро. Эта единица объема распространена была с самого начала истории Руси на всей ее территории в различных русских государствах и имела различные вариации в разных областях, которые сохранялись долгое время. Особенностью этой меры являлось то, что она была центральной единицей, отсчет от которой шел в обе стороны — в сторону больших объемов, которые подразделялись на ведра и которые отличались друг от друга различным содержанием ведер, так что для их характеристики существовал лишь единственный способ: выразить ее в ведрах, отличить их друг от друга числом ведер. В то же время ведро было основой, которая подразделялась на ряд более мелких единиц, особенно употребительных в быту и мелкой торговле. Эти единицы тоже можно было охарактеризовать не иначе, как сказав, какую часть ведра они составляют. Без этого их названия лишались смысла.

Таким образом, ведро, как единица меры жидкостей и сыпучих тел, занимало такое же положение, как позднее рубль занял в денежной системе.

Первые известные нам упоминания ведра относятся к концу X века (996—997 гг.). Ведро в это время имеет объем от 12 до 14 л в разных областях. В ведрах исчисляются меры основного для этой поры алкогольного напитка — меда. Варя медовая — в 60, 63 и 64 ведра (для разных областей). Иных мер этот период не знает.

Позднее, в XII веке, встречаются такие единицы объема, как варя пивная и корчага. Варя пивная (имеет объем 110—112 ведер), с которой снимали в процессе производства либо 120 ведер густого пива, либо 220—240 ведер жидкого пива. Эта мера позволяет, таким образом, понять тот термин, которым иногда обозначалось жидкое пиво вплоть до XIX века — «полпиво». Полпивом оно называлось, следовательно, по отношению к варе (чану) XII века (ибо при разведении содержимого этого чана наполовину водой получалось полпиво), а количественно его было вдвое больше.

Корчага в XII веке (1146 г.) — это мера виноградного вина, значит, стандартная амфора вина размером в два ведра, или 25 л. Следовательно, ведро виноградного вина в XII веке имело объем 12,5 л. С XV века, когда появляется водка, мы встречаем уже уточненные указания о том, какое ведро имеется в виду: ведро питейного меда, ведро церковного вина, а в XVI веке впервые появляется термин «указное ведро». Это значит, что появилась водка и появилась монополия на водку.

Указное ведро равно 12 кружкам, а кружка равна 1,1 л, а кое-где — 1,2 л. В то же время встречается и термин «винное ведро», то есть явно водочное ведро, равное 12 кружкам, имеющим вес 35 фунтов, если мерить их кружками чистой воды. В XVII веке этот объем винного ведра остается, но оно делится на 10 кружек, так что одна кружка XVII века имеет вес 3,5 фунта чистой воды.

С 1621 года появляется новое название этого винного ведра — дворцовое ведро. Оно же называется еще питейной мерой, или московским ведром. Московское ведро в это время является самым маленьким по объему ведром в России — ровно 12 л, в то время как в других областях ведро все еще колеблется в объеме от 12,5 до 14 л. Нетрудно понять, что московское ведро как мера объема водки не случайно было выбрано наименьших размеров: единица оставалась вроде бы старая, большая — ведро и брали за него ту же цену, но водки наливали гораздо меньше, чем, например, наливалось бы в тверское, 14-литровое ведро. С этих пор областные ведра быстро исчезают. Все области вводят у себя московское ведро.

Таким образом, без особых предписаний и нажима из центра московское ведро, или, как его еще иногда называли, «ведро Сытного двора», где мерили водку, быстро распространилось как единая мера объема жидкостей на все государство. Водка быстро снивелировала русские областные меры, которые еще долго бы держались, если бы дело касалось лишь воды и даже зерна, гороха, молока, ягод, яблок и других продуктов, где русская торговая практика выработала привычку отмеривать сыпучие и жидкие объемы «с походом», не особенно чинясь из-за лишнего килограмма, особенно при оптовой торговле.

С XVI века ведро делится на более мелкие меры. С 1531 года[1] в ведре — 10 стоп, или 100 чарок. Градация, как видим, типично винно-водочная, хотя речь идет еще не о московском питейном ведре, а о ведре обычном. Чарка — 143,5 г (т.е. около 150 г) — московская «норма» единовременного «приема» водки. (Сравните распространенное выражение «поднести чарку», «выпил чарку», «чарка водки», «гостю налил чарочку, а сам выпил парочку».) Стопа, таким образом, около 1,5 л, то есть 10 чарок. Лишь к началу XX века чарка несколько изменила свой объем — 123 мл, то есть была приравнена ближе к 100 г водки. Наряду с чаркой в XVII—XVIII веках существовала и такая мера, как ковш — 3 чарки, или около 0,4—0,5 л. Позднее, в XIX веке, эта мера превратилась в бутыль, или водочную бутыль, — 0,61 л, в то время как существовавшая в царской России винная бутыль для виноградного вина равнялась 0,768 л. Как видим, стремление государства сэкономить на продаже

---

[1] То есть с момента создания первого царского кабака в Москве.

водки, его политика увеличить свой доход от водочной монополии приводят к сокращению мер объема жидкостей при сохранении ими прежних названий.

В XVIII веке вместо стопы была введена западноевропейская мера — штоф (1,23 л), в связи с чем и чарка изменила свои размеры (штоф делился на 10 чарок). Фактически штоф соответствовал старой русской мере — кружке (1,2 л), а полуштоф — обычной бутыли в 0,61 л. Однако в процессе превращения из меры торговой в меру бытовую кружка к началу XIX века стала иметь объем всего 0,75—0,8 л и не воспринималась в то время как прообраз «русского литра».

Кроме этих основных мер, в монастырях для вина употреблялась еще такая мера, как красовул — 200—250 мл в разных областях. Красовул, следовательно, соответствовал современному стакану и, в отличие от чарки, служил мерой для церковного, виноградного вина. Но нередко монахи за неимением запрещенных в монастырском обиходе чарок пили водку... красовулами. Из старинных русских мер долгое время, вплоть до XX века, сохранялась и четверть (3,25—3 л), то есть бутыль, составляющая четверть ведра. В некоторых областях, где такая четверть имела несколько больший объем — 3,5 л, ее называли «гусь». Но для различения от названия домашней птицы эта мера была женского рода. («Вся водка раскуплена, — сказал целовальник, — осталась одна гусь».) С 1648 по 1701 год водка продавалась только на вес, а не мерилась объемными мерами. Это было сделано, во-первых, в связи с тем, что в это время как раз происходило изменение мер, а во-вторых, с целью предотвращения фальсификации водки: в специальных мерках (ведрах), которые были разосланы из Петербурга во все русские кабаки, должен был быть неизменный вес — 30 фунтов на всей территории до Урала и 40 фунтов в Сибири, причем превышение веса тотчас же сигнализировало о том, что подлита вода. Таким остроумным приемом хотели сохранить неизменный государственный стандарт качества водки. Однако на практике именно эта мера оказалась наиболее неудобной, ибо люди привыкли к тому, чтобы следить за недовесом, а не за перевесом.

По указу 1721 года солдат получал обязательное довольствие — 2 кружки водки в день, при ведре, деленном на 16 кружек. Это составляло около 3,75 фунта водки или около 1,5 л на день простого вина крепостью около 15—18°,

163

то есть водки, разбавленной водой в пропорции трехпробного вина.

В это же время были установлены указом и крупные меры объема жидкостей. Все они имели связь именно с винно-водочными мерами. Так, бочка, с 1720 года называемая сороковка, содержала 40 ведер. Эта бочка использовалась как мера зерна, воды и лишь отчасти — для вина и водки. Но с 1744 года была установлена указная бочка специально как мера водки в 30 ведер. Кроме того, установлен был и водочный бочонок, которым мерились и фасовались высшие сорта водки. Его объем был 5 ведер.

Наряду с ними существовала винная «беременная» бочка в 10 ведер, кое-где в провинции сохранялась медовая бочка в 5 и 10 ведер, и вплоть до конца XVIII века в Белоруссии, Смоленской и Брянской областях имелась еще смоленская бочка в 18 ведер, которая также использовалась для меры алкогольных напитков — меда, пива, водки. Самой крупной областной мерой для водки был сопец — 20 ведер.

Только с начала XIX века, и особенно после Отечественной войны 1812 года, остаются три основные меры объема водки для оптовой торговли: указная бочка (30 ведер), винная «беременная» бочка (10 ведер) и водочный бочонок (5 ведер). В розничной же продаже вплоть до 1896 года преобладает ведро (на вынос) и чарка (распивочно). Лишь в самом конце XIX века, примерно с середины 80-х годов, водку начинают продавать и фасовать в России так, как мы теперь к этому привыкли, — в бутылях по 0,61 и 1,228 л. Современные же бутыли по 0,5 и 1 л появились в конце 20-х годов нашего века.

Итак, развитие мер жидкости в России начиная с XVII века неуклонно оказывается связанным с водкой, приспосабливаясь к тем стандартным объемам ее артельного и индивидуального потребления, которые складываются исторически. Вместе с тем начиная с XVI века резко отмирают все прочие меры объема, связанные с другими алкогольными напитками — медом, вином и пивом.

Хотя и в основе новых водочных мер остается старинная и исконная русская мера — ведро, но объем его сокращается с 14 до 12 л и уже с XVI, а особенно с XVII века делится на 10 и 100 частей, то есть на основе десятичной системы, неизвестной практически в это время во всей остальной Европе, а тем более англо-саксонскому миру.

Крупные меры объема жидкостей — бочки — также делятся по пятикратной системе, близкой к десятичной, — на 5, 10, 20, 30 и 40 ведер.

Все это косвенно говорит о том, что торговля водкой, с одной стороны, завоевывает и определяет рынок позднее торговли другими видами товаров, а с другой — значительно быстрее развивается и весьма скоро становится всероссийской, что и заставляет принять для используемых в ней мер совершенно новое, отличающееся от прежних удельно-княжеских и областных мер деление — более простое, более понятное всем и менее дробное, более четкое, каковой и является десятичная система счета.

Интересна и связь индивидуальных мер объема водки с историей этого напитка. Первоначальная единица — кружка или стопа, близкая к литру, — заменяется с XVIII века исключительно чаркой.

Это указывает на то, что до XVIII века водка была крайне слабой и разбавлялась водой сразу же после перегонки раки, то есть из ординара. С XVIII века водка преимущественно приготавливается из двоенного и даже троенного спирта, ее крепость значительно возрастает, а также и единицы ее фасовки и одноразового потребления становятся более дробными.

В XIX веке, особенно с введением монополии в 1894 году, крепость водки устанавливается на современном уровне и для распивочной розничной торговли вводится наряду с основной единицей — чаркой (145 г) — еще и более мелкая — получарка (72,5 г, а практически — 70 г при естественном недоливе до краев).

Таким образом, единицы разового розничного потребления водки имели тенденцию к снижению прямо пропорционально процессу увеличения крепости водки. Это косвенно говорит о том, что размеры потребления водки фактически оставались в России стабильными в течение чрезвычайно длительного времени, если иметь в виду объемы потребления и их пересчет в связи с изменением крепости водки. И этот исторический факт подтверждается статистикой последних десятилетий XIX — начала XX века, когда данный вопрос оказался в поле зрения статистического учета.

Следовательно, распространенный взгляд на то, что пьянство и его развитие были следствием роста производства и потребления водки, является неверным или, во всяком случае, далеко не таким бесспорным, каким он кажется. Водка на протяжении своего исторического развития с XV до XIX века непрерывно и постоянно менялась, но как и в чем — в этом и состоит главный вопрос.

Чтобы ответить на него исторически точно и технически квалифицированно, надо подробно рассмотреть развитие технологии производства водки с XV до XIX века. Это необходимо сделать по двум причинам. Во-первых, чтобы увидеть, как шло развитие производства этого продукта, по какому пути — по пути ли неуклонного улучшения его качества, или по пути удешевления производства без улучшения качества, или же с пренебрежением к качеству в погоне за удешевлением себестоимости. История продовольственных товаров, производимых промышленным путем, знает немало примеров того, как развитие под давлением законов капитализма и экономической конъюнктуры неизбежно уводит на второй из перечисленных путей. Но есть продукты, которые избегают такого пути. Вот почему этот вопрос требует специального рассмотрения.

Во-вторых, мы практически не знаем, какие фазы развития пережила водка технологически, мы пока не можем сказать, когда был апогей развития водки и был ли он вообще, не можем мы знать и того, шло ли ее развитие неуклонно по восходящей линии, без срывов и зигзагов, и что чем дальше, тем продукт все более улучшался.

Все это предстоит выяснить и изучить. И для этого также надо исследовать в хронологической последовательности, как шло и чем сменялось производство водки в каждый исторический период. Но прежде чем мы займемся выяснением истории технологии производства водки в следующей главе, необходимо остановиться подробнее на самом термине «водка», который, по существу, не был рассмотрен в нашей терминологической главе наряду с другими терминами. Это произошло потому, что сам термин «водка» полноправно появляется как официальный, казенный, государственный и национальный термин лишь с введением государственной монополии на водку в конце XIX века. Но, несмотря на это, сам термин или, более того, понятие водки как русского национального вида хлебного спирта возникает уже в середине XVIII века, а слово «водка» появляется и того раньше.

Вот почему целесообразно рассмотреть термин и понятие «водка» в конце этой главы, посвященной терминам, тем более что весь предыдущий терминологический материал фактически уже подвел нас к выяснению вопроса о том, что понимается под термином «водка» и почему он становится центральным, основным, коренным для характеристики русского хлебного вина.

7. Возникновение термина «водка» и его развитие с XVI по XX век

Рассматривая терминологические обозначения хлебного вина, на протяжении почти 500-летнего периода существования этого русского национального алкогольного напитка нигде не отмечалось слово «водка» и не комментировалось исторически, если не считать лингво-исторического краткого комментария в первой части данной работы, касающегося этимологии слова «водка».

Это объясняется прежде всего тем, что официальный термин «водка», установленный в законодательном порядке, зафиксированный в государственных правовых актах, возникает весьма поздно. Впервые он появился в Указе Елизаветы I «Кому дозволено иметь кубы для движения водок», изданном 8 июня 1751 года. Затем он появляется лишь спустя почти 150 лет, на рубеже XIX и XX веков, в связи с введением государственной монополии на производство и торговлю водкой.

Между тем в устной народной речи термин «водка» бытовал в течение ряда веков и возник относительно рано. Его широкое распространение относится в основном к екатерининскому времени по причинам, о которых мы скажем ниже. Но это слово было известно значительно ранее середины XVIII века, однако его значение как в XVIII веке, так и ранее не совпадало с нынешним, то есть с тем, которое было придано ему в начале XX века.

Именно этим обстоятельством, а также сугубо жаргонным характером слова «водка» следует объяснять то, что его нельзя встретить практически ни в одном нормативном словаре русского языка или в литературных нормативных текстах вплоть до 60-х годов XIX века.

Те упоминания слова «водка», которые дошли до нас в разных источниках, в литературных и документальных письменных памятниках, являются в значительной степени случайными и не дают полного представления о последовательном развитии слова «водка» во всех его значениях и о действительном времени первичного появления этого слова как понятия и термина, связанного целиком с алкогольным напитком.

Тем не менее попытаемся собрать и расположить в хронологическом порядке все имеющиеся в нашем распоряжении данные о времени появления и разных значениях слова «водка». Это все же поможет нам лучше понять, как, когда и почему слово «водка», означавшее до XIII века по смыслу «вода», стало превращаться, превратилось и стало прилагаться к понятию алкогольного национального русского напитка.

1. *XV век.* От XV века у нас нет ни одного памятника, где бы упоминалось слово «водка» в понятии близком к алкоголю.

2. *XVI век.* В XVI веке, под 1533 годом, в новгородской летописи слово «водка» упомянуто для обозначения лекарства: «Водки нарядити и в рану пусти и выжимати», «вели государь мне дать для моей головной болезни из своей государской оптеки водок... свороборинной, финиколевой».

Из этих текстов уже ясно, что под водкой понимается не декокт (водный отвар трав), а тинктура (т.е. спиртовая настойка), ибо только тинктуру, то есть жидкость, содержащую спирт, можно было рекомендовать пускать в рану для обеззараживания и только настойки на спирту могут длительно храниться в аптеках, в то время как декокты приготавливаются самим пациентом по указанию врача в домашних условиях непосредственно перед их применением.

Итак, водкой с самого начала называли спиртовую настойку. Но какова была причина перенесения на спирт этого термина? Ведь для этого необходимо, чтобы вода как-то наличествовала в составе данного лекарства, иначе невозможно объяснить, как оказалось связанным название спиртовой настойки со словом «водка».

Действительно, в русской медицине того времени существовали и такие термины, как «вино марциальное», «вино хинное», наряду с термином «водка финиколевая». Сравним их составы. О лекарствах, называвшихся винами, нам известно, что они представляли собой настойки на чистом виноградном вине — белом или красном. Так, вино марциальное было настойкой железных опилок на красном бургундском вине, а вино хинное — настойкой коры хины на белом, чаще всего на мозельском (ренском).

Таким образом, здесь название данных лекарств винами вполне оправданно и прямо соответствует реальному содержанию этих лекарственных препаратов, которые были в большей степени винами и в меньшей степени лекарствами. Что же касается настоек лекарственных трав, именовавшихся в отличие от вин водками, то из рецептов следует, что они представляли собой либо чистые спиртовые настойки, разбавляемые в воде непосредственно перед приемом (например, капля настойки на ложку воды или ложка настойки на стакан воды) и, следовательно, выглядевшие в глазах пациентов в большей степени водными лекарствами, чем спиртовыми, либо являлись продуктом двоения, то есть продуктом перегонки простого хлебного вина с лекарственными травами, который затем разбавлялся «исполу» кипяченой водой, то есть на одну треть. Так, например, водка белая для укрепления желудка приготавливалась из смеси нескольких пряностей (шалфея, аниса, мяты, имбиря, калгана) общим весом около 500 г, настоянных на 5 л простого вина, то есть спирта вторичной перегонки, и вновь передвоенного до половины объема (фактически примерно до 2 л) и затем разбавленного кипяченой водой в соотношении 1:2 (т.е. одна часть воды и две части двоенного спирта). Это лекарство и получило с самого начала наименование «водка» в полном соответствии с фактической технологией его производства и по нормам языка того времени.

Итак, родившись в медицинской, а точнее, в фармацевтической практике, указанная технология дала продукт, который не подходил под разряд тинктур, как их понимала западноевропейская фармакология того времени, а следовательно, должна была получить соответственно и новое наименование — разводненная тинктура, или водка. В то время как в Западной Европе стремились к предельной концентрированности медицинского препарата, к малым объемам, к портативности лекарственного снадобья, в России в XVI, да и в XVII веке старались, наоборот, не только увеличить объем и вес отпускаемых потребителю препаратов, но и исключить необходимость для потребителя самому дозировать и тем более разводить до нужной концентрации лекарственный препарат. Отсюда водки стали преобладать в фармацевтической практике над тинктурами. Это объяснялось целым рядом чисто российских факторов: отсутствием не только тонких, точных разновесов в быту, но и вообще привычки взвешивать, уточнять что-то малое; недоверием русского человека ко всему малому, мизерному, верой в целительность крупной дозы лекарства и отсюда опасением предоставлять самому пациенту разведение и дозирование, особенно учитывая значительную неграмотность даже боярства и дворянства в XVI и XVII веках.

Хотя термин «водка» оказался тесно связанным с лекарственными препаратами, но принцип получения водок, то есть разводнение двоенного спирта или разводнение вообще спирта любого погона, не мог не быть общим технологическим приемом русского винокурения и, более того, должен был неизбежно уже достаточно рано быть осознан как некая особенность именно русского производства хлебного вина. Для этого необходимо было лишь сравнить русское хлебное вино с любым нерусским, иностранным. Такая возможность, как мы увидим далее, наступила не ранее начала XVII века, то есть в связи с польско-шведской интервенцией.

Русский же обычай непременно разбавлять любой алкогольный напиток водой был вполне закономерно порожден установлениями православной церкви разбавлять водой виноградное вино согласно византийской традиции. Этот обычай был перенесен с тем большим основанием на хлебный спирт, что последний обладал гораздо большим содержанием алкоголя, чем натуральные вина. Надо полагать, что этот обычай был установлен весьма рано, в самом начале возникновения русского винокурения.

Но термин «водка» все же прочно закрепился в медицинском лексиконе и весьма долго не переходил в бытовой, а тем более официальный язык для обозначения водки-напитка лишь только потому, что в силу тех же средневековых традиций (или точнее — схоластических и психологических условностей и косности) за алкогольным напитком должно было сохраняться наименование вина с указанием лишь на его наиболее характерный внешний признак — виноградное, хлебное, служебное, горящее, но без всякой связи с его подлинным характером, с его технологическим признаком, то есть типовым признаком. Однако в медицине типовой признак был всегда существенным показателем для фармацевтов, в то время как для

170

потребителей алкоголя он был абсолютно безразличен, по крайней мере до тех пор, пока они сами не стали иметь возможность оказаться производителями данного продукта и тем самым осознать значение его технологии. Но это могло наступить лишь в XVII веке, когда государственная монополия на производство водки оказалась на известное время нарушенной и само производство хлебного вина вышло из-под строгого правительственного контроля, характерного для XVI века.

В результате в XVI веке одна и та же водка оказалась в разных группах товаров: в составе лекарств и в составе алкогольных напитков, и в соответствии с этим получила разные термины: «вино» как напиток и «водка» как лекарство, хотя по фактическому алкогольному составу и по технологическим методам получения они не отличались друг от друга.

Понимание этого факта, естественно, не могло оставаться неизвестным в первую очередь для тех, кто производил водку, то есть для фармацевтов и кружечных голов, а в более широком социальном смысле — для обитателей монастырей, монахов-винокуров. В своем бытовом языке они могли поэтому не придерживаться формальных различий и называть водкой также и напиток, а не только лекарственное снадобье на основе водки. Но такая вольная терминология могла, конечно, употребляться лишь как жаргон в определенной социальной среде.

3. *XVII век.* Уже в середине XVII века встречаются письменные документы, где слово «водка» употребляется для обозначения напитка. Так, в челобитной архимандрита Варфоломея от 1666 года читаем: «А старец Ефрем... ныне живет в келье, а то питье, вино и водку привозили дети его тайно».

Здесь термин «водка» употреблен для обозначения напитка явно в силу необходимости отличить в одной и той же фразе виноградное вино от хлебного, то есть от водки.

Автор челобитной не мог в данном случае избежать употребления жаргонного слова, не исказив содержания, сути своего сообщения. Во всех иных случаях, когда обстоятельства не вынуждали к такому словоупотреблению, в XVII веке стойко продолжали пользоваться термином «вино» для обозначения водки. Таким образом, в XVII веке в бытовом языке именование водки водкой было известно, но применялось лишь при определенных обстоятельствах.

Важно отметить, что уже с середины 30-х годов XVII века все иностранные путешественники, посещавшие Россию, подчеркивали в своих записках высокие качества и особый характер русской водки, хотя и называли ее теми же терминами, что и хлебное вино на немецком или шведском языках, то есть «brandtwein» или «brannvin». Однако шведский резидент при дворе Алексея Михайловича, проживший в Москве длительное время, Иоганн де Родес в своих донесениях в Стокгольм применяет для обозначения русской водки иной термин — «hwass». Некоторые историки воспринимали этот термин как результат недоразумения, полагая, что Родес имел в виду квас или называл водку квасом в силу своей якобы неосведомленности, по ошибке. Однако неоднократное употребление этого термина в соответствующих контекстах дает полную возможность идентифицировать его только с водкой. Да и было бы странно допустить возможность какой-либо ошибки со стороны человека, превосходно знакомого с русскими условиями того времени. Слово «hwass» скорее должно было походить с точки зрения Родеса на «wasser», то есть на воду, чем на квас, ибо для него решающим обстоятельством при поисках сходства не могли служить русские фонетические признаки. Если обратиться не к фонетике, а к смыслу данного слова, то окажется, что на старошведском языке «hwass» означает нечто «острое, пронзительное, крепкое». В то же время на общем языке всех иностранных жителей Москвы второй половины XVII века (а этим общим языком был ломаный немецкий, или московский жаргон немецкого языка, на котором объяснялись и «кесарские», и ганзейские, и ливонские, и голштинские, и голландские «немцы») слово «hwass» или «hwasser» было либо равнозначно «wasser», то есть воде, либо стояло к нему настолько близко, как к воде по-русски стоял ее деминутив водка.

Если вдуматься, то Родес не случайно изобрел для русского хлебного вина-водки именно такое «иностранное» название. Он подыскал в шведском языке слово, которое по смыслу означало «крепкое», а на специфическом московском жаргоне иностранцев означало «вода». В целом «крепкая московская вода» очень удачно передавала непереводимое ни на один иностранный язык понятие «водка». Необходимость же различать русскую, московскую водку от немецкого «brandtwein» или шведского «brannvin» и украинской (черкасской) «горілки» диктовалась уже в это время существенными качественными отличиями русской водки, связанными с применением специфических и оригинальных материалов для ее очистки, незнакомых на Западе. (Подробнее об этом будет сказано в разделе о технологии производства водки.)

Таким образом, во второй половине XVII века и русские, и иностранцы стали употреблять для обозначения русской водки термин, отличающий ее от такого же продукта, но получаемого в соседних странах — Германии, Швеции, Польше, Украине. Это значит, что водка уже в это время обладала особым специфическим качеством, отличающим ее от ряда аналогичных хлебных спиртных напитков.

4. *XVIII век.* В XVIII веке слово «водка» начинает впервые употребляться в официальном языке, но не как основное, полноправное, а как второй синоним. Особенно часто термин «водка» употребляется во второй половине XVIII века, но и в этих случаях, когда дело касается официальных актов, справочников, словарей к слову «водка», помещаемому без всяких пояснений, всегда следует отсылка: смотри «вино». И именно под этим все еще официальным термином водка и рассматривается.

Но водками без всяких оговорок в XVIII веке называют лишь те водки, которым приданы дополнительные вкус, аромат (запах) или цвет, то есть все то, что передвоенно вместе с растительными травными, ягодными, фруктовыми и даже древесными добавками, то, что приобрело от этих добавок вкус, запах или только цвет. Поскольку для получения такого продукта всегда необходимо передваивание, то часто для краткости этот вид водок назывался также двоенными водками либо обозначался вид этих двоенных водок — анисовая, тминная, померанцевая, перцовая и т. д. Все эти водки были прямыми наследницами лекарственных водок XVI—XVII веков и точно копировали, повторяли их по своей технологии. Единственное различие их состояло в том, что их сдабривали не лекарственными, а пищевыми или вкусовыми компонентами. Но это было различие не по существу, а лишь по форме.

В то же время собственно лекарственные, травные настойки превращаются в «просвещенном» XVIII веке в тинктуры, по западному образцу, но получают в случае применения их как напитков наименование ерофеичей (с

1768 г.)[1]. Ерофеичи не разбавляются водой и потому не включаются в разряд водок. Их крепость держится на уровне 70—73°. В конце XVIII века слово «водка» относится к трем видам напитков. Чтобы различить их между собой, известный русский врач и естествоиспытатель Н.М. Максимович-Амбодик предложил в 1783 году ввести термины: «водки перегнанные (или двоенные)», «водки настоянные» и «водки сладкие», а точнее — «подслащенные», или «тафии», «ратафии».

Эти термины не вошли в бытовой язык, а изредка употреблялись лишь в медицинской терминологии того времени. Перегнанные водки и в первой половине XIX века продолжали называть вином, за подслащенными сахаром и фруктово-ягодными сиропами водками утвердился термин «ратафии», вошедший во всеобщее употребление во второй половине XVIII — первой половине XIX века и фактически удерживавшийся на протяжении всего XIX века, а за ароматизированными водками как детищем XVIII века утвердился термин «русская водка» без определения «настоянная». Так что к началу XIX века под словом «водка» понимали исключительно ароматизированные водки, изготовленные по способу XVIII века.

Таким образом, бесцветная и «чистая» водка не только в XVIII веке, но и в XIX веке продолжала именоваться исключительно вином.

В то же время в XVIII веке встречается весьма часто термин «водка вполу простого вина», или «водка вполы от простого вина». Этот термин применялся для обозначения чаще всего полуфабриката, предназначенного для дальнейшего изготовления либо лекарства, либо напитка. Он означал добавление воды ровно вполовину от объема спирта, полученного после перегонки раки, то есть треть воды по отношению к объему спирта второй перегонки — излюбленное соотношение в русском винокурении. Эта водка не всегда шла как напиток (ее крепость примерно держалась на уровне 18°). Чаще всего она служила основой для дальнейшей перегонки (т.е. для двоения).

---

[1] Название это было дано в 1768 году по имени цирюльника Ерофеича, жившего некоторое время в Китае, который вылечил спиртовыми настойками на травах, скорее всего на женьшене, графа Алексея Григорьевича Орлова и в результате этого получил широкую известность, а горькие настойки стали называться ерофеичами.

Итак, слово «водка» со второй половины XVIII века признается как полуофициальный термин в отношении бесцветной водки — хлебного вина и как официальный термин в отношении ароматизированных и подкрашенных двоенных водок. Но эти последние называются уже не просто водкой, а русской водкой. В то же время лекарственные (зельевые) водки утрачивают это наименование и переходят в разряд тинктур, или ерофеичей, то есть в чисто медицинские понятия.

Во второй половине XVIII века слово «водка» в бытовом языке приобретает также жаргонный, порой бранный, презрительный оттенок, что следует связывать с распространением среди простого народа худшего вида водки — «водки вполы от простого вина», которая резко отличается и по качеству и по виду от ароматизированных высококачественных водок дворянского сословия, которые неофициально именуются не водками, а настойками в домашнем бытовом языке дворянства и в художественной литературе того времени. Эти терминологические отличия всегда надо иметь в виду, когда мы знакомимся с историей XVIII века. За границей ароматизированные водки называются с конца XVIII века исключительно русскими водками, причем этот термин все чаще применяется и в самой России и к началу XIX века становится повсеместно признанным.

5. *XIX век.* В течение XIX века происходит следующий этап в завоевании термином «водка» своего основного, первичного значения, то есть распространение этого термина на понятие «хлебное вино», а не только на русские водки, выросшие из аптечных водок.

Трудно установить, как в действительности распространялся этот термин в быту. В обычном, то есть «приличном» литературном, языке слово «водка» в первую треть XIX века фактически все еще отсутствует. Достаточно показательным в этом отношении может служить книга о России для юношества В. Бурьянова, где он именует водку все еще «горячим вином»[1].

В то же время А.С. Пушкин употребляет слово «водка» достаточно часто и в своих стихах, и в прозе, но всюду лишь в значении XVIII века (ср.: «Евгений Онегин» — рус-

_____

[1] *Бурьянов В.* Прогулка с детьми по России. — Ч. 1. — СПб., 1837. — С. 100.

ская водка, «Капитанская дочка» — анисовая водка). Судя по словарю В. Даля, «водка» появляется в русском нормативном языке лишь с 60-х годов XIX века, если учесть, что словарь составлялся в 1859—1872 годы. У В. Даля слово «водка» вообще не указано как основное (черное) словарное слово. Оно приведено им на уровне синонима «вина» и как деминутив от слова «вода», но в то же время распространено и на хлебное вино, то есть впервые в своем современном значении. Когда же оно оказалось фактически впервые употреблено в таком качестве, установить можно лишь весьма приблизительно. Так, уже в начале XIX века слово «водка» встречается в медицинских и поваренных словарях как полноправный термин, хотя и без точной и правильной дефиниции.

Например, в «Домашнем лечебнике» П. Енгалычева, изданном в 1825 году, указано: «1. Водка, или винный спирт; 2. Водки, или настойки водочные» (т. 1, стр. 151). Как видим, в обоих случаях под словом «водка» подразумевается не то, что ныне определяется этим термином. В первом случае с водкой целиком отождествляется винный спирт, что неверно, поскольку спецификой водки является именно то, что она представляет собой водный раствор винного спирта, на что мог не обратить внимание лингвист или филолог, но что не мог не заметить составитель медицинского словаря. Если же этот факт не имел для него значения, то это означает, что термин «водка» не был осознан во всей своей специфичности и не распространен на бесцветные водки. Во втором случае термин «водка» был отнесен к русским водкам по понятиям XVIII века. Таким образом, на 1825 год по сравнению с XVIII веком фактически существенных изменений в употреблении термина «водка» не произошло.

Но в 1838 году в крупнейшем и подробнейшем справочном издании первой половины XIX века «Энциклопедическом лексиконе» А. Плюшара слово «водка» указано в качестве самостоятельного словарного термина, но не разъяснено, а сопровождено отсылкой к статье «Спиртные напитки». Поскольку энциклопедия Плюшара была издана лишь до буквы «Д», мы не можем установить, как понимали авторы этого издания в 1838 году этот термин. Однако ясно, что само по себе слово «водка» к этому времени было уже вполне узаконенным понятием, поскольку оно попало в словник энциклопедии, то есть к этому времени перестало быть жаргонным. (Надо пояснить, что словник словаря

Плюшара составлял Н. Греч, который весьма «чистоплюйски» вычищал все, что могло шокировать Николая I, который с 1836 года согласился быть патроном «Энциклопедического лексикона», и уж раз Н. Греч допустил упоминание этого слова, следовательно, оно было легитимизировано.) В статье «Винокурение», помещенной в том же томе, термин «водка» отсутствует, но термин «хлебное вино» характеризуется как спирт, разведенный водой, то есть фактически соответствует понятию «водка», хотя этот термин к данному понятию не применен.

Наконец, в «Экономическом лексиконе» Е. и А. Авдеевых, изданном в 1848 году, слово «водка» опять-таки употребляется как нормативное, основное слово, но понимается лишь как подслащенная, сладкая водка либо как ароматизированная (указаны — мятная, тминная, ирная, зорная и т. д.), причем соответствующие рецепты приготовления не во всех случаях предусматривают разведение винного спирта водой, то есть под водками фактически фигурируют в данном справочнике и водки, и тинктуры. Это, конечно, можно отнести за счет некомпетентности авторов (домохозяйки и купца), но поскольку мы имеем дело с самым распространенным и признанным авторитетным хозяйственным справочником середины XIX века, то можно считать, что к середине XIX века термин «водка» стал употребляться шире, вошел в язык, перестал отталкивать, шокировать образованных людей своей жаргонностью, но одновременно с этим его четкое терминологическое значение смазалось, и то, что было связано с этим понятием в XVIII веке, постепенно утратилось, по крайней мере частично.

Во всяком случае, и Плюшар, и Авдеевы косвенно подтверждают, что понимание того, что водка по своей сути обязательно должна включать воду, что спиртной напиток без хотя бы трети воды не водка, было полностью утрачено. Так, к водкам в «Экономическом лексиконе» отнесены и ерофеичи, для которых характерно как раз полнейшее отсутствие воды.

Таким образом, в первой половине XIX века произошло лишь распространение самого слова «водка», в том смысле, что оно лишилось своей жаргонности, но понятие водки не только не пришло в соответствие со своим истинным значением, но и исказилось по сравнению с XVIII веком. Оно не было перенесено на собственно водку, то есть на хлебный спирт, разведенный водой.

Следует отметить, что на протяжении всего XIX века продолжает существовать выражение «двоенная водка», появившееся впервые в 30-х годах XVIII века. Оно употребляется в правильном значении. По-видимому, вследствие того, что двоенные, то есть крепкие, спирты всегда приходилось разводить водой, словосочетание «двоенная водка» оказалось чрезвычайно прочным, то есть слову «двоенный» всегда стало сопутствовать слово «водка», хотя фактически смысл этого словосочетания к 60-м годам XIX века также утратился, ибо в ряде случаев в литературе встречаются факты, что под термином «двоенная водка» понимается просто передвоенный спирт, не разведенный водой. Таким образом, начало второй половины XIX века характеризуется внедрением в язык слова «водка» с одновременной утратой определенности и правильности его значения.

Это привело к тому, что к 70-м годам XIX века начинается медленное вытеснение словом «водка» в бытовом языке прежнего понятия «вина» как хлебного вина. Но этому процессу препятствуют в то же время два фактора: во-первых, официальный, казенный язык, согласно которому во всех питейных и торговых заведениях России существует лишь продукт (товар), именуемый вином. Во-вторых, играет огромную роль консервирующее воздействие общественного сознания, привычка считать слово «водка» в приложении к хлебному вину лишь метонимией, свойственной «подлому люду», и отсюда возникновение у растущего после 1861 года мещанства избегать по возможности употребления слова «водка» в, так сказать, своем парадно-бытовом языке[1]. Об этом, в частности, говорит и тот

---

[1] Весьма характерна для этого времени, например, сцена из комедии А.Н. Островского «Свои люди — сочтемся» (1850 г.), где жеманная, неискренняя сваха просит хозяйку угостить ее «бальсанцем с селедочкой» (т.е. бальзамом), называя так водку (согласно ремарке автора), в то время как другой персонаж — стряпчий Рисположенский, хронический пьяница, по поводу того же «бальсанца» говорит: «Что это, водочка у вас? Я рюмочку выпью». И на предложение попробовать виноградного вина отвечает, что оно ему «претит» и что он пьет только чистую водку. Интересно, что спустя примерно полтора десятилетия после этого эпизода другой русский классик — М.Е. Салтыков-Щедрин, употреблявший в своих произведениях только термин «водка», отмечал: «Знайте, что пьет человек водку — значит, не ревизор, а хороший человек», подчеркивая этим косвенно, что признание за водкой термина «водка» требует известной доли мужества и искренности и, главное, презрения к казенщине и казенной терминологии.

факт, что из 400 пословиц, посвященных водке, лишь три называют ее водкой, в то время как все остальные именуют ее либо вином, либо используют различные эвфемизмы, причем все три пословицы со словом «водка» являются новыми, относящимися к дореформенному периоду[1]. В них важно то, что они четко соотносят название «водка» с тем, что принято было до тех пор именовать хлебным вином, и, следовательно, употребляют термин точно по назначению. Важно и то, что, поскольку эти пословицы достаточно четко датируются концом 60-х — началом 70-х годов, они дают нам дополнительное основание датировать этим временем распространение на хлебное вино названия «водка» как термина русского языка.

Таким образом, можно считать, что собственно водку начинают именовать водкой всего примерно 150 лет тому назад. Но и в это время термин «водка» становится далеко еще не повсеместным. Термин этот прочно укореняется лишь в Москве и Подмосковье, отчасти в Петербурге, но в ряде историко-географических районов он почти не встречается вплоть до конца XIX века. Так, к востоку от Москвы, во Владимирской, Нижегородской, отчасти в Ярославской, Костромской и Ивановской областях внедрению слова «водка» в значении алкогольного напитка препятствует областная, местная привычка использовать это слово в смысле «вода» («Сходи за водкой-то на ручей!»); в Русском Поморье, в Архангельской, Вологодской областях и на севере Карелии, а также отчасти в Новгородской и даже Тверской областях слово «водка» даже во второй половине XIX века продолжает использоваться в его древнем новгородском значении — хлопоты, бесполезное хождение как производное от глагола «водить». В результате фактически вплоть до 90-х годов XIX века, а точнее, до полного введения монополии, то есть до 1902 года, продолжают сосуществовать два названия водки — вино и водка, а также появляются новые эвфемизмы — «беленькое», «белое» (подразумевается все же «вино»), «монополька», «поповка» (подразумевается «водка»), причем в официальном языке вплоть до 1906 года доминирует термин «вино».

---

[1] Эти три пословицы следующие: «Водка — вину тетка», «Нынче и пьяница на водку не просит, а все на чай», «Как хочешь зови, только водкой пои» (последняя пословица — вариант более ранней: «Как хочешь обзывай, лишь вина наливай»).

В то же время в 70—90-х годах XIX века, особенно в годы, непосредственно предшествующие введению государственной монополии на водку (1894—1902 гг.), возникают попытки создать и ввести в употребление вообще новые, искусственные, исторически не обусловленные наименования водки с ложной целью «облагородить» тем самым этот продукт. Таковы «народное вино», «столовое вино» и совершенно путаное «винная водка». Все они не прививаются, оказываются инородными и для русского языка, и для выражения понятия «водка».

Д.И. Менделеев, принявший деятельное участие в создании современной научной технологии производства водки, решительно отвергал все эти искусственные наименования и настаивал на введении единого официального названия — «водка» как наиболее полно отражающее характер напитка и одновременно являющееся наиболее национальным русским названием.

Если в 80—90-х годах XIX века водками принято было называть спиртные напитки, содержание алкоголя в которых колебалось от 40 до 65°, а жидкости, которые содержали от 80 до 96° алкоголя, назывались только спиртами, то с 1902 года было установлено правило, что подлинной водкой, то есть московской водкой, может называться водка с идеальным соотношением алкоголя и воды в своем составе, то есть водка, содержащая ровно 40° алкоголя[1].

До введения водочной монополии в 1894—1902 годах водку обычно составляли (после середины 60-х годов XIX в.) очень просто — путем смеси 50% алкоголя с 50% воды. Эта смесь заменяла прежнее соотношение 1:2. Такая смесь давала 41—42° спирта в напитке или по весу столько же процентов алкоголя в водке. Следовательно, чтобы получить точно сорокаградусную водку, необходимо было точно взвешивать спирт, а не соединять объемы.

Процент спирта в воде определяется тем, что спирт имеет свойство при соединении с водой производить сжатие (контракцию) всей смеси. Это значит, что если мы возьмем литр чистой воды и смешаем его с литром 96—98° спирта, то получится не два литра жидкости, а гораздо меньше, причем это уменьшение объема будет тем сильнее, чем крепче

---

[1] Спиртные напитки крепостью от 65 до 70°, сделанные с сахаро-растительными добавками, стали именоваться бальзамами, русскими ликерами, запеканками, а от 70 до 75° — ерофеичами. Таким образом, вся спиртовая шкала была занята.

спирт. Что же касается уменьшения веса смеси, то оно будет выражено еще резче, чем уменьшение объема[1].

Эти явления подметил Д.И. Менделеев и обратил внимание на их связь с появлением разного качества у различных водно-спиртовых смесей. Оказалось, что физические, биохимические и физиологические качества этих смесей также весьма различны, что побудило Д.И. Менделеева искать идеальное соотношение объема и веса частей спирта и воды в водке. В то время как прежде смешивали различные объемы воды и спирта, Д.И. Менделеев провел смешение различных проб веса воды и спирта, что гораздо труднее и что дало более точные результаты. Оказалось, что идеальным содержанием спирта в водке должно быть признано 40°, которые не получались никогда точно при смешении воды и спирта объемами, а могут получиться только при смешении точных весовых соотношений алкоголя и воды. Если учесть, что вес литра воды при 15° равен ровно 1000 г, вес литра 100° спирта — 795 г, то ясно, что требуется очень точный расчет веса воды и спирта, чтобы получить идеальную водочную смесь. Так, литр водки в 40° должен весить ровно 953 г. При весе 951 г крепость в водно-спиртовой смеси будет уже 41°, а при весе 954 г — 39°. В обоих этих случаях резко ухудшается физиологическое воздействие подобной смеси на организм, и, строго говоря, обе они не могут при этом именоваться московской водкой.

В результате проведенных исследований Д.И. Менделеева с конца XIX века русской (а точнее — московской)

---

[1] Водно-спиртовые растворы или смеси (в производстве их называют «сортировками») представляют собой с физико-химической точки зрения так называемые смешанные ассоциаты. Строение этих растворов до настоящего времени все еще не может считаться достаточно изученным. К сожалению, после Д.И. Менделеева крупные ученые изучением водки пренебрегали, а другие были не способны разгадать все сложности водно-спиртовых смесей. Между тем сложность строения водно-спиртовых растворов подтверждается также их термодинамическими свойствами (появление экстремумов на кривых парциальных объемов) и возникновением парциальных энтальпий и энтропий спирта в зависимости от его концентрации: так, когда на 1 молекулу спирта приходится 3 молекулы воды, возникает наибольшая вязкость, максимум адиабатической сжимаемости. (Это соотношение как раз и имел пенник XVIII века.) Вот почему применение к водке (сортировкам) упрощенных статистических моделей оказалось невозможным, и ученые и техники до сих пор при описании их свойств не могут пользоваться математическими характеристиками, а применяют лишь качественные.

водкой стал считаться лишь такой продукт, который представлял собой зерновой (хлебный) спирт, перетроенный и разведенный затем по весу водой точно до 40°. Этот менделеевский состав водки и был запатентован в 1894 году правительством России как русская национальная водка — «Московская особая» (первоначально называлась «Московская особенная»).

В то же время во всех западноевропейских странах, где спирт, полученный из разнообразного сырья (свеклы, картофеля, фруктов, риса, ячменя, пшеницы, пальмового сока, сахарного тростника и др.), либо дистиллировался примерно до 40°, либо спирт-ректификат разводился с водой 1:1 по объему, а не по весу, как в России, неизменно получались водки, содержащие либо 41,5, 42,8, 39,6, 38,7% спирта, то есть они либо превышали, либо не достигали «золотой середины» — 40°. Это сразу же дистанцировало русскую новую водку от всех остальных «водкоподобных» алкогольных напитков или псевдоводок в других странах, поскольку они стали принципиально физико-технически (а не только качественно) резко отличаться от русской «монопольки».

Насколько значительной оказалась эта дистанция и сколь важное значение приобрело открытие идеального соотношения воды и спирта в водке, видно из исследования голландского ученого Ханса Гроувена, сделавшего в 1898 году анализ водок разных стран на содержание в них абсолютного алкоголя по весу.

Французский коньяк	— 61,4—61,7
Русская (московская) водка	— 54,2
Ямайский ром	— 43,7
Шотландское виски	— 42,8
Ирландское виски	— 42,3
Английское виски	— 41,9
Английский джин	— 40,3
Немецкий шнапс	— 37,9

Эта таблица наглядно показывает, что русская водка не только стоит на втором месте (после коньяка), но и оставляет далеко позади себя все другие крепкие напитки по качеству спиртового содержания. Здесь не рассматриваются другие важные показатели качества водки — ее чистота, высокая степень очищенности от примесей (сивушных масел, эфиров), что также связано с идеальным соотношением воды и спирта и с другими особенностями, присущими исключительно технологии производства русской водки.

Глава 3

ИСТОРИЧЕСКИ СЛОЖИВШИЕСЯ ТЕХНИЧЕСКИЕ ОСОБЕННОСТИ РУССКОГО ПРОИЗВОДСТВА ВОДКИ, В СОВОКУПНОСТИ ОТЛИЧАЮЩИЕ ВОДКУ КАК ОРИГИНАЛЬНЫЙ АЛКОГОЛЬНЫЙ НАПИТОК ОТ ДРУГИХ КРЕПКИХ АЛКОГОЛЬНЫХ НАПИТКОВ

Один из видных итальянских современных энологов д-р Оберто Спинола в своих работах по истории энологии совершенно справедливо употребляет, в отличие от других своих коллег, вместо известного термина «аквавита» («о-дé-ви») более длинный и несколько странный термин «l'eau-de-via de vin» («о-де-ви-де-вин»[1]), то есть «винная аквавита», или «аквавита вина», подчеркивая тем самым, что спирт, созданный или открытый впервые в начале XIV века Арнольдом де Вилльневом, был специфическим спиртом — дистиллированным из натурального виноградном вина, чрезвычайно чистым и тонким, необычайно легким и фактически не этиловым спиртом в современном понимании, а готовым продуктом — коньяком.

Вполне понятно, что сама сырьевая основа такого спирта обусловливала не только устройство аппаратуры дистилляции, но и оказывала существенное влияние на последующую обработку полученного фабриката, который в силу своих высоких пищевых качеств, чистоты, приятного вкуса и аромата практически не нуждался ни в каком особом дополнительном облагораживании и улучшении, за исключением выдержки в дубовых бочках для смягчения (частичной утраты) спиртовой концентрации и приобретения красивого золотистого цвета.

Приготавливаемая на Древнем Востоке, главным образом в Палестине и в Малой Азии, известная евреям, византийцам и арабам уже в раннем Средневековье изюмная (финиковая, инжирная) водка — сикера — хотя и была зна-

---

[1] Spinola Oberto. Le musee Martini. Histoire de l'oenologie. — Turin, 1959. — P. 35.

чительно грубее аквавиты де вин (коньяка), так как выгонялась непосредственно из твердых (сухих, сырых, вяленых) фруктов (плодов), а не из их сока, — все же обладала вкусом и ароматом натуральных фруктов и также почти не нуждалась в какой-либо сложной очистке и дополнительной обработке, а при повторной перегонке давала исключительно чистый ароматный продукт. Состав фруктов, лишенных крахмала, а тем более состав виноградного вина, содержащего фруктозу, а не сахарозу, где побочные продукты были целиком выведены из раствора в результате естественного брожения и воздействия грибковых микроорганизмов, обусловливали высокую степень очистки этих первых водок человечества, так что при их производстве не возникал и не ставился даже вопрос о каких-либо специальных методах очистки. Фруктовые и винные аквавиты потому и получили свое название «воды жизни», что при их незначительном, сдержанном употреблении отмечалось лишь тонизирующее, возбуждающее, активизирующее действие и не было замечено никаких угнетающих, а тем более болезненных и дурманящих сознание явлений.

Хлебное вино, сырьем для производства которого был совершенно иной материал — забродившее зерно (сусло) или жидкое тесто, требовало и иной аппаратуры, и искусственного осахаривания крахмала, а потому неизбежно давало и иной продукт — лишь полуфабрикат, весьма далекий от хорошего вкуса и аромата, требовавший дальнейшего усовершенствования. Это обстоятельство ставило важный вопрос о путях, ведущих к облагораживанию полуфабриката для превращения его в конечный продукт.

Таким образом, эти сырьевые различия, эти расхождения исходного характера между западноевропейскими и русскими условиями проводили с самого начала четкую грань между виноградным и фруктовыми, ягодными, так называемыми винными спиртами, с одной стороны, и спиртом хлебным, получаемым из крахмалистых, преимущественно хлебных, зерновых материалов, то есть водкой, — с другой.

Тем самым изобретение хлебной водки (как затем и молочной водки — арьки) не могло родиться путем прямого заимствования западноевропейского метода дистилляции, а неизбежно должно было возникнуть на национальной почве тех народов, которые знали и пользовались только одним своим видом сырья — хлебными злаками (зерном) или молоком.

Вот почему должно быть совершенно ясно, что если в Южной Европе, Малой Азии, Средиземноморье, Закавказье производство коньяка и местных фруктовых водок возникло и могло возникнуть только из виноделия, виноградарства и садоводства, на базе их отраслей хозяйства, то в России, Восточной и Северной Европе возникновение водки было следствием развития зернового хозяйства, и само водочное производство естественно выросло из пивоварения, которое с незапамятных времен использовало зерно и муку как сырье и знало о возможности получения спиртосодержащей жидкости из зерна.

Точно так же арьки (молочные водки) возникли у скотоводческих народов Азии и Восточной Европы, обладавших избытком молока и занимавшихся его разнообразной переработкой в молочные продукты. Именно при попытках получить новый вид творога, сыра и в связи с этим изменить технологию возникла как побочный продукт арька, кумышка, молочная водка.

Таким образом, изобретение коньяка, водки, арьки — каждое по себе неизбежно было автономным, и его техническая и технологическая стороны были тесно связаны с национальными особенностями сырья и опытом его переработки на предшествующих исторических стадиях.

Следует сразу же. оговориться, что в настоящей главе в силу целого ряда причин и прежде всего исходя из соображений производственной, фирменной тайны автор не может касаться подробностей технологического производства водки, а тем более сообщать современную технологическую схему и иные детали, связанные с производством водки как в конце XIX века, так и в наше время. Вместе с тем дать достаточно ясное представление о тех оригинальных приемах, которые применялись в производстве водки и которые сложились исторически в разные периоды и фактически принимали участие в создании водки, необходимо, поскольку это ведет к информированности потребителя о водке, к знакомству с этим продуктом в чисто научном, познавательном плане, а также помогает понять, что речь идет о достаточно сложном историческом и культурно-технологическом национальном явлении.

Решающими для создания оригинального продукта являются на протяжении длительного исторического развития водки следующие слагаемые:

I. Сырье.

II. Рецептура. Композиция.

III. Особые методы очистки спирта и водно-спиртовой смеси от вредных примесей, в первую очередь от сивушных масел, эфиров, альдегидов.

IV. Технологическая схема, технологический порядок.

V. Оборудование.

На каждом историческом этапе эти основные слагаемые в производстве водки играли далеко не одинаковую роль.

На первоначальном этапе — в XV—XVII веках — самым слабым звеном было оборудование. И этот факт оказывал сильнейшее влияние на выбор технологической схемы. Если на Западе главным козырем в прогрессе винокурения было совершенствование оборудования и главного технологического приема — дистилляции, то в России ставку всегда делали на оригинальность сырья и рецептуры. Более того, несовершенство аппаратуры, оборудования заставляло применять изощренные методы очистки конечного продукта, развивать фантазию именно в этом направлении.

Особенно большое значение придавалось приемам очистки в XVIII веке, в период бурного развития домашнего помещичьего винокурения, когда не останавливались ни перед какими затратами на ведение очистных процессов. К этому времени относится и самый плодотворный период поисков и фантазии в области композиции и рецептуры водок, в области введения в заторы и в промежуточные водно-спиртовые купажи разнообразных компонентов-ароматизаторов.

Наоборот, лишь во второй половине XIX века и особенно в XX веке главное внимание было сосредоточено на обновлении оборудования, на введении технологических новинок в схему его действия, на придании значения таким чисто техническим вопросам, как время, температура и скорость прохождения различных производственных циклов, на введении таких приемов обогащения качества сырья, о которых в прежние эпохи даже и не задумывались (например, аэрация).

Все это в целом и создало современную водку, то есть не просто «средство опьянения», а сложный национальный продукт, сконцентрировавший в себе историческую, пищевую и технологическую фантазию русского народа.

Именно по этой причине и далеко не в последнюю очередь народному сознанию, а не только «народному желудку» было довольно трудно отказаться от водки, когда в

1985 году последовало волюнтаристское решение о резком сокращении ее производства и чуть ли не об ее отмене. Водка возникла в силу определенных исторических причин, она может перестать играть свою нынешнюю роль в жизни человека и общества лишь согласно логике определенного исторического развития. Вот почему по меньшей мере глупо и самонадеянно полагать, что эту проблему можно решать путем декретов и законодательств.

Итак, каковы суммарно технологические особенности водки и ее производства по основным позициям?

I. Сырье

А. *Зерно.* На протяжении веков для русской водки основным сырьем служила рожь. Ржаное зерно — это самая характерная сырьевая особенность водки вплоть до 70-х годов XIX века. На протяжении последних 100 лет, особенно после 30-х годов XX века, гораздо большую роль в производстве массовых сортов водки стала играть пшеница, а в определенные периоды экономической разрухи и войны выпускалась и картофельная водка. Однако лучшие, высшие сорта водки продолжают и поныне основываться на традиционном ржаном сырье (зерно, отруби). В качестве добавок к обязательной для русской водки ржи используется и другое зерновое сырье — овес, пшеница, ячмень и гречиха, в разных, но всегда небольших пропорциях.

Зерновое сырье, а особенно ржаное зерно, обеспечивает русской водке огромные преимущества перед картофельной водкой, на что в свое время обращал внимание еще Ф. Энгельс. Русская ржаная водка не вызывает таких последствий, как тяжелое похмелье, не ведет к возникновению у потребителя агрессивного настроения, что обычно характерно для воздействия картофельной и особенно свекольной водки (вследствие чего чрезвычайно вреден самогон из «чистого» свекольного сахара).

Б. *Вода.* Вторым важнейшим сырьевым компонентом водки служит вода, точнее — мягкая вода русских рек. Для водки годится только вода, обладающая мягкостью не более 4 мг/экв. Такой водой до 20-х годов XX века была московская (2 мг/экв) и невская вода (4 мг/экв), то есть вода верховьев Москвы-реки, Клязьмы и Невы. Превосходной по качеству водой была и остается вода мытищинских ключей (родников), откуда уже в XVIII веке был проведен в Москву водопровод (более 20 км). В настоящее время вода для водки (московской) берется частично из мытищинских родников, а также из рек Рузы, притока Москвы-реки, и Вазузы, притока Волги в ее верховьях (к западу от Москвы, которые протекают в густолесистом районе и обладают мягкой (2—3 мг/экв), чистой, вкусной водой.

Перед созданием купажа с хлебным спиртом вода проходит разнообразную дополнительную очистку: отстой, фильтрацию через речной и кварцевый песок, специальную дополнительную аэрацию (т.е. насыщается чистым жидким кислородом), но ни в коем случае не подвергается кипячению и дистилляции, как это обычно делают производители псевдоводок в других странах (США, Финляндии, Италии, Германии и др.). В этом важное традиционное отличие и преимущество русской водки, сохранившееся поныне. Она обладает особой мягкостью, питкостью, ибо вода в ней не бездушная, а живая и, несмотря на отсутствие какого-либо запаха или привкуса, в то же время не безвкусная, как дистиллированная вода. При этом степень очистки русской сырой воды такова, что она сохраняет хрустальную прозрачность, превышающую по показателю освещенности любую дистиллированную воду, лишенную естественного блеска и хрустальной «игры переливов», утраченных или поблекших после процесса дистилляции.

В. *Солод.* Важным сырьевым компонентом при приготовлении затора (сусла) в русском винокурении служил солод. Русский солод всегда был и остался исключительно ржаным. Даже в начале XX века, когда в качестве основного зернового сырья стала применяться пшеница, и даже в 30—50-е годы XX века, когда по ряду экономических причин увеличился процент изготовляемой простой, дешевой картофельной водки, все равно в качестве солодового компонента русской водки оставался исключительно ржаной солод. Не только его применение, но и его получение, его особые условия проращивания имеют существенное и даже решающее значение для качества традиционной русской водки. Поэтому еще в XVIII веке на правила получения ржаного солода для винокурения обратили внимание академик Тобиас Ловиц и помещик-практик В. Прокопович, давшие на этот счет строгие рекомендации[1].

---

[1] См. *Прокопович В.* О ращении солода //ТИВЭО. — Ч. IV. — СПб., 1785. — С. 133.

Г. *Дрожжи.* Первоначально в русском винокурении применялась ржаная закваска, такая же, как и для выпечки черного ржаного хлеба. В XVIII веке повсеместно совершается переход на пивные дрожжи, обладавшие большей активностью и ускорявшие общий процесс закваски всего затора. С конца XIX — начала XX века на спиртоводочных заводах выращиваются специальные естественночистые культуры дрожжей, предназначенные исключительно для винокуренного производства. Ими заливается сусло в бродильных чанах. От их качества также сильно зависит правильное созревание затора и отсюда общее качество получаемых конечных продуктов — ординарного хлебного спирта и водки.

II. Рецептура. Композиция

Рецептура состава затора, соотношение зерна, воды, солода, дрожжей и других добавочных ароматических компонентов, начиная от разных лесных трав (зверобоя, полыни, аниса, тмина), молодых почек различных русских деревьев (березы, ивы, ветлы, вербы), листьев ягодных растений (вишни и черной смородины) и кончая заморскими пряностями (бадьяном, имбирем, калганом, гвоздикой, мускатным цветом и пр.), всегда была предметом поисков и непрерывного совершенствования со стороны русских винокуров и получила особенное расширение ассортимента в XVII — первой половине XIX века.

Однако самым характерным русским рецептурным приемом при составе затора следует считать добавки к основному ржаному зерну небольших, но акцентирующих количеств других зерновых компонентов: ячменной, гречневой муки, гречишного продела, овсяных хлопьев, пшеничных отрубей, дробленого пшена, то есть тех или иных остатков зернового хозяйства, которые обычно скапливались на мельницах и крупорушках, в крупных помещичьих разноотраслевых хозяйствах как остатки от обработки разного зерна на муку и крупу. Такие добавки делались не специально и не систематически, но было все же подмечено, что они, составляя не более 2—3% от общего веса зерновой части затора, способны придавать водке какой-то неуловимый, но органолептически весьма ощутимый вкус, придавать каждому выпуску водки свое индивидуальное лицо, нисколько не меняя в то же время ее общего традиционного облика. В конце XVIII века русские академики, работавшие в области химии и ботаники, заинтересовались этим опытом и эмпирическими наблюдениями доморощенных винокуров и провели собственные лабораторные эксперименты, результаты которых опубликовали в ряде работ, дававших рекомендации по использованию в винокурении различных мини-добавок к основному ржаному зерновому сырью[1].

Что же касается композиции соотношения воды и спирта (ординарного, двоенного или троенного), то о всех многочисленных вариантах этих водно-спиртовых смесей мы уже упоминали в разделе о производственной водочной терминологии, и она дает ясное представление о том, что путь к современному, установленному Д.И. Менделеевым соотношению весовых частей воды и спирта в водке был исторически длительным, прошел ряд этапов, на которых были осуществлены различные пробы, в том числе и ошибочные («вино с махом»), но который начался с традиционного «античного», греческого (византийского) разбавления вина водой на две трети и пришел практически в конце концов к близкому древнему, но более точному математически результату, к идеальному содержанию чистого спирта в воде — в 40°, в то время как почти две трети (60%) продолжает составлять вода.

Вот почему качество воды для водки до сих пор исключительно существенно, и вода русских чистых (пока) небольших лесных рек, изобилующих родниками и имеющих чистое песчано-каменистое дно, и по своей мягкости и по своему вкусу пока уникальна и не может быть воспроизведена нигде в мире. Кстати, район Вазузы, Рузы и верховьев Москвы-реки начиная с 30-х годов всегда был закрытым, заповедным и оставался крайне слабо заселенным и строго контролируемым, хотя и был расположен вблизи Москвы.

---

[1] См. *Рычков П.* О спирте из вербовых цветов и из травы, называемой воробьиной. — Ч. XXIV. — 1773. — С. 178; его же. Опыты винного курения на домашний расход; его же. О травяных корешках и семенах, пригодных к винной сидке. — С. 75; *Модель И.Г.* Способ к винному курению на домашние расходы // ТИВЭО. — Ч. IX. — 1768. — С. 60.

III. Способы очистки

Среди технологических приемов изготовления водки с самого начала ее производства большое место в русском винокурении заняли способы очистки. Их разработка не имеет аналогии в винокуренном производстве Западной Европы. Дело в том, что привычка русского потребителя с глубокой древности к ароматным традиционным медовым и пивным русским алкогольным напиткам заставляла первых винокуров XV века, получавших в силу примитивности дистилляционных процессов и несовершенства тогдашнего винокуренного оборудования невкусный, с отталкивающим запахом спирт, всемерно разрабатывать приемы избавления от этого запаха, а потому искать, в первую очередь, эффективные способы очистки хлебного спирта от примесей — сивушных масел, эфиров, альдегидов. Поскольку совершенствовать дистилляционный процесс было невозможно, не имея закрытой медной стеклянной аппаратуры и не питая даже надежды на применение подобных «утонченных» материалов в спирто-водочном оборудовании, то вся надежда возлагалась на испытанные в медоварении и медоставлении методов улучшения качества, которые были применены и к водке. К таким методам очистки относились:

A. Механические способы

1. Отстой спирта-сырца (раки, простого хлебного вина) с его быстрым, сильным охлаждением. (Вынос раки на мороз сразу после перегонки.)

2. Переливы в другую емкость после отстоя и выморозки. (Эти две операции целиком были перенесены в винокурение из медоставления. Они обычно характерны для виноделия.)

3. Фильтрация спирта-сырца, водно-спиртовых смесей и водки.

Процессы фильтрации в русском винокурении разрабатывались длительное время и чрезвычайно тщательно, знания в этой области накапливались и как секрет передавались из одного поколения винокуров к другому. Путем длительных эмпирических наблюдений фильтрация к началу XIX века была чрезвычайно усовершенствована, но тем не менее продолжала совершенствоваться и на протяжении XIX и XX веков. Она велась через следующие материалы:

а) войлок, используемый для валенок;

б) сукно;

в) фетр (в XIX в.);

г) речной, морской и кварцевый песок;

д) дробленый камень;

е) керамическую крошку;

ж) хлопчатобумажную ткань;

з) полотно льняное;

и) вату;

к) промокательную бумагу разной толщины и плотности;

л) древесный уголь (в XVII—XIX вв. — обыкновенный, в XX в. — активированный).

Вопросы, связанные с фильтрацией через уголь, занимают особое место в истории русского винокурения. Русскими винокурами эмпирически было доказано одно из коренных правил, обеспечивающих особые качества русской водки, а именно: что нельзя непосредственно вести через уголь фильтрацию спирта-сырца или иного вида чистого спирта, что необходимо обязательно развести его водой по крайней мере до 45—50°, а еще лучше до 40°, ибо уголь не может отнять примеси сивушных масел у высокоградусного спирта. Кроме того, начиная с конца XVIII века обращалось особое внимание на повышение поглотительных способностей древесного угля путем предварительной подготовки дерева, предназначенного на уголь. С этой целью были разработаны такие способы повышения исходного качества древесного сырья, как:

а) обязательное освобождение от коры перед углежжением;

б) очистка чурок от сучков (их вырезали);

в) освобождение чурок от сердцевины, особенно если та по своему цвету отличалась (была более темной) от остального дерева, от его внешнего слоя;

г) из угледелания исключались вообще старые деревья, возрастом более 40—50 лет.

Наконец, эмпирически было выяснено, что уголь разных пород дерева обладает различными поглотительными способностями, и поэтому совершенно не одно и то же, какой уголь употреблять при фильтрации — высших сортов водки или низших. Если расположить все виды угля в порядке поглотительной способности от высшего к низшему, то этот список будет выглядеть следующим образом:

а) буковый;
б) липовый;
в) дубовый;
г) ольховый;
д) березовый;

е) сосновый;
ж) еловый;
з) осиновый;
и) тополиный.

Практически первые четыре вида дорогостоящие и применялись в основном в XVIII веке при домашнем дворянском винокурении и отчасти в XIX веке при выделке высших сортов водки. Кроме того, их применение ограничено определенными географическими регионами. Ольховый уголь применялся частным винокурением до 1861 года. Липовый использовался даже в советское время до 1940 года. Но практически основным видом угля в русском винокурении стал весьма рано, с XV века, березовый уголь, самый дешевый, широко распространенный, изготавливавшийся в массовых масштабах в царской России в течение всего XIX века как непременный компонент домашнего обихода (для самоваров) и обладающий относительно высокой поглотительной способностью. Насколько эффективны были простые березовые фильтры русского винокурения уже в XIX веке, до изобретения активного и активированного угля, показывает опыт, проведенный в 80-х годах XIX века. В хлебном спирте, в котором лабораторным химическим путем нельзя было обнаружить даже следов альдегида, после разбавления этого спирта водой до 45° и фильтрования через измельченный березовый уголь в четырех колонках было задержано до 0,011% альдегида, то есть практически спирт был очищен «начисто», полностью, так как после этого нельзя было обнаружить никаких признаков присутствия альдегида даже раствором розанилиновой кислоты, способной вызвать изменения цвета и даже оттенка цвета водной пробы, содержащей хотя бы тысячные доли процента альдегида[1].

Не случайно чудесные поглотительные способности древесного угля натолкнули одного из учеников Д.И. Менделеева — будущего академика Н.Д. Зелинского, принимавшего активное участие в создании фильтров для русской водки, на мысль использовать в 1915 году угольные фильтры в противогазах как идеальное средство борьбы с ядами. Противогазы Зелинского, усовершенствованные в 1939—1940 годах, признаны до сих пор лучшими в мире и, как известно, были даже на вооружении войск США в Ираке в войне 1991 года.

---

[1] *Кропоткин К.С.* Винокурение. — СПб., 1889. — С. 553—554.

Наряду с механическими способами очистки уже на довольно ранней стадии производства водки в XVII веке и, особенно, в XVIII веке начинают активно применяться биологические способы очистки и абсорбции, дававшие исключительно благоприятный эффект, особенно при освобождении водки от посторонних запахов.

Б. Биологические способы

1. Использование коагулянтов в процессе винокурения, то есть введение в спирт-сырец (раку) и другие погоны хлебного спирта таких естественных биологически активных коагулирующих материалов, которые взаимодействуют с примесями спиртов и отнимают эти примеси в процессе передвоения спирта. К ним относились молоко, яйца цельные и яичный белок.

2. Иногда в качестве коагулянта применялся свежеиспеченный черный хлеб, обычно как завершающая стадия очистки передвоенного хлебного спирта, после применения в качестве первоначального коагулянта молока.

Разумеется, эти естественные способы очистки водки чрезвычайно удорожали ее стоимость, тем более что при их применении возможно было гнать лишь 45% объема приготовленного затора, так что остальные 55%, включая коагулянты, просто шли в отбросы. Но в автаркичном помещичьем хозяйстве остатки барды (хотя и дорогостоящей, состоявшей из яиц, хлеба и молока) шли все же на корм скоту и были практически не безвозвратно потерянными. Зато биологическая очистка давала идеальный по чистоте и вкусу спиртовой продукт.

3. В качестве очистителя применялись также подмешиваемые в двоенный или троенный спирт зола, поташ (жженая зола полыни-чернобыльника), позднее — сода, в смеси с которыми осуществлялось наивысшее очищение — получение четверенного спирта-ректификата.

4. Однако поскольку дистилляция высокого класса не была доступна повсеместно и поскольку сам по себе процесс дистилляции продукта от побочных запахов и сивушных масел сложен, то применялись, часто не к полуфабрикату, а к уже готовому продукту, к водке (т.е. к хлебному спирту после его разбавления водой), такие чисто винодельческие способы очистки, как выморозка и оклеивание, представлявшие собой соединение механических и биологических средств очистки продукта.

А. Выморозка была чисто русским и весьма дешевым, хотя и крайне экстенсивным приемом. Но она давала прекрасный эффект. Благодаря русским сильным морозам, а также сохранению летом громадных ледников, практически державших лед вплоть до осени, замораживание больших партий водки не представлялось сложным. Водку вымораживали в специальных небольших бочонках, имевших выставляемое дно или специальную затычку, через которую и сливался не замерзший на морозе спирт. Вся же содержавшаяся в водке вода с примороженными к ней в виде тонкого слоя сивушными маслами превращалась в ледяной кусок, который легко выбрасывался.

Б. Другая операция — оклеивание, наоборот, была довольно дорогостоящей, но зато не требовала больших затрат времени и давала более тонкий биологический и органолептический эффект, позволяя совершенно идеально очищать хлебный спирт или уже новую водку от всевозможных примесей и запахов. Оклеивание состояло в добавлении в выдержанную на отстое водку рыбьего клея (карлука), который в результате диффузионного процесса как бы «прочесывал» всю водку от сивушных масел и других химических (неэтиловых) примесей, задерживавшихся затем вместе с карлуком при простой фильтрации через хлопчатобумажную ткань.

5. Наряду со способами очистки хлебного спирта и водки в русском винокурении применялись и способы улучшения органолептических свойств водочного напитка, также имевшие древнюю традицию еще в медоварении. Так, вначале для усиления крепости и аромата водки применялись хмель и другие лесные травы (так называемое зелье), затем в XVIII веке растительные добавки сока некоторых лесных ягод (рябины, малины, земляники), что в конце концов привело к развитию отдельной отрасли в спиртоводочной промышленности и к созданию так называемых русских ароматизированных водок, наливок и настоек.

IV. Технологическая схема

Технологическая схема русского винокурения, если учитывать все дополнительные процессы по очистке сырья, полуфабриката и готового продукта, разумеется, не была похожа на западноевропейский процесс винокурения, в то время как сам процесс дистилляции ничем в принципе не отличался от общепринятого. Единственная, но чрезвычайно примечательная особенность русского винокурения до эпохи империализма (т.е. до 70-х годов XIX в.) состояла в том, что главной рекомендацией винокурам являлось правило — гнать как можно тише, медленнее и не доводить гонку бражки более чем за половину ее объема, а то и вовсе гнать лишь 45% объема, причем это же правило распространялось не только на первый гон, когда получалась рака и простое вино, но и на последующие стадии винокурения — двоение и троение. Разумеется, такая практика вела к значительным потерям сырья и полуфабрикатов и была возможна только в условиях русского крепостного нетоварного, нерыночного хозяйства, когда не могло идти речи о рентабельности любого производства, а заботились лишь о качестве продукта или изделия, что и было решающим условием всей технологии, затрат и времени производства. Иными словами, дворянин — производитель водки не считался ни с какими затратами и потерями, лишь бы получить высококачественный продукт.

Чтобы проиллюстрировать этот исторический факт, приведем лишь один пример: из 1200 л затора, содержащего 340 л зерна и ржаного солода и 12 л пивных дрожжей, выходило всего 3,5 ведра простого, но «доброго» хлебного вина. То есть 42 л, которые с обязательной тогда к ним примеси около ведра молока и после передвоения могли дать всего 15 л хорошего, чистого хлебного спирта, из которого помещик-производитель мог получить при традиционном смешивании с тремя частями воды всего 20—25 л первосортной водки-пенника. Для хозяина, получившего зерно бесплатно от своих крестьян, имевшего даровые дрова из собственного леса и таких же почти даровых работников-винокуров, выход водки, составляющей едва ли две сотых от общей массы затора, то есть первичного сырья, был не страшен и не рассматривался как убыток или крайняя невыгода, поскольку весь процесс производства был направлен на удовлетворение прихоти хозяина и его потенциальных гостей, а не на получение прибыли, не на продажу водки и не на превращение ее в рыночный товар. Правительства Петра I, Елизаветы I и Екатерины II, давая и все время расширяя привилегии дворянства на домашнее винокурение, освобождая его от всякого контроля и налогообложения, в то же время последовательно подчеркивали, что вся готовая продукция водки должна непременно идти только на личные, домашние, семейные потребности дворянства и ни в коем случае не быть предметом торговли. И дворянство давало свое честное классовое обещание монархам сохранять водку как чисто сословную привилегию и не пытаться превратить ее в пошлый источник наживы. Именно в таких особых общественных условиях крепостнической России водка как продукт достигла наивысшего качества, приобрела чрезвычайно разнообразный ассортимент. (Имелось свыше сотни различных марок водки, каждая из которых обладала своим особым, часто едва уловимым, но тем не менее несомненным отличием.)

По своей чистоте водка, производимая в отдельных аристократических хозяйствах русских магнатов — князей Шереметевых, Куракиных, графов Румянцевых и Разумовских, имела такой высокий стандарт качества, что затмевала даже знаменитые французские коньяки. Вот почему Екатерина II не стеснялась преподносить такую водку в подарок не только коронованным особам, вроде Фридриха II Великого и Густава III Шведского, не говоря уже о мелких итальянских и германских государях, но и посылала ее как изысканный и экзотический напиток даже такому человеку, как Вольтер, хорошо знавшему толк во французских винах, нисколько не опасаясь стать жертвой его убийственного сарказма. Но не только Вольтер получил этот ценный подарок в тогдашнем ученом мире, но и такие корифеи всемирной науки и литературы, как швед Карл Линней, немец Иммануил Кант, швейцарец Иоганн Каспар Лафатер, великий поэт и государственный деятель Иоганн Вольфганг Гете и многие другие. Известно, что великий химик М.В. Ломоносов слишком сильно «почитал» водку, что не мешало ему, однако, оставаться великим ученым, ибо кто-кто, а уж он, как химик, знал все секреты ее очистки. Не случайно поэтому ботаник и химик Карл Линней, опробовав водку, был столь вдохновлен ею, что написал целый трактат: «Водка в руках философа, врача и простолюдина. Сочинение прелюбопытное и для всякого полезное», где дал широкую и объективную общественную, медицинскую, хозяйственную и нравственную оценку этого продукта.

Короче говоря, высокое качество производимой в дворянских хозяйствах русской домашней водки завоевало ей уже в XVIII веке высокий международный престиж, сделало ее напитком «сливок общества», продуктом с высочайшей репутацией пищевой чистоты и медицинской полезности.

Развитие капитализма в России в этом отношении было губительным для народа. Жажда наживы способствовала появлению на русском рынке дешевых сортов украинской картофельной и свекольной водки, ставшей «народной» и продававшейся только целыми ведрами на вынос. Это содействовало самому разнузданному пьянству. Производство хорошей, чистой, высококачественной водки стало невыгодным для капиталистов-частников, целиком ориентировавшихся на товарное производство водки. Более того, русская ржаная водка стала систематически экспортироваться в Германию во второй половине XIX века, в то время как на русском внутреннем рынке в качестве массового продукта стала доминировать картофельная дешевая водка из украинских губерний, в основном Полтавской и Киевской. Вот почему даже царское правительство, осознав, что рынок и рыночные отношения в России не способны регулировать качество товара, а лишь только могут решать вопрос о том или ином насыщении страны определенной массой товаров, пришло к выводу о необходимости введения в стране централизованного производства и торговли водкой с постоянным строгим правительственным контролем против всех возможных в этом деле злоупотребителей. Этим мотивом и объяснилось введение водочной монополии в 1894—1902 годах. То, что после Октябрьской революции 1917 года эта политика строгого государственного контроля была продолжена и велась последовательно вплоть до 1986 года, то есть на протяжении 70 лет, лишь спасало водку как изделие определенного высокого стандарта от деградации, а население от спаивания низкосортным алкоголем.

Все эти 70 лет советские государственные спиртоводочные заводы, советская спиртоводочная и ликероводочная промышленность пользовались технологическими разработками таких членов Комиссии по введению водочной монополии в 1894—1902 годах, как Д.И. Менделеев, Н. Тавилдаров, Н.Д. Зелинский и др.

Монопольная государственная водка была в Советской России продуктом такого же высокого качества, как и лучшие образцы водки на казенных предприятиях дореволюционной России. В то же время те водочные фирмы, которые были основаны в Европе и в США бежавшими из России в 1917 году белыми генералами, банкирами и промышленниками, не обладали ни технологическими разработками Менделеева, ни оригинальным русским и советским оборудованием, рассчитанным специально на выработку водки. Они основывали свою деятельность на типичной западноевропейской и американской дистилляционной аппаратуре и, следовательно, выпускали хорошо дистиллированный, удобно и красиво расфасованный и гарантированно нефальсифицированный продукт, но лишенный типичных примет, качеств и свойств русской водки. Иными словами, это были не водки, а псевдоводки, ибо они и по своему сырью, и по технологии, и даже по такому дешевому компоненту, как вода, резко отличались от русской водки. Как известно, даже прекрасная по качеству финская водка «Финляндия», целиком использующая ржаное зерно и ржаной солод, тем не менее по вкусу резко разнится от русской московской водки. Казалось бы, «Финляндия» не в пример другим заграничным водкам — самая натуральная, и в использовании в ней чистосортной ржи также нет никаких сомнений, ибо финские предприниматели скрупулезно честны, однако сравнения с московской водкой «Финляндия» все же не выдерживает. И это объясняется тем, что в финской водке используется так называемая вазаская рожь, зерно которой полновеснее, красивее, чище, чем зерно русской ржи, но не обладает совершенно характерным «ржаным» вкусом русского жита.

Показательно, что вазаская рожь, посеянная в средней полосе России, в нашем так называемом Нечерноземье, за три-четыре поколения совершенно вырождается и мельчает, в то время как наша обычная русская рожь вопреки всяким погодным колебаниям и другим невзгодам держит свой неизменный стандарт не только десятилетиями, но и столетиями. Добавьте к вазаской ржи процесс дистилляции и отсутствие русской речной воды, и вы поймете, почему финская водка при всех ее высоких данных все же отличается от русской московской. Таким образом, чисто биологические и чисто географические причины не дают возможности воспроизвести русскую водку где-то за пределами России, ибо воспроизвести можно и оборудование, и технологическую схему, но невозможно искусственно создать где-то в Иллинойсе или в Честершире мягкую воду русской лесной речки Вазузы или непредсказуемый климат и скудную почву Нижегородской области, на полях которой все еще колосится и поныне настоящее русское жито. Вот почему «только водка из России есть настоящая русская водка».

Глава 4
ОТНОШЕНИЕ ГОСУДАРСТВА К ВОДКЕ В РОССИИ И МЕРЫ ГОСУДАРСТВЕННОГО РЕГУЛИРОВАНИЯ ВИНОКУРЕННОГО ПРОИЗВОДСТВА И ТОРГОВЛИ ВОДКОЙ
(хронологический обзор)

1386—1398 годы. Генуэзские купцы впервые привозят виноградный спирт (аквавиту) в Россию. Он становится известным при великокняжеском дворе, но не производит впечатления. Отношение к нему нейтральное, как к чему-то мелкому, частному, экзотическому, России и ее народа совсем не касающемуся.

1429 год. В Россию вновь и в большом количестве поступают образцы аквавиты как из Флоренции (Италия), завезенные русскими и греческими монахами и церковными иерархами, так и генуэзские, из Кафы, транзитом провозимые через Московское государство в Литву. На сей раз это «зелье» признано вредным; следует запрет на его ввоз в Московское государство.

1448—1474 годы. В этот период происходит создание русского винокурения, изобретение гонки хлебного спирта из отечественного (ржаного) сырья. И в этот же период вводится монополия не только на производство и продажу хлебного вина, но и на все прочие спиртные напитки — мед и пиво, ранее никогда не подвергавшиеся налогообложению. Производство алкогольных продуктов с 1474 года становится прочной (фиксируемой документально) государственной, царской регалией.

1480—1490 годы. Великий князь ведет спор с церковью с целью запретить ей производство алкогольных продуктов и тем самым ликвидировать брешь в государственной винной монополии, которую церковь подрывала уже самим фактом сохранения своих привилегий.

1505 год. Впервые отмечены факты экспорта русской водки в соседние страны (Швецию, Чудскую землю Эстонию, в земли Ливонского ордена).

1533 год. Основание в Москве первого «царева кабака» и сосредоточение торговли водкой в руках исключительно царской администрации, по крайней мере, в Московском княжестве.

1590-е годы. Строгое предписание наместникам всех отдаленных от Москвы областей прекращать всякую частную торговлю водкой в корчмах и шинках, сосредоточивая ее исключительно в царских кружечных дворах и кабаках. Производство и продажа водки сосредоточиваются в руках кабацких голов, и водка производится в самих царевых кабаках. Кабацкие головы, их помощники и целовальники (ларешные и рядовые) избираются общиной и отчитываются в своей деятельности перед наместником области (края, наместничества) и Приказами — Московским, Новая четверть и Приказом Большого Дворца, то есть перед сырьевым (зерновым), финансовым и дворцовым ведомствами. Они сдают годовые доходы, «с прибылью против прежних лет», в остальном же полностью свободны от контроля. Эта система получает наименование «продажи питей на вере», а сами кабацкие головы выступают как подрядчики государства и одновременно его доверенные администраторы по фактическому осуществлению государственной винной монополии. Эта система продержалась до середины XVII века. В условиях России производство водки и торговля ею «на вере» привели к гигантской коррупции, взяточничеству, злоупотреблениям в области администрации и финансов, распространению воровства, преступности, пьянства — словом, именно к тем отрицательным явлениям, которые до сих пор считаются «специфически русскими», но которых не было в России до появления винокуренного производства и водки. Исторический опыт показал, что центральная власть, не обладающая жесткими средствами контроля, не может фактически доверять своей же, «избранной народом», администрации, как только в руках этой администрации оказываются реальные материальные средства.

1648 год. Финансовые злоупотребления кабацких голов, резкое снижение качества хлебного вина (водки) из-за хищений сырья и фальсификации, рост взяточничества и разорительные последствия пьянства для народа, в том числе срыв посевных за несколько лет (в период пасхального пьянства), вызывают в 1648 году «кабацкие бунты» в Москве и других городах России, начинающиеся в связи с невозможностью уплатить «кабацкие долги» городской (посадской) ремесленной голытьбой и перерастающие в крестьянские волнения подгородного населения.

1649—1650 годы. Царь Алексей Михайлович созывает после подавления бунтов Земский собор, получивший наименование «Собор о кабаках», ибо главным вопросом, рассматриваемым на нем, было реформирование питейного дела в России.

1651—1652 годы. Отменяется система откупов, вводимая в периоды крайней нужды правительства в деньгах и отдававшая целые области во власть алчных беспощадных откупщиков. Запрещается продажа водки в кредит, которая способствовала созданию «кабацких долгов» и закабалению людей. Уничтожаются частные и тайные кабаки, усиливается проповедь церкви против пьянства, пересматривается и сменяется штат целовальников за счет изгнания явно коррумпированных элементов, восстанавливаются «демократические» выборы голов из людей «честных», укрепляется продажа «на вере», а не на фактической передаче ее в откуп. Но все это оказывается паллиативом. К 1659 году все возвращается к тому же положению, как и было в 1648-м. Потребности государства в деньгах приводят к тому, что уже в 1663 году следует частичное введение откупов в ряде районов, где продажа водки «на вере» не приносит возрастающей прибыли. Финансовые соображения «рентабельности», «выгоды», «свободной конкуренции» ведут вновь к ужасному разгулу пьянства в России и широкому возникновению самогоноварения. Ибо две системы — казенная и откупная, сосуществуя и «соревнуясь», открыто обнаруживают весь цинизм голой наживы и полного пренебрежения к глубоким, коренным не только народным, но и государственным интересам, ибо разорению подвергается трудовой люд, его энергия, являющаяся первейшим капиталом государства.

1681 год. Все это заставляет правительство вернуться к восстановлению строгого, чисто казенного, государственного винокурения и к продаже питей (хотя и не столь прибыльной, как смешанная частно-государственная), введя при этом новый порядок заготовки водки: подрядную поставку водки казне по строго фиксированным ценам или в качестве товарного эквивалента налога, причем подрядчиками должны были выступать дворяне: помещики, крупные вотчинники, дававшие к тому же письменное обязательство («порученные записи»), что они в такой-то срок и в таком-то количестве поставят водку казне и тем самым не подведут государство. Такая система должна была неизбежно множиться, потому что правительство не обладало своими винокурнями и весь сданный ему в государстве спирт (водку) могло лишь хранить на государственных складах, так называемых «отдаточных дворах», где оно могло держать подчиненную непосредственно царю вооруженную военную охрану. Сборщиками и распорядителями этих товарных водочных подрядных поставок были назначены специальные чиновники — бурмистры, число которых было сравнительно ограниченно и которых, следовательно, было легче контролировать. Но и бурмистры не оказались способными противостоять искушениям, связанным с их должностью: они либо прощали за взятки недопоставки водки помещикам и тем самым нарушали интересы государства, либо обсчитывали и обманывали водкосдатчиков, нарушая интересы производителя и торгуя водкой «от себя» или разбазаривая складские запасы водки.

В 1705 году Петр I, решительно склоняясь к тому, что главное в период Северной войны — это получить наивысшую прибыль для государства от продажи водки, причем прибыль деньгами, выплаченными заранее, а не собранными постепенно в результате розничной торговли водкой, переходит к откровенно откупной системе на всей территории России, сочетая ее с казенной продажей и давая откупа наиболее энергичным, богатым и бессовестным, жестоким людям, исходя при этом из того, что они-то уж соберут, а если не соберут, то все равно сдадут ему на ведение войны и оснащение флота заранее установленную для них априори откупную сумму. Но эта система держится только десять лет, ибо, почувствовав, что народ далее ее не вынесет, Петр I в 1716 году вводит свободу винокурения в России и облагает всех винокуров винокурной пошлиной, исчисляемой и с оборудования (кубов), и с готовой продукции (выкуренной водки). С этого момента винокурение превращается в одну из отраслей земледелия, ибо им занимаются все, кто производит зерно.

В 1765 году правительство Екатерины II вводит привилегию винокурения для дворянства, освобождая его от всякого налогообложения, но устанавливая размеры домашнего винокуренного производства в соответствии с рангом, должностью, званием дворянина. Так, князья, графы, титулованное дворянство получают возможность производить больше водки, чем мелкопоместное дворянство, что, впрочем, вполне согласуется с их реальными экономическими возможностями. Вместе с тем привилегия винокурения и размеры производства тесно связываются и с чином дворянина-винокура, косвенно поощряя тем самым дворянство к государственной службе.

В то же время все другие сословия — духовенство, купечество, мещанство и крестьянство — лишаются права на винокурение и должны, следовательно, покупать водку для своих нужд, произведенную на казенных винокурнях. Эта система приводит к тому, что домашнее дворянское винокурение и технически и качественно достигает высокого развития, высокого класса. Оно нисколько не конкурирует с казенным, не влияет на него, а мирно сосуществует с ним, ибо рассчитано на удовлетворение домашних, семейных потребностей дворянского сословия. И оно не «давит» на рынок водки в стране, отданный в полное владение государства (казны), которое рассчитывает свою продукцию на все прочие сословия, кроме дворянства. Это дает возможность казенному производству водки, не испытывая конкуренции, держать качество продукции на среднем уровне, обеспечивающем и доход государству, и полную гарантию от убытков и от «нервотрепки» конкурентной борьбы. Кроме того, такая система дает возможность государственному аппарату «почить на лаврах», не испытывая никаких проблем.

В 1781 году развитие этой системы приводит к созданию казенных питейных палат, которые обязаны заготавливать определенное количество водки в год в определенных районах на основе сложившейся практики ее потребностей в данной местности. При этом указ 1781 года не предписывал, как и каким путем питейные казенные палаты будут вести эту заготовку годового запаса водки: они могли заказывать ее на казенных заводах, могли и закупать где угодно на стороне, если казенные заводы не успевали обеспечить своим продуктом данный район. Как обычно в России, сочетание двух разных систем, применяемое центральной властью ради гибкости функционирования государственной машины, на практике привело к новому кризису, к нарушению установившегося спокойного, четкого порядка.

Казенные палаты стали постепенно все чаще и чаще искать подрядчиков на поставку водки на стороне, среди своих друзей, знакомых, лиц, желавших поднажиться на казенных заказах. Это привело вновь не только к взяточничеству и коррупции, но и к тому, что постепенно возобладала только подрядно-откупная система, в то время как казенные винокурни постепенно заглохли и почти свернули свою деятельность, ибо им государственная казенная палата давала все меньше и меньше заказов.

С 1795 года заготовка водки казной практически исчезает вовсе, единой системой правительственного контроля остается откуп. Особенно он господствует уже с 1767 года вдали от правительственного контроля — в Сибири, но к концу века подбирается и к самому Петербургу. Причиной, по которой государственная власть буквально просмотрела это явление, послужило процветающее в XVIII веке домашнее дворянское винокурение: водки было достаточно и у дворянства, и при дворе, кроме того, помещики снабжали, разумеется, водкой и собственных дворовых людей и крестьян, не желая, чтобы доход уплывал на сторону.

Купечество, устраиваясь подрядчиками казенного вина, также обеспечивало заодно и себя водкой. Непосредственно не производившим водку оставалось только мещанство, но оно вполне удовлетворялось казенным товаром. Словом, рынок был насыщен водкой, и потому об источниках ее поступления не задумывались. На нарушение предписаний, на неизбежную при этом убыточность доходов для казны смотрели сквозь пальцы, ибо лично чиновников эта убыточность не касалась. А правительство Екатерины II никогда не вступало в конфликт с аппаратом и с дворянским сословием. И когда Павел I, вступив на престол в 1796 году, решил навести порядок и обеспечить интересы государства, то он вызвал этим, как известно, резкое возмущение дворянства и был убит, что отбило охоту у его преемника и сына Александра I вмешиваться в этот щекотливый вопрос, связанный с дворянскими привилегиями и с не меньшими неписаными привилегиями растущего класса русского купечества, которое, фактически «втихую» захватив в свои руки государственную монополию на водку в виде откупов, превратило откупную систему в источник своего непрерывного и бесхлопотного обогащения. Так, благодаря водке русское купечество уже в истоках своего существования стало привыкать не к деятельному соревнованию и жесткой, заставляющей думать и считать каждую копейку конкуренции, а к паразитированию и наживе на основе злоупотреблений, воровства из казны, фальсификации и ухудшения качества продукта, поскольку именно водочные откупа предоставляли все эти «редкие» возможности.

Лишь в 1819 году, после разорительной Отечественной войны, инфляции русского рубля и бумажных ассигнаций, правительство Александра I, следя за поступлением в казну своей доли доходов, наконец обратило внимание на то, что откупная система, которая в XVII веке привела к разорению потребителя водки — народа, в XIX веке разорила уже казну, так как потребитель не находился в зависимости от откупщиков при допуске домашнего винокурения или сам следил и оборонял свои интересы, а правительство (казна) об этом контроле не пеклось и позволило откупщикам наживаться на обмане казны. Короче говоря, откупщики брали свое в любом случае — либо с потребителя (при бдительности казны), либо с казны (при независимости потребителя), но откупная система в любом случае строилась на злоупотреблениях и лишь менялась при этом теряющая, терпящая ущерб сторона.

В 1819 году правительство Александра I ввело поэтому строгую государственную монополию. Исключение было сделано лишь для отдаленной Сибири, где правительство все равно было не в силах бороться со злоупотреблениями откупщиков.

Отныне государство брало на себя целиком производство водки и ее оптовую продажу, а розницу отдавало в частные руки. Не обладая торговыми точками, государство не могло еще ввести полной монополии в XIX веке. Кроме того, предупреждая спекуляцию государственной водкой, правительство установило твердую цену на нее во всей империи — по 7 руб. ассигнациями за ведро. Введение казенной монополии на водку сразу же пополнило государственную казну — за год доходы от водки увеличивались почти на 10 млн рублей (с 14 до 23 млн руб.), именно на столько обсчитывали ежегодно государство откупщики, то есть за период с 1801 по 1820 год они недоплатили казне почти 200 млн рублей! Но лишь только выявилось подобное положение, как розничные виноторговцы попытались взять реванш. Они также стали недоплачивать государству, воруя и фальсифицируя продукт и в конце концов доведя свои выплаты в казну до 12 млн рублей в 1826 году. В целом и потребление водки стало падать в России, ибо наличие дворянского домашнего винокурения сдерживало и распространение пьянства, и спрос на худшую по качеству казенную водку. Рынок был насыщен товаром, и в этом случае приходилось страдать уже производителю, а не потребителю. Но поскольку в России любой производитель не желал зарабатывать прибыль путем повышения качества товара, путем честной конкуренции, то основные производители водки — помещики потребовали отмены конкурирующей казенной монополии.

В 1826 году новый царь Николай I, желая после подавления восстания декабристов сделать примирительный жест в отношении дворянства и укрепить положение монархии, сразу же с января 1826 года восстанавливает частично откупную систему, а с 1828 года полностью отменяет государственную монополию на водку.

Показательно, что так поступил жесткий царь, всюду укреплявший государственную систему и администрацию. Казалось бы, в этом было заложено противоречие. Но ничего парадоксального в этом не было: правитель, желавший упрочить свое положение в государстве, обычно отменял монополию на водку, причем это были всегда не самые слабые, а, наоборот, самые сильные государи: Петр I, Екатерина II, Николай I.

Секрет этой тактики состоял в том, что для всех них важен был политический выигрыш, а не прибыль. Они были великими политиками, а не купцами, не «бакалейщиками». И они готовы были заплатить водкой за политический выигрыш, за политическую стабильность. Такова была их стратегия. Однако цена такой платы была разорительной не только для государства, казны, но и непосредственно для народа — как для его кармана, так, в еще большей степени, для его здоровья и души. Откупная система, принося гигантскую прибыль кучке алчных негодяев, была всегда, везде и всеми ненавидима, ибо вела к разорению, к нищете, к безудержному росту пьянства и одновременно к ухудшению качества водки и ее разрушительному воздействию на здоровье населения. Не составила исключения и николаевская откупная система, введенная в 1826 году. Уже спустя четверть века, в 1851 году, она обнаружила все свои отрицательные качества, особенно усилившиеся в душной, реакционной атмосфере тогдашней России, где подавлялась любая критика любых мероприятий и откупная система могла держаться буквально на штыках и на забитости населения.

Народ, несмотря на то что был втянут в пьянство, насколько мог, старался лишь в вынужденных случаях пользоваться откупной водкой. Доходы от водочных поступлений стали неуклонно снижаться к середине XIX века.

Между тем правительство Николая I крайне нуждалось в деньгах после подавления революции 1849 года в Венгрии и в преддверии намечаемого широкого железнодорожного строительства в империи и подготовки к Крымской войне, к обновлению устаревшего парусного Балтийского флота.

В этих условиях **в период с 1847 по 1851 год** постепенно в разных районах страны совершается переход к акцизно-откупной системе, когда государство монопольно производит водку на своих казенных винокурнях и продает ее откупщику по твердой цене в надежде, кроме того, получить с него еще и дополнительную прибыль, которая создается из суммы, полученной откупщиком в результате розничной торговли. Но поскольку откупщики, естественно, стремились нажиться как можно больше, получив не только розничную надбавку для казны, но и свою прибыль, то эта система привела к невероятным злоупотреблениям и вызвала сильнейшее народное недовольство. Вот почему сразу после отмены крепостного права в России в общем русле хозяйственных и социальных реформ была проведена и решительная отмена ненавистной откупной системы. Она была заменена в 1863 году введением в России акцизной системы[1]. Показательно, что осуществление этой меры

---

[1] Акциз — один из видов косвенного налога, устанавливаемого на предметы исключительно внутреннего производства, которым облагаются товары, выделываемые и продаваемые частными лицами, а не государством. Именно этим акциз по способу обложения и отличается от монополии. При монополии государством устанавливается единая на всем его пространстве и одинаковая для всех покупателей цена на водку.

При акцизной системе налог государства устанавливается на производство частным производителем водки и взимается с этого производителя в виде платы за владение определенной аппаратурой (в зависимости от объема винокуренных кубов) плюс за каждую единицу емкости готового продукта — водки (примерно по 6 коп. с ведра в XIX в.). Частный же производитель, сообразуя свои затраты на сырье, производство, также величину налога на его продукцию и желаемую прибыль от ее продажи в розницу, сам назначает цену за литр или ведро водки, которая, таким образом, целиком ложится на потребителя и оказывается далеко не одинаковой в разных областях

вынуждено было затянуться почти на полтора десятка лет, ибо откупщики не были намерены уступать свои позиции добровольно. Даже когда население устраивало им бойкот, даже когда против них объединялись трактирщики, они яростно и всеми средствами боролись за свои «права».

Однако отмена крепостного права, открыв дорогу развитию капитализма в России, заставила царское правительство не считаться с интересами и требованиями какого-либо одного класса, а действовать согласно законам капитализма, законам рынка. Вот почему выбор был сделан не в пользу введения государственной монополии, а в пользу акцизной системы, как приноровленной к капиталистическому хозяйству и действующей в странах Западной Европы, на которую смотрели как на образец.

Но акцизная система «не пошла» в России, она провалилась как раз с точки зрения своей экономической эффективности и с точки зрения влияния на нравственность общества. Почему? Во-первых, она сразу сильно понизила цены на спирт и водку, и питейный доход казны сразу упал со 100 млн рублей до 85 млн рублей. Во-вторых, не менее резко снизилось качество водки, ибо при низких ценах возросло желание производителей не проиграть в барыше, что вызвало многочисленные фальсификации, замену зернового сырья картофельным и как результат — массовые отравления и смертельные случаи. В-третьих, пьянство, сократившееся в период борьбы народа с откупной системой, вновь достигло умопомрачительных размеров, причем не в виде

страны и у разных винокуренных предприятий. Поэтому акциз называют также налогом с потребления, ибо он заставляет в конечном счете потребителя расплачиваться за все затраты частника-винокура и государства-налогосборщика.

Вот почему в принципе для потребителя самой выгодной системой является монополия, а не откуп (отдача монополии в аренду частному лицу), вызывающий произвольное, неоправданное повышение цен на водку, и не акциз, при котором цены на водку складываются не столь произвольно, но все же являются более высокими и более несправедливыми, чем при государственной монополии. Короче говоря, при монополии у водки бывает один хозяин — казна, а при откупах или акцизе — по меньшей мере два, а то и три (при субаренде), причем каждый из этих «хозяев» водки, разумеется, стремится нажиться или по крайней мере «не остаться в накладе». Кроме того (и это самое главное), при монополии возможен строгий и единый контроль за качеством производства водки, а при откупах и акцизах такой контроль невозможен или затруднителен, и никогда нет гарантии того, что водку не сфальсифицируют.

роста объемов потребляемой водки, а по своим социальным и медицинским последствиям, поскольку дешевая низкосортная водка «для народа», бесконтрольность «новой», «современной» рецептуры отдельных водочных фирм привели в целом к катастрофическому росту алкоголизма, к массовому появлению хронических алкоголиков, чего в России до эпохи капитализма при имевшемся многовековом пьянстве все же не наблюдалось. Чистая русская ржаная водка предотвращала глубокие, органические и патологические изменения в организме.

С 1868 года, спустя всего пять лет после начала действия акцизной системы, появляются попытки реформировать ее, внести исправления в те перекосы, которые появились в социальной сфере. Все эти попытки реформ, как это часто наблюдалось в истории России второй половины XIX века, сильно отдают «интеллигентством», «идеализмом» и направлены не на суть, а на частности. Так, предлагали «демократизировать» акцизную систему, «регулировать» ее, введя ограничение числа питейных домов, передачу продажи сидельцев, предоставление права сельским сходам запрещать в своем селе, волости продажу водки и т. п. Но это были прожекты, не могущие дать никаких реальных положительных результатов, не способные создать правильной, разумной организации потребления водки в большом государстве.

В 1881 году совещание министров решило провести более существенные изменения: заменить кабак трактиром и корчмой, то есть точками, которые бы торговали не только «голой» водкой, но и где к водке можно было бы получать еду, закуску, что, несомненно, вело бы к меньшему проявлению опьянения. Вместе с тем впервые в России был поставлен вопрос о том, чтобы разрешить продажу водки на вынос порциями меньше ведра, то есть ввести розничную бутылочную торговлю водкой. До 1885 года водка продавалась на вынос только ведром, а бутылки существовали лишь для иностранных виноградных вин, которые в этих бутылках и поступали из-за границы. Задачи перехода на бутылочную торговлю водкой, ставившие своей целью разрешить людям пить водку в домашних условиях, и не столь много в один присест, наталкивались на такое препятствие, как отсутствие в России развитой и массовой стекольной промышленности. Всего сто лет тому назад водку в нашей стране продолжали пить так же, как и в Средневековье: из-за отсутствия тары — лишь в определенном месте — трактире, и сразу большой мерой — не менее чарки.

В 1882 году в результате обсуждения «водочного вопроса» на местах в русских губерниях большинство «провинциалов» высказалось решительно за введение строго регулируемой государственной монополии на водку. 15 лет капиталистического эксперимента ничего не дали, кроме ухудшения и разброда.

В 1885 году была проведена частичная реформа акцизной системы по рекомендациям правительства. Но, как остроумно заметил профессор В.А. Лебедев, «кабак исчез только со страниц Питейного Устава, он возродился в форме трактира», и ничего не изменилось. Не помогло уже и запоздавшее и крайне ограниченное (лишь в обеих столицах) введение бутылочной торговли. Мастеровой люд, купив четвертинку водки, тут же выпивал ее у дверей лавки залпом лишь только потому, чтобы отдать обратно посуду и получить ее стоимость!

Отсутствие элементарной культуры потребления водки у народных масс, порожденное многовековым существованием кабака без еды, препятствовало любым реформам, направленным на ограничение потребления водки в России. Вот почему после провала реформы акцизной системы и полной неспособности акцизных установлений регулировать производство и потребление водки в стране широкая общественность, и прежде всего ученые во главе с Д.И. Менделеевым, а также ряд государственных деятелей и видных юристов выступили в поддержку введения в России государственной водочной монополии.

Введение монополии разрабатывалось серьезно, и она была задумана не как одноразовая указная акция, а как глубокая реформа, проводимая осмотрительно по этапам, на протяжении восьми лет.

1894—1902 годы — последовательно по регионам России — вначале в столицах, а затем на окраинах, сперва в европейской части страны, затем в азиатской.

В 1902 году государственная водочная монополия вступила в силу по всей стране. Основные задачи, которые она перед собой ставила, сводились к трем пунктам:

1) полностью изъять производство и торговлю водкой в стране из частных рук, полностью ликвидировать подпольное самогоноварение, сделав его ненужным и невыгодным;

2) высоко поднять качественный стандарт водки, сообразуясь с историческим опытом и достижениями русского винокурения и с новейшими техническими и научными достижениями промышленности, гигиены и органической химии;

3) не ставя искусственной и исторически преждевременной задачи ликвидировать пьянство как социальное зло, сделать все возможное для того, чтобы привить русскому народу культуру потребления водки и других алкогольных напитков.

С этой целью наряду с достижением высокой химической чистоты продукта, снижающей его вредные последствия для здоровья, всемерно улучшать условия общественного потребления, пропагандировать домашнее потребление в достойной человека обстановке, распространять знания о применении водки с разными целями и в разных ситуациях, научить смотреть на водку как на рациональный элемент застолья, а не как на средство сильного опьянения или забвения.

Все эти положения, как и технология нового производства водки, были разработаны комиссией во главе с великим русским химиком Д.И. Менделеевым. Водочная монополия действовала недолго — фактически на протяжении менее десяти лет.

В 1902—1903 годах она лишь вступила, по существу, в силу впервые по стране, и ее результаты не смогли сразу проявиться.

В 1904—1905 годах, в период Русско-японской войны, фактически был введен запрет на торговлю водкой в ряде регионов страны.

В 1905—1907-м — в годы первой русской революции — ограничения на водочное производство и торговлю сохранялись или действовали частично.

Лишь **в 1906—1913 годах**, всего семь лет подряд, водочная монополия осуществлялась во всем своем объеме и дала ряд положительных результатов по сокращению по крайней мере внешних проявлений пьянства. Торговля водкой была упорядочена так, что лишь в столицах и крупных городах она велась с 7 часов утра до 22 часов вечера. В сельской местности она завершалась осенью и зимой в 18 часов, а весной и летом продлевалась до 20 часов. Во время общественных мероприятий — выборов в Думу, общинных собраний (сходов), как деревенских, так и волостных, торговля водкой строго запрещалась. Усилены были также уголовные наказания за тайное изготовление самогона. Напомнить обо всем этом необходимо, поскольку люди не знают истории данного вопроса и введение аналогичных ограничительно-регулирующих мер, скажем, в 30-х или 60—70-х годах воспринималось большинством людей как некая особая выдумка советского правительства, которая якобы никогда не применялась в дореволюционную эпоху.

2 августа 1914 года правительство России издало постановление о прекращении продажи водки на период войны (1914—1918 гг.) и о сосредоточении всего производства этилового спирта для технических нужд фронта и медицинских целей.

В декабре 1917 года советское правительство продлило запрет на торговлю водкой на время войны и революции, а затем в июле 1918-го еще раз приняло постановление о запрете производства самогона и торговли водкой на период гражданской войны и иностранной интервенции.

26 августа 1923 года ЦИК СССР и СНК СССР издали совместное постановление о возобновлении производства и торговли спиртными напитками в СССР.

С января 1924 года это постановление фактически вступило в силу.

С начала действия постановления производство советской водки было поставлено и все время находилось на высоком научно-техническом уровне. Все ученые-химики, занимавшиеся изучением физико-химических показателей русской водки, за исключением умершего в 1907 году Д.И. Менделеева, остались работать в Советской России и внесли свой вклад в дальнейшее совершенствование русской водки советского производства. Это были академик Н.Д. Зелинский, профессора М.Г. Кучеров, А.А. Вериго, А.Н. Шустов и А.Н. Грацианов.

Так, М.Г. Кучеров еще до революции обнаружил в столовом хлебном вине (водке), вырабатываемом заводом П. Смирнова в Москве, поташ и уксуснокислый калий, придававшие смирновской водке своеобразную мягкость, но вредно влиявшие на здоровье. Поэтому он предложил сделать на советских спиртоводочных заводах добавку к водке питьевой соды, которая, сообщая водке «питкость», была не только безвредна, но и полезна для здоровья. А.А. Вериго предложил надежный и точный метод определения сивушных масел в ректификате и ввел двойную обработку водки древесным углем.

В 1924 году по предложению А.Н. Шустова для обработки сортировки (водно-спиртовой смеси) стали использовать активированный уголь «норит».

В 1937 году впервые были введены унифицированные рецептуры советских водок, расширен их ассортимент.

В 1938—1940 годах водки вырабатывались практически только из зерна (рожь, пшеница, ячмень, овес), и перед ректификацией спирт разбавляли водой и очищали только березовым и липовым углем, который до Второй мировой войны имелся в СССР в достаточном количестве. Для приготовления столовых водок употреблялся спирт высшего качества двойной ректификации, так называемый «прима-прима», причем его отбирали почти так же, как и в XVIII веке, — не более 60%, используя новейшую аппаратуру. Таким образом, в довоенное время в СССР поддерживался высокий мировой стандарт водки, вводились дополнительные меры для обеспечения высшего качества продукта.

В 1941—1944 годы на время Второй мировой войны производство водки не было прекращено, но оно сократилось с 90,5 млн. декалитров (1940 г.) до 20—18 млн. декалитров (1944 г.).

В 1948 году производство водки было восстановлено и последовали новые технологические улучшения: на всех заводах был внедрен способ динамической обработки сортировок активированным углем, введены модернизированные песочно-кварцевые фильтры вместо менее эффективных керамических, умягчение воды стали производить катионовым способом.

В 1967 году был утвержден новый стандарт на ректифицированный спирт, еще более ужесточивший нормы содержания примесей — лишь тысячные доли процента — 1—2 промилле.

В 1970—1971 годы введены автоматизированная линия непрерывного приготовления сортировок и очистка сортировок активным углем в псевдокипящем слое. Расширен ассортимент водок: к «Московской особой», «Столичной» и «Экстре» добавились еще «Посольская» и «Сибирская».

В 1986 году в качестве первого крупного мероприятия перестройки было принято по инициативе и под давлением М.С. Горбачева правительственное постановление о борьбе с пьянством, результатом которого явился демонтаж ряда ликероводочных заводов или их переоборудование в предприятия безалкогольных напитков. Это решение, принятое без должной исторической и экономической проработки, поставило в тяжелое положение отечественную спиртоводочную промышленность, нанесло ей материальный урон и вызвало широкое недовольство народа, не говоря уже о тех неудобствах бытового и общественного характера (очереди за водкой, самогоноварение, спекуляция водкой и ее суррогатами), которые были следствием этого решения.

В 1990 году оно было признано ошибочным, и начался трудный процесс восстановления репутации и престижа отечественного винокурения. Сохранившаяся часть спиртоводочных предприятий работает ныне с значительной нагрузкой, усугубляемой нехваткой высокосортного сырья и в не меньшей степени утратой старых, опытных кадров в этой отрасли, подвергшейся расформированию.

В 1990—1992 годах отрасль переживала кризис восстановительного периода, что привело к снижению уровня производства, а также к ухудшению качества продукции, не имевшего места за все предыдущие 60 лет.

В 1992 году произошло эпохальное событие в истории производства водки в России — Указ президента Б.Н. Ельцина, отменявший государственную монополию на водку (т.е. на ее производство, ввоз, продажу, ее объемы и цены). Таким образом, пятая российская монополия или первая советская монополия на водку просуществовала 68 с половиной лет и была самой продолжительной и эффективной в стране после первой царской монополии 1474—1605 гг., введенной Иваном III и упраздненной фактически в период Смутного времени во время польской интервенции и общего потрясения основ государственной власти в стране, которая практически десяток лет жила без определенного центрального правительства.

С середины 1992 года в России вместо монополии была введена полная свобода производства и торговли винноводочными изделиями любым частным изготовителем или продавцом на основе получения ими специального разрешения, выдаваемого органами исполнительной власти, т.е. на основе лицензий.

В 1992—1993 годах эти «новшества» сразу же привели к следующим последствиям:

1. К появлению на рынке низкопробной, фальсифицированной, а порой и вовсе опасной (ядовитой) продукции

вместо прежде четко установленного государственного стандарта качества водки.

2. К быстрому распространению и росту самогоноварения, в том числе из непроверенного, некачественного сырья, как для домашних, так и для торговых целей, причем более 98% самогонщиков вели, как правило, подпольный бизнес, чтобы не подвергаться взиманию государственных налогов.

3. К наводнению российского рынка иностранными псевдоводками и другими видами крепких алкогольных напитков, в том числе и необработанных (т.е. «чистый» спирт, спирт-ректификат, спирт-сырец и др.). Все эти товары резко отличались от водки в силу того, что изготавливались не по русской водочной технологии, а по своей собственной, не имеющей аналогии с водочной. Это вело к тому, что сдвиги в качестве товара даже не поддавались расчету, т.е. наряду с фальсифицированным товаром на рынке появлялся товар со «скрытой фальсификацией», не поддающейся ни контролю, ни элементарным государственным санкциям.

4. К резкому повышению стоимости водки в 1992 году в 10—15 раз и в 1993 году — в 400— 650 раз по сравнению с первоначальной производственной стоимостью на государственных предприятиях.

5. К ухудшению финансового положения государства, лишившегося своей самой доходной и самой верной (постоянной, стабильной) фискальной позиции в бюджете.

6. К официальному (формальному, бумажному) сокращению уровня потребления водки, поскольку официальная статистика не могла учитывать ни уровня нелегального производства, ни уровня потребления самогона в стране. Это приводило к тому, что уровень пьянства был искусственно (по статистике!) занижен и не дал правительству вовремя увидеть опасность невиданного роста пьянства в стране. Так, по статистическим данным, в 1992 году уровень потребления водки оказался самым низким в стране за всю историю водки — только 4,5 литра в год на человека.

7. На самом деле эти данные означали лишь то, что катастрофически снизилась доля водки, имеющей государственные гарантии качества и лишенной вредных примесей, и что в основном в стране потребляются в невиданных дотоле количествах опасные для здоровья в прямом смысле разновидности крепких спиртных напитков. Это в свою очередь привело к росту числа отравления спиртным

с летальным исходом. В 1992 году число таких отравлений возросло только по сравнению с 1991 годом в 1,6 раза, с 16,7 тыс. чел. до 26,2 тыс. чел., а по сравнению с 1960 годом число таких случаев возросло в 125 раз!

8. Обозначился и резкий разнобой в водочных ценах в разных регионах России, в то время как до тех пор в течение 70 лет цена на водку на всей территории страны была абсолютно одинаковой, единой.

9. Все это, вместе взятое, содействовало и росту различных преступлений (от бытовых до финансовых), связанных с водкой, а также общему разложению: водка стала доступной для детей, подростков, женщин, чего не было никогда прежде при пятой монополии, как из-за прямых запретов, так и из-за сохранения традиций.

10. Вместе с тем не произошло существенного роста производства водки в стране, ибо большая часть потребностей стала покрываться импортом заграничных спиртных напитков или подпольным самогоноварением. Подводя итоги этого развития всего за один год, лондонская «Таймс» писала: «Отмена монополии на водку является политическим самоубийством для страны, где экономические и иные трудности вызывают у народа желание утопить их в вине» («Файнэнш таймс», 6—7 марта 1993 г.).

В 1993 году вследствие ставших явными не только для внутреннего, но и для зарубежного наблюдателя отрицательных последствий отмены монополии на водку президент России Б.Н. Ельцин отменил свой Указ от 7 июня 1992 г. и издал новый Указ № 918 от 11 июня 1993 г., вводивший монополию на водку в России. Это была, таким образом, шестая российская монополия, если считать их по порядку введения с конца XV века.

Отныне восстанавливалась вновь во всем ее прежнем объеме пятая монополия на производство, торговлю и употребление водки.

Однако практически в условиях середины 1993 года правительство, исполнительная власть оказались не в состоянии контролировать исполнение данного Указа, встретив к тому же оппозицию со стороны сильно расплодившейся массы нелегальных производителей самогона, привыкших за год отсутствия монополии к баснословным барышам и не желавших расставаться с ними.

Со стороны же общественного мнения, в том числе и со стороны прессы, Указ был встречен пессимистично вследствие неверия людей в то, что власти имеют достаточно сил добиться его выполнения.

Обо всей «водочной политике» последнего десятилетия, начиная с крайне дилетантского эксперимента М.С. Горбачева, российская пресса обычно высказывается следующим образом: «Подобные бумаги (о водке) сочиняют люди, умеющие разве что поднять стакан», т.е. абсолютно некомпетентные в вопросах истории водки, не знающие ее великое значение и власть в экономике, политике и культуре (или бескультурье?) страны и народа.

То, что общественность выражает сомнение и неверие в компетенцию властей вести верную водочную политику, вполне понятно и объяснимо на фоне того, что предпринималось по этому вопросу за истекшее десятилетие. Однако если подходить объективно и оценивать Указ № 918 с точки зрения истории водки в России, то ясно, что восстановление водочной монополии — единственно верная, правильная мера, направленная на восстановление порядка в стране. Жаль, что монополия была отменена, вдвое жаль, что ее восстановление так запоздало, хотя отрицательные последствия были видны уже через месяц после отмены монополии. Но, как говорят, лучше поздно, чем никогда. Поэтому не может быть двух мнений относительно введения водочной монополии: мера эта позитивная, проверенная на протяжении всей истории страны, и ее следует твердо держаться.

Резюмируем все вышеизложенное. Сколько же времени существовала водочная монополия в России на протяжении ее истории?

В советских справочных и исторических работах вопрос о существовании водочной монополии в России и СССР, как правило, совершенно не затрагивается. В БСЭ-1 и БСЭ-2, СИЭ в статьях «Винная монополия» стереотипно с 1930 года по настоящее время повторяется фраза, что винная (водочная) монополия в России существовала «в течение 17 в. и в первой половине 18 в.» без указания начальной даты[1]. Эти данные абсолютно неверны. Ссылка на XVII век как на начало монополии сделана на основании того, что в 1649 году был установлен новый свод законов страны —

---

[1] См. БСЭ. — 1-е изд. — Т. 11. — М., 1930. — С. 56; 2-е изд. — Т.8. — М., 1951. — С. 93; СИЭ. — Т. 3. — М., 1963. — С. 491.

«Уложение царя Алексея Михайловича», в котором впервые целая глава — 25-я — была посвящена целиком предписаниям, связанным с винокурением и виноторговлей.

Таким образом, этот документ первым из дошедших до нас актов фиксирует государственные постановления, касающиеся хлебного вина (водки), его производства и торговли им, а также влияния его употребления на общественную жизнь и разные сферы государственного хозяйства.

Однако первая монополия на водку была установлена, как мы выяснили, в 70-х годах XV века, приблизительно в 1474—1478 годах, и продолжалась до 1553 года, то есть 80 лет без всяких изменений и изъятий. Лишь в 1553 году Иван IV допустил некоторые частичные изъятия из действия монополии — для опричников и некоторых воевод отдаленных и пограничных областей, заменив для этих категорий монополию арендой монополии, то есть откупом, с той лишь разницей, что это был не обычный договорный откуп, а аренда «на веру». Но и при этих изъятиях казенная монополия на водку в значительной части государства все равно сохранялась до 1603—1605 годов, хотя ее значительно потеснили откупщики. При Борисе Годунове в 1598—1604 годах винная монополия государства вновь была ужесточена.

Формально монополию не отменяли и в начале XVII века, но фактически она исчезает в период крестьянской войны Ивана Болотникова и польско-шведской интервенции, то есть с 1605 по 1613 год. И восстановить ее по-настоящему царям новой династии — Романовым — не удается вплоть до 1652 года.

Именно с этих пор, с 1652 года, а не с 1649 года, то есть не тогда, когда было написано «Уложение», а после так называемого Собора о кабаках вводится новая строгая государственная монополия на водку, по счету — вторая. Она сохраняется до тех пор, пока существует крепкий государственный аппарат. В период же неустройства конца XVII века (начавшихся споров из-за престола между Софьей и ее братьями Петром и Иваном V, из-за отмены патриаршества, из-за петровских реформ и связанных с ними бунтов и народных волнений) монополия просто-напросто сходит на нет, как и всегда в истории России, как и в начале XVII века в сходной ситуации.

Государственная монополия на водку — это всегда признак крепкой, твердой, стабильной власти в стране и государственного спокойствия. Как только что-то нарушается во внутренней политике, в ее стабильном, сдержанном течении, так водка «вырывается из-под контроля». И наоборот, как только водке дают возможность «вырваться из-под контроля», так во внутренней политике начинаются всевозможные неустройства. Отсюда ясно, что водка — хороший индикатор (показатель) состояния общества.

Именно чтобы покончить с нестабильностью, Петр I вновь вводит монополию на водку на короткое время — примерно на 18—20 лет, как только он воцаряется один безраздельно, то есть 1696—1697 годы, и она держится в период Северной войны, по крайней мере до того, пока не наступает ее завершающая стадия, когда становится очевидной полная победа России над Швецией. Уже с 1716 года начинается постепенное «общипывание» монополии, то есть этой третьей монополии на водку (1697—1734 гг.), и переход к иным формам замены государственного надзора за винокурением, пока Екатерина II не отменяет ее полностью в 1765 году, передавая право на винокурение дворянству как сословную привилегию.

Попытки Павла I в 1798—1800 годах и Александра I в 1819—1825 годах ввести государственную монополию на водку были сорваны дворянством и буржуазией. Николай I и его преемники (Александр II и Александр III) не решились изменить коренным образом сложившийся порядок и сохраняли бесхлопотную для государственного аппарата и разорительную для народа откупную систему.

Лишь на пороге XX века, в 1894—1902 годах, вновь вводится полная государственная монополия на водку, то есть четвертая монополия, которая вступает в силу в 1902 году на всем пространстве империи, исключая Царство Польское и Финляндию, где действуют свои законы. Таким образом, четвертая монополия на водку формально просуществовала всего 12 лет — до 1914 года.

Советское правительство совершенно запрещает производство водки в 1917—1923 годах. С 1924 года вводится пятая, российская, или первая советская, монополия на водку, существовавшая беспрерывно, включая период Великой Отечественной войны 1941—1945 годов, вплоть до 1992 года, до Указа Б.Н. Ельцина, и вновь введена в 1993 году.

Различные постановления, регулирующие новые правила продажи водки, и резкое сокращение ее производства в 1986—1990 годах привели к нарушению внутриполитического порядка и стабильности, но юридически ничего принципиально не изменили в существовании государственной монополии на производство водки.

Водочные монополии и их этапы (спада)

Первая монополия	1474—1553—1598—1605 гг.
Вторая монополия	1652—1681—1689 гг.
Третья монополия	1697—1705—1716 гг.
	1734—1765 гг. (официально отменена).
Четвертая монополия	1894—1902—1914 гг.
Пятая монополия	1924—1992 гг., 7 июня.
Шестая монополия	1993, 11 июня.

Как видим, разрывы между периодами действия монополии немалые, причем самый значительный в XVIII—XIX веках — 130 лет. Фактически периоды полного действия монополий были всегда крайне кратковременными. Лишь первая монополия (1474—1553 гг.) длилась непрерывно почти 80 лет. Но ее второй этап (при Борисе Годунове, 1598—1605 гг.) продолжался уже всего 7 лет. Вторая монополия (1652—1681 гг.) — 29 лет, третья монополия (1697—1716 гг.) — 19 лет, а четвертая монополия (1902—1914 гг.) фактически осуществлялась 12 лет, и пятая (советская) осуществлялась 68,5 лет. Один год — с 7 июня 1992 года по 11 июня 1993 года — Россия была без водочной монополии со стороны государства, что привело к росту пьянства, преступности и к падению доходов государства. Это вынудило правительство пересмотреть свое решение и восстановить традиционный для России порядок вещей — ввести водочную монополию.

Глава 5[1]
ВОДКА И ИДЕОЛОГИЯ

Как мы выяснили из всей истории возникновения и эволюции производства и торговли водкой, этот крепкий алкогольный напиток оказался в своем развитии тесно связанным с экономикой, финансами и всей экономической политикой государства, а потому приобрел и большое зна-

---

[1] Глава, не включенная в предшествующие русские издания «Истории водки». Напечатана лишь лондонским изданием 1992 г.

чение для всего общественного и социального развития как феодального, так и буржуазного общества. Как политический фактор водка получила чрезвычайно противоречивое значение. С одной стороны, она проявила себя как «бесклассовый» напиток с той точки зрения, что нужда в ней и пристрастие к ней обнаружились в равной степени у всех классов феодального и буржуазного общества, когда они выступали в качестве потребителей водки. Это обстоятельство и давало основание и право государству выступать как надклассовый и якобы независимый диктующий элемент, присвоивший себе право на монопольное производство и торговлю водкой, регулирующий ее распределение в обществе. Однако такова была лишь видимая часть политического значения водки. На деле, оставаясь по характеру потребительского интереса «бесклассовой», она всегда использовалась как инструмент какого-либо одного (всегда господствующего, правящего) класса по отношению к другим. Это был мощный инструмент и удобный «регулятор» классового влияния. Если им умели пользоваться и до тех пор, пока им пользовались разумно, он обеспечивал стабильность правления своему владельцу. Как только государство или господствующий класс утрачивали бразды правления и контроль за водкой, как только она вырывалась из-под их влияния, неизбежно наступали политические смуты, вырастали противоречия, до тех пор скрытые или маскируемые, развязывались страсти.

Вот почему смена феодального господствующего класса буржуазным и затем смена буржуазного господствующего класса пролетарским сопровождалась и сменой у водки ее хозяина, то есть переходом водки в руки другого, враждебного предыдущему господствующего класса и изменением в связи с этим политического применения водки, то есть сменой ее общественного значения. Эта «перемена хозяина» всегда происходила болезненно для государства в целом и для большей части населения в частности. Переход водки из рук государства как самодержавной монархии в руки дворянства как господствующего класса в течение XVIII века сопровождался ухудшением положения народа, обострением классовых противоречий между помещиками и крестьянами, волной малых и больших крестьянских восстаний.

Переход водки из рук дворянства как привилегированного сословия в руки буржуазии (как торговой, так и промышленной) сопровождался разорением крестьянства, ростом пролетарских неимущих классов в городах — пауперизацией и пролетаризацией, обнищанием и закабалением пролетариата в XIX веке.

Неудержимое нарастание революционных волнений заставило российское правительство взять водку в руки непосредственно государства из рук алчной отечественной буржуазии, но было уже поздно. Четвертая водочная монополия запоздала. Она ничего не успела поправить, наступив лишь в 1902 году, за три года до революционных событий 1905—1907 годов.

Первое советское правительство вскоре после октября 1917 года вообще объявило водку вне закона на время восстановления порядка в стране. Это был верный и смелый шаг. Он привел к блестящим результатам. Уже в 1923—1924 годах специальная делегация английских тред-юнионов, инспектировавшая Россию, в своем отчете указала на то, что ни в одном из ее районов члены делегации не зарегистрировали того явления, которое было известно во всем мире как «русское повальное пьянство», и могут констатировать, что большевикам удалось создать новую психологию у рабочего класса — презрение и ненависть к пьянству как к классовому явлению, унижающему рабочий класс. Большевики подняли классовую гордость рабочего почти до аристократического уровня[1].

«Успех коммунистического движения, — писали члены британской делегации, — должен быть, несомненно, приписан мужеству его вождей, которые не боялись признаваться в своих ошибках, когда их теории оказывались неприменимыми к жизни. Основным принципом всей системы является образование такого государственного и общественного уклада, который наиболее благоприятствовал бы классу трудящихся и открывал бы одинаковые возможности для всех мужчин и женщин... И хотя мы не думаем, что общественный строй, вводимый в России, был бы в целом приемлем для нашей страны, во всяком случае, делегация твердо убеждена, что новая социальная система дает русскому народу большие преимущества как в смысле культурных благ, так и в отношении свободы самоопределения»[2].

---

[1] Россия. Официальный отчет делегации британских тред-юнионов, посетившей Россию и Кавказ в ноябре — декабре 1924 г. Перевод с английского Д.Я. Длугач, И.В. Румера, А.М. Сухотина. — Изд. ВЦСПС. М., 1925. — С. 156.

[2] Там же. — С. 148, 157.

Подчеркивая изменение ситуации с водкой в стране в связи с происшедшими в ней политическими изменениями, делегация отмечала: «Продажа спиртных напитков вроде легкого вина и пива разрешена. Зато производство и продажа водки свыше 20 градусов воспрещается[1]. Ни в городе, ни в клубе нет буфетов со спиртными напитками, и они употребляются обычно лишь за обедом в ресторане и дома. Члены рабочих клубов, замеченные в пьянстве, подвергаются суровым наказаниям или теряют свои привилегии. На улице иногда можно встретить людей навеселе, но для тех, кто знает дореволюционную Россию, совершенно ясно, что пьяных на улице и в общественных местах практически не стало. Производство самогона и продажа его наказуются как уголовное преступление»[2].

Указанное положение сохранялось строго до 1923—1924 годов, и с ограничениями — до 1936 года, когда были сделаны дальнейшие шаги на пути расширения государственной торговли крепкими алкогольными напитками, прежде всего водкой, а также креплеными винами — портвейном, хересом и значительным расширением торговли «Советским шампанским» и другими настоящими русскими шипучими винами — «Донским», «Цимлянским», «Раздорским». Это привело к известному усилению употребления алкогольных напитков в 1937—1940 годах, но захватило в основном лишь ту часть общества, которая не была связана с производством, а принадлежала к так называемой «творческой интеллигенции», то есть писателей, журналистов, артистов театров, оперы и балета, художников, скульпторов, архитекторов и тот полупаразитический персонал, который их обслуживал. Это явление было напрямую связано с политической задачей, которую ставили определенные круги, окопавшиеся в органах правопорядка, юстиции, спецслужбах и рассчитывавшие убить сразу нескольких зайцев в период репрессий: деморализовать пуританский дух и пуританскую идеологию старой ленинской гвардии и основной партийной массы, дать интеллигенции возможность выхода для ее богемных страстей, а также при помощи спиртного развязать языки «критиканам» сталинского режима, чтобы иметь основания

---

[1] Речь идет о положении до 1924 г.

[2] Россия. Официальный отчет делегации британских тред-юнионов, посетившей Россию и Кавказ в ноябре — декабре 1924 г. Перевод с английского Д.Я. Длугач, И.В. Румера, А.М. Сухотина. — Изд. ВЦСПС. М., 1925. — С. 156.

для расширения репрессий, оживить мелкобуржуазные и мещанские элементы как известный социально-политический противовес партийной оппозиции сталинизму и тем самым попытаться расколоть политическую монолитность советского общества. Все эти «политические игры» с водкой и алкогольными напитками имели самые печальные последствия, ибо в результате «был выпущен джинн», обуздать которого позднее было уже трудно.

Однако до 1941 года партия и правительство все же полностью сохраняли контроль над ситуацией. Пьянство как социальное зло, несовместимое с пролетарской идеологией, связывалось с торговлей водкой, которая все время была широкой, свободной и дешевой. Поэтому само по себе употребление спиртного не осуждалось, если оно не приводило к внешним эксцессам и негативным социальным последствиям. Однако народ, привыкший к односторонней политике властей и ждавший либо ясного запрета, либо полного разрешения, не понимал диалектики этой политики, и у многих переход к свободной торговле водкой после 1936 года подтачивал веру в единство слов и дел государственного руководства.

Период войны 1941—1945 годов еще в большей степени внес сомнения в массы относительно того, как относится к водке Советское государство — одобряет оно ее употребление или нет. Дело в том, что именно в период войны, с 1943 года (практически после победы под Сталинградом), в Красной Армии впервые за всю ее историю была официально введена так называемая «винная порция», то есть употребление 100 г водки в день. Правда, для непьющих, которых на первых порах было весьма много, была введена замена водки на сахар и шоколад (в специальных и особенно в летных частях), но этой заменой к 1945 году уже почти никто не пользовался: сказалось изменение психологии людей, увидевших, что до сих пор непрестижное и запретное употребление водки вдруг стало высокопрестижным в глазах ближайшего начальства — старшины, мичмана, боцмана, командира взвода, а отказ от назначенной порции спиртного расценивался уже как элемент оппозиции и неблагонадежности.

Поскольку в армии к 1945 году оказалась практически вся активная часть мужского населения страны, то после демобилизации эти новые, усвоенные десятками миллионов людей порядки и отношение к алкоголю были разнесены и посеяны по всей стране. Так был нанесен фактически смертельный удар по всей работе ВКП(б) в течение двадцатилетнего предвоенного периода (1917—1937 гг.), когда одним из идеологических постулатов настоящего коммуниста было резко отрицательное отношение к пьянству и к употреблению алкогольных напитков вообще.

После войны, начиная с 1947 года, новая практика широкого употребления водки, рожденная войной и распространенная прежде всего среди военных, а также отсутствие разъяснительной работы партии при сохранении официально все же отрицательного отношения к пьянству и недопустимости его среди членов партии привели к тому, что вокруг этого вопроса хранилось некое лицемерное молчание: рост фактического разложения никто не хотел открыто признавать и говорить о нем, и в то же время рост этот шел как бы нелегально, тайно, но на деле поощряемый теми же органами правопорядка и спецслужбами.

Создавалось и явное противоречие между тем, что люди, занятые в сфере производства, — рабочие тяжелой промышленности и металлургии, шахтеры, рабочие химических производств, транспортные и строительные рабочие, объективно являясь авангардом рабочего класса, вместе с тем становились самыми основными потребителями водки в стране, испытывая к ней естественную потребность. При дешевизне водки (2 руб. 65 коп.) и ее широкой, свободной государственной продаже в 50—60-х годах эта потребность легко реализовывалась все более и более увеличивающимся потреблением.

Вместо анализа и вскрытия истинных причин такого положения борьба с пьянством на производстве, которую приходилось вести из-за наносимого этим пьянством экономического ущерба, приобрела, во-первых, привкус лицемерия, а во-вторых, обернувшись не против причин, а против следствия, лишь озлобила часть рабочих, но не дала никакого положительного результата, ни политического, ни экономического.

Еще Ф. Энгельс указывал, что пролетариат, по крайней мере при капитализме, т.е. в условиях интенсивного труда на износ, объективно испытывает «жизненную потребность в водке»[1].

---

[1] Маркс К. и Энгельс Ф. Соч. Т. XV. С. 301. Первое издание. М.: Партиздат, 1933.

Это объясняется рядом факторов: во-первых, способностью алкоголя быстро снимать моральный и физический стресс, а вернее — притуплять его восприятие; во-вторых, способностью алкоголя в силу своей высокой калорийности имитировать подпитку организма калориями и выступать, так сказать, в роли «суррогата пищи»; в-третьих, психологической потребностью неустроенного в жизни человека в алкоголе как средстве забвения; в-четвертых, объективной потребностью в алкоголе на ряде производств, где алкоголь служит как бы противоаллергическим, успокаивающим, «комфортным» средством, а потому потребляющий его рабочий испытывает просто облегчение[1], так что это обстоятельство ведет к употреблению алкоголя новыми категориями людей, занятых в таких производствах, причем как раз вовсе не заведомыми пьяницами, а, наоборот, теми, кто печется о своем здоровье, в том числе и женщинами, что неизбежно резко расширяет круг постоянных потребителей спиртных напитков.

Разумеется, во всех перечисленных случаях алкоголь был бы просто не нужен, если бы были обеспечены иные возможности его замены подлинно необходимыми средствами: хорошим регулярным питанием, приготовленным и выданным вкусно, гигиенично, а главное, вовремя, без всяких затруднений для рабочего, непосредственно в течение рабочего дня; профилактикой профессиональных производственных отравлений и заболеваний, а также регулярным восстановительным лечением; созданием для рабочего достойной обстановки после трудового дня или смены, семейного покоя и уюта.

Однако все эти простые средства практически не могли быть распространены на подавляющую часть рабочего класса в 60—70-х годах, и особенно на транспортных и

---

[1] О наличии у ряда лиц, занятых в различных отраслях тяжелой и химической промышленности, профессиональных биологических отклонений, которые вызывают пищевую и физиологическую потребность в алкоголе, в 50—60-х годах опубликовал ряд исследований американский физиолог и биохимик Р.Дж. Уилльямс, подчеркивавший, что увеличение потребления алкоголя в современном промышленном обществе имеет объективные биохимические причины. См. Williams R. J. Biochemical individuality. N.-Y., London, 1956. Таким образом Уилльямс подтверждает научно и объясняет новыми фактами наблюдения Ф. Энгельса. См. также в этой связи исследования шведских ученых, опубликованные в книге Sociala avvikelser och social kontrol. Stockholm — Göteborg — Uppsala, 1964, S. 290—291.

строительных рабочих, поскольку государственная забота о них, так называемая «опека», все более сокращалась и заменялась просто ростом зарплаты (путем повышения тарифных ставок «за вредность производства») и предоставлением им самим заботиться о самих себе. Большая часть рабочих, как правило, молодых, жила в общежитиях, не имела навыков семейной жизни и к тому же со времен армейской службы привыкла к полной заботе о себе и своем быте «со стороны начальства». Такие рабочие «на гражданке», будучи оторванными от родной деревенской обстановки, терялись в городе, тратили безрассудно, не умея вести бюджет, заработанные деньги, нерегулярно и плохо питались и нередко спивались, окончательно теряя качества семьянинов.

Предоставление рабочих самим себе вместо комплексной заботы об их быте и досуге было основной причиной распространения пьянства в условиях постепенного свертывания всякой политической работы в 60—70-х годах.

В общежитиях официально, открыто днем нельзя было проносить водку, чтобы употребить ее за обедом, и это послужило причиной того, что та же водка стала проноситься в общежития тайно и употребляться нелегально, ночью, без всякой пищи и к тому же буквально за пару-другую часов перед заступлением на работу на заводах и фабриках. Все это постепенно, как бы исподволь привело к тому, что к середине 60-х — началу 70-х годов пьянство на производстве рабочих разных категорий, включая и текстильное производство, где в основном были заняты женщины, превратилось в «нормальное», то есть вполне заурядное и обычное явление.

Единственное, что не допускалось и что более или менее сдерживалось, так это открытые эксцессы и пьяные массовые дебоши, которые, разумеется, пресекались и примерно наказывались как административными мерами, так и финансовыми наказаниями, особенно во вторую половину 70-х годов, — увеличением платы за пребывание в вытрезвителях в результате неумеренного пьянства на улицах или вследствие вызова милиции в общежития для ареста пьяных дебоширов. Но при том всеобщем и широком переходе рабочего класса в 70-х годах к новому менталитету, не оставляющему более места классовому осуждению пьянства или вообще воспринимающему пьянство не как общественное, а сугубо личное дело (к чему советских людей буквально «подталкивали» новые правила), невозможно уже было вызвать общественного осуждения пьянства, невозможно было создать атмосферу презрения к пьяницам, ибо этот порок утратил к тому времени в советском обществе статус самого тяжкого порока, явления, несовместимого с советским строем, с принадлежностью к рабочему классу, и превратился в некое «частное понятие» из области «частной жизни человека». То, что пьянство имело место и в официальных кругах, и даже в партийных, об этом становилось известно путем разных слухов, еще более усугубляло состояние лицемерного отношения к этому общественному явлению, поскольку оно де-факто становилось «всеобщим».

Конечно, весьма значительная часть советского общества все же не была затронута этим явлением, относилась к нему резко отрицательно и была шокирована и возмущена бездействием официальных властей, молчаливо допускавших под прикрытием формального осуждения фактическую легализацию пьянства и практически отказ от оценки его как явления, несовместимого с идеологией коммунистического общества.

Именно в этой ситуации, которая обнаруживала факт общественного лицемерия по одному из частных, но затрагивающему массу других вопросов жизни, и было принято постановление ЦК КПСС о борьбе с алкоголизмом — этот первый этап перестройки. Сам по себе как наболевший общественный и в то же время вовсе не политический вопрос, он в качестве объекта действия партии и правительства был выбран, конечно, правильно. С чего-то надо было начинать. И начать с водки было и сенсационно, и традиционно, и политически совсем безопасно. Но само решение этого вопроса было осуществлено абсолютно неправильно, и не надо было ждать времени, чтобы это обнаружить, не надо было быть пророком, чтобы сразу увидеть ошибочность мер, выдвинутых для практического решения этого вопроса.

В чем состояла общественная сущность данного вопроса? Повторим еще раз то, что мы уже в историческом плане сказали выше:

1. В наличии пьянства на деле при исторически сложившемся официальном его осуждении в годы советской власти.

2. В ликвидации в широких общественных кругах непримиримого отношения к пьянству как общественно про-

тиворечившему социализму явлению. В молчаливом признании пьянства обычным явлением.

3. В возрастающем отрицательном влиянии пьянства на экономику страны, на социальные отношения, на рост безнравственности и преступности. Против чего объективно и восставали значительные слои населения, не видевшие, чтобы правительство сделало какой-то решающий шаг в направлении ликвидации этих вредных последствий алкоголизма в стране.

Таким образом, главным, основным моментом, беспокоившим наиболее разумную и стабильную часть населения страны, было распространение пьянства, рост алкоголизма, их общественные последствия и дезорганизующее, двусмысленное поведение властей в этой ситуации: отсутствие открытого признания угроз данного явления и — лицемерное молчание вместо открытой борьбы с ним.

Вот почему сам факт того, что правительство и партия наконец заняли ясную позицию по данному вопросу, открыто заявили, что они будут бороться против пьянства, вызвал одобрение большинства населения и даже на первых порах одобрение самих пьяниц.

Однако на деле правительственное постановление оказалось направлено не на борьбу с пьянством и лицемерным общественным отношением к этому вопросу, а на борьбу с... водкой. А это было не только совсем иное дело, но и даже абсолютно иная, притом ошибочная, неверная постановка вопроса, которая била мимо цели и дискредитировала всю так называемую «антиалкогольную кампанию», увеличивая, а не ликвидируя общественное лицемерие, то есть расхождение слов и дел по данному вопросу.

Необходимо же было:

1. Прежде всего доказать обществу, что расхождения слов с делами больше не будет, что будет взят курс на последовательное осуждение пьянства как явления, несовместимого с социализмом, с идеалами социалистического общества, но что это не будет и не должно означать ликвидации виноделия и спиртоводочной промышленности как важных отраслей хозяйства. Однако именно по этому пункту не было сделано абсолютно ничего: он попросту был «забыт», его пропустили. Никаких намеков на идеологическое осуждение пьянства, а не водки не было предпринято даже в проекте!

2. Почти ничего не было серьезно предпринято и для ликвидации последствий алкоголизма как явления серьезно-

го, как неизлечимой язвы общества, для избавления от которой общество должно прибегнуть к быстрым хирургическим методам лечения: к изъятию хронических, зарегистрированных пьяниц из всех городов, вывоз их в отдаленные районы для общественных работ, к ликвидации уличного пьянства, к высоким штрафам для всех без изъятия за любое появление в пьяном виде в общественном месте, к публичному осуждению пьяниц и к другим мерам, имеющим традиции именно в русском обществе, в русской истории.

3. Немедленное введение карточек или талонов на спиртные напитки, особенно на водку, исходя из разумных социальных норм: дифференцированно для рабочих, служащих и прочих, с преимуществом для рабочих.

4. Строжайшее показательное осуждение пьянства со стороны представителей власти: массовые увольнения администраторов и руководителей ведомств, предприятий и т. п., замеченных в пьянстве.

Иными словами: необходимо было дать пример и сатисфакцию простому народу. Вместо этих мероприятий первейшего значения правительство провело меры, направленные против... производственной базы спиртоводочной промышленности и против виноделия как отрасли хозяйства, что само по себе чудовищно и необъяснимо именно для реакции на данную проблему со стороны марксистски образованных людей. «Производство нужно всегда!»[1] — это ленинское положение было начисто забыто людьми, которые очень любили заявлять, что они идут «ленинским путем». Были ликвидированы виноградники, винодельческие колхозы и совхозы, вырезаны сотни гектаров виноградной лозы, ликвидированы или перестроены винодельческие заводы, демонтировано оборудование спиртоводочных заводов и т. д. и т. п. В общем, все указанные меры свелись к такой же реакции, которую в свое время на заре рождения капитализма в Англии осуществляли темные и безграмотные массы пауперизированных пролетариев, ломавших машины на заводах, ибо им казалось, что именно машины отнимают у них работу и хлеб, а не капиталистическая эксплуатация. То, что в конце XX века подобным же примитивным и совершенно некультурным (не говоря уже об убыточности!) образом поступило руководство социалисти-

---

[1] О роли профессиональных союзов в производстве. М., 1921. Речь т. Ленина 30 декабря 1920 г. — С. 38.

ческого государства и последний генсек партии, говорит лишь о полной некомпетентности этого руководства, о полном нарушении им принципов хозяйственной и политической деятельности социалистического государства.

И наконец, не было сделано абсолютно ничего для того, чтобы ввести или по крайней мере пропагандировать и указывать на необходимость введения элементарной культуры пития спиртных напитков в народе. Как и раньше, 100, 200, 300 и более лет тому назад, потребление спиртных напитков осуществляется массами людей, как правило, не за столом, а «за столбом» — и об этой проблеме не было сказано ни слова в правительственном постановлении. Эту главную проблему русского пьянства посчитали за «малую», «неважную».

Не менее серьезным является и переламывание русской «народной» привычки пить вначале алкогольный напиток, а затем уже закусывать, в то время как следует употреблять алкоголь лишь после того, как человек плотно поел, то есть не «закусывать», а «запивать» водкой еду. Об этом за всю антиалкогольную кампанию не было сказано даже и полслова, не было никаких даже намеков на важность этой проблемы с точки зрения культуры потребления спиртных напитков.

Столь же некомпетентной была и пропаганда «легких» алкогольных напитков взамен водки как якобы «безвредных» по сравнению с водкой. В этом вопросе, можно сказать, проявилась вся квинтэссенция пошлой интеллигентской некомпетентности, на поводу у которой оказались государственные органы, дискредитировавшие себя перед всем миром, поскольку не удосужились даже ознакомиться с литературой по данному вопросу, издавая «эпохальное постановление». Как известно, пиво и «легкое», то есть ординарное столовое полусухое и полусладкое вино, не говоря уже о крепленых винах, известных в народе как «бормотуха», легче вызывают опьянение и действуют гораздо более разрушающе на организм, чем хорошо очищенные высокоградусные дорогие напитки типа коньяка и водки. По сравнению же с водкой, то есть с хорошей, зерновой, «московской особой», пиво и вино представляют собой настоящий яд. Вот почему их пропаганда фактически является пропагандой пьянства. Путь к ликвидации пьянства лежит через повышение качества, идеальную очистку и удорожание в связи с этим стоимости водки (т.е. стоимость должна не просто повышаться произвольно, а в точном соответствии с улучшением качества!). Это всегда понимали все ученые, в том числе и в России и за ее пределами. Карл Линней, Михаил Ломоносов, Тобиас Ловиц, Фридрих Энгельс, Дмитрий Иванович Менделеев, Николай Дмитриевич Зелинский, — все эти ученые каждый в свое время неустанно повторяли одну и ту же истину: если правители страны действительно хотят заботиться о своем народе и уберечь его от опасностей пьянства, они должны стремиться к тому, чтобы их государство производило как можно более высококачественно очищенную и потому дорогую, но практически безвредную и употребляемую в малых количествах водку. Определять же количество должно не сокращение производства водки, а исключительно культура каждого человека.

Пропагандировать культуру пития обязано общество. Оно же должно и строго наказывать некультурных «питухов». Вот программа борьбы с пьянством, единая для всех стран и народов, на все времена. Успех этой программы зависит исключительно от того общества, в котором она осуществляется, и от верности этой программе ответственного руководства общества.

Это не программа-однодневка, она рассчитана не на год или два. Ее необходимо осуществлять терпеливо, последовательно, методически в течение десятилетий, на протяжении целых эпох. Только тогда она даст результаты. В обществе должно господствовать презрение к пьянству, но сохраняться уважение к высокому качеству водки. При этом важнейшее, подчас решающее значение имеет характер общественной идеологии, то есть общественного отношения к водке.

На протяжении исторического развития во всех странах, и особенно в России, самыми неблагоприятными периодами были времена, когда общество целиком объявляло производство и потребление водки исключительно частным делом. Опыт показывает, что государство вообще не имеет права занимать в этом вопросе неясной, двусмысленной, индифферентной позиции: все это немедленно отражается на росте общественного цинизма и отсюда — на росте пьянства.

Капиталистическое общество сознательно занимает циничную позицию в этом отношении, ибо для него безразличны последствия водочного производства в общественном плане, важна лишь прибыль.

Наше же общество имеет все предпосылки для того, чтобы занимать ясную, честную и неизменную позицию в вопросе о водке. Оно должно четко заявить, что принципиально осуждает пьянство, алкоголизм как общественное явление и стоит за нелицеприятное наказание всех, кто подрывает веру в чистоту этой позиции в администрации государства.

Задача государства — неустанно, последовательно, постоянно разъяснять и доводить практически до каждого члена общества мысль о необходимости сознательного отношения к алкоголю, к пониманию каждым, что алкоголь как продукт, влияющий на социальные, культурные и экономические отношения в обществе, требует постоянного контроля потребления и что если с этим каждый не будет справляться самостоятельно, то общество тоже не станет сидеть сложа руки, а постарается примерно и, главное, немедленно и неотвратимо наказать того, кто забыл о своих общественных обязанностях.

Продажа высококачественной водки широкого ассортимента, пропаганда культуры пития, при строгой общественной морали и идеологии, ставящей водку на определенное место в общественной системе как продукт, за которым осуществляется неусыпный контроль, плюс сильные и быстрые, а главное, не ослабевающие с годами и всегда неотвратимые государственные меры наказания злостных, хронических, распущенных пьяниц, полный отказ от разлагающего тезиса о том, что алкоголизм — это не распущенность, а болезнь, с логичным выводом из этого тезиса в виде всякого отказа от лечения алкоголиков государством и с обязательной ссылкой их в особые изолированные районы для поселения и работы на всю жизнь (должно родиться поколение детей, никогда не видевших пьяного), — вот диалектически сбалансированная и гибкая, реальная программа разрешения водочной проблемы в государстве, по-настоящему заинтересованном в здоровом, как нравственно, так и физически, сознательном, независимом и национально гордом населении.

ПОСЛЕСЛОВИЕ

Итак, вы ознакомились с историей происхождения, возникновения и развития водки как продукта, созданного руками и умом человека в нашей стране и игравшего в нашей истории чрезвычайно противоречивую, но немалую роль. Несмотря на фрагментарность изложения и как бы совершенную обособленность отдельных глав, посвященных разным «водочным» проблемам, у читателя должно создаться впечатление цельной картины истории водки. Во всяком случае, он получит достаточный фактический материал к этой проблеме, который, во-первых, изменит бытующее обывательское отношение к водке как к предмету, недостойному исторического внимания и исследования, а во-вторых, стимулирует дальнейшее изучение тех тайн, которые все еще существуют в отношении водки, в области физики и истории.

Это — раскрытие, обнаружение и формулирование математической модели водки, глубокое изучение ее физических и, в первую очередь, таинственных термодинамических свойств.

Это целенаправленный поиск, а также обнаружение и изучение археологических и исторических письменных материалов, которые могли бы пояснить и дополнить самый темный период в истории водки, период ее возникновения, то есть конец XIV — первая половина XV века.

Это, наконец, глубокое выяснение общественного, политического и социально-экономического значения водки в жизни государства как фактора, который нельзя вовсе сбрасывать со счета при «академическом» изучении общественных процессов.

Все это в целом поможет как более реальному пониманию истинной истории нашей страны и русского народа, так и ясному научному выяснению того, как, когда и каким образом мы сможем избавиться от водки как от символа социального зла и пользоваться ею цивилизованно, прилично, ради гастрономического наслаждения и даже ради собственного здоровья и спокойствия, ибо наша русская водка самая чистая, самая «правильная» с научной точки зрения и потому самая безвредная из всех алкогольных напитков в мире.

Надо лишь законодательно добиться и экономически своим добросовестным трудом обеспечить, чтобы вся водка, производимая в нашей стране, изготавливалась бы исключительно из традиционного ржаного сырья.

Утопия? Нет, весьма конкретная и вполне достижимая реальность.

ПРИЛОЖЕНИЯ

Приложение 1

Сравнительные сырьевые и технологические данные о крепких алкогольных напитках разных стран и национальных районов (для сопоставления с водкой)

Название напитка, страна производства	Вид сырья	Особенности технологического процесса или вид предварительной обработки сырья, влияющей на качество и вкус
ДЖИН Великобритания	Зерно, ячмень	Дистиллируется вторично с добавкой можжевеловых ягод
ЖЕНЕВЕР (ШИДАМ) Голландия (можжевеловая водка)	Ячмень (солод), пшеничное зерно с можжевеловыми ягодами	Дистилляция
ВИСКИ Шотландия	Ячмень, ячменный солод в разных пропорциях	Зерно предварительно разбухают (замачивают), затем обсушивают в токе горячего дыма от торфа («копченое зерно»). Композицию виски делают из нескольких разных дистилляторов. Вода дистиллированная
ВИСКИ Ирландия	Ячменный солод; с зерном ржи, ячменя	Зерно предварительно замачивают, затем высушивают (натвердо) на воздухе. Спирт-ректификат выдерживают в дубовых бочках пять лет. Дистилляция

ВИСКИ (бурбон) США	Преобладающим является кукурузное зерно с добавками пшеницы	Выдерживается в обожженных изнутри бочках, отсюда темный коньячный цвет и ликвидация специфического кукурузного запаха
ВИСКИ Канада	Солод пшеничный, ржаное и пшеничное зерно, картофельный спирт	Зерновой спирт-сырец купажируется с нейтральным (этиловым), картофельным спиртом. Дистилляция, двоение. Крепость всегда 43°
ШНАПС Германия	Картофель, свекловица. Солод пшеничный, ячмень	Дистилляция, двоение
САКЕ (рисовая водка) Япония	Рис, рисовый солод	Специальная обработка риса паром, сильное распаривание зерна перед дистилляцией. Саке употребляется в горячем виде. Очень небольшие количества. Бесцветно. Прозрачно
МАОТАЙ (рисовая водка) Китай	Рис, дробленое зерно, рисовый солод	Цвет — желтоватый. Имеет характерный запах. Дистилляция
ХАНШИНА (пшенная водка) Китай	Просо (гаолян), чумиза	Дистилляция. Мутноватый цвет, специфический запах. Качество ниже маотая
БАМБУЗЕ (бамбуковая водка) Индонезия	Зерно бамбука (некоторых обильно колосящихся сортов). Бамбук цветет раз в 25—30 лет	Дистилляция. Несмотря на двоение, плохо очищается от примесей, особенно от примесей метилового спирта. Вызывает галлюцинации, вследствие чего употребляется лишь как ритуальный напиток в связи с местными верованиями народов Юго-Восточной Азии в особые праздники (очень редко)
РОМ Латинская Америка: а) Куба (лучший) б) Ямайка	Сахарный тростник: целиковый, зрелый, пульпа, тростниковая меласса, продукты	От вариаций видов сырья происходит все многообразие ромов, их нюансы в цвете, аромате, содержании алкоголя, общем количестве конечного продукта. Крепость рома до 55°

в) Пуэрто-Рико г) Гаити (худший)	сахарного производства, тростниковая патока, тростниковый сок, ферментированная тростниковая масса и др.	Дистилляция: единый процесс для всех видов
КАЛЬВАДОС (яблочная водка) Франция, Нормандия	Яблоки, обязательно хорошей сохранности, не перезрелые	Дистилляция с последующей выдержкой в бочках. Крепость различна от 38 до 50° в зависимости от сорта сырья, процента отбора и погона
КИРШВАССЕР (вишневая водка) Южная и Юго-Западная Германия (Баден, Вюртемберг, Бавария)	Забродившее сусло маленьких черных южногерманских вишен вместе с косточками	Дистилляция
ПЕЙСАХОВКА (еврейская изюмная водка) Израиль, Украина (Одесса)	Изюм	Дистилляция, двоение и троение
СЛИВОВИЦА (сливовая водка) Венгрия, Словакия, Румыния, Югославия	Чернослив, ренклод	Дистилляция, завяливание ягод, двоение
ТУТОВКА (тутовая водка) Азербайджан, Карабах, Армения	Ягода белого и черного тута	Дистилляция (иногда двоение). Специфический приятный аромат, слегка желтовато- зеленоватый оттенок
ЧАЧА (грузинская виноградная водка) Грузия	Незрелый, несортовый виноград с гребнями	Дистилляция (иногда двоение). Приятный «винный» аромат

КИЗЛЯРКА (кизлярская водка) Северный Кавказ, Ставрополье, Кубань	Различные фрукты (сборные: яблоки, груши, сливы, абрикосы-жердела)	Дистилляция
ВЕЙНОВАЯ водка	Порченое, скисшее виноградное вино, виноградный уксус, с добавкой несортового винограда (иногда недозрелого)	Дистилляция
ПУЛЬКЕ (кактусовая водка) Мексика	Кактусы	Дистилляция. Обычная крепость 32—34°. Качество продукта резко варьируется от вида сырья, характера производства (приемы, тщательность) и степени очистки. Практически не имеет стабильного стандарта
АРАКИ (финиковая водка) Турция	Финики	Дистилляция
АРРАК Юго-Восточная Азия, Индонезия, Малайзия, Таиланд	Смешанное сырье: рис, пальмовый сок, ядра ареки (орех), тростниковая меласса	Дистилляция. Лучшие сорта аррака — явские (так называемый батавский аррак). Близок к рому. Обычная крепость аррака — 58°
ЦИНАР Италия	Артишоки	Дистилляция. Обладает слегка горьковатым специфическим вкусом. Используется главным образом под итальянские колбасные изделия
ГРАППА Италия, Пьемонт	Виноградный жом, гребни (отходы виноделия)	Дистилляция. Двоение. Кристально прозрачная бесцветная жидкость (виноградный спирт) с явственной горчинкой
ФРАМБУАЗ Франция	Малина (малиновый жом)	Дистилляция. Двоение. Используются как свежие некондиционные ягоды, так и отходы промышленности по производству соков, а также сушеная ягода

ПАЛИНКА Венгрия, отчасти Воеводина (Югосл.), Банат (Рум.)	Абрикосы	Дистилляция. Двоение
ВИЛЛИАМИНА Швейцария	Груши	Дистилляция. Двоение
КУМЫШКА (молочная водка) Удмуртия, Марий Эл, Башкортостан	Закисшее коровье и овечье молоко, закисшее конское молоко	Дистилляция
АРЬКА (кумысная водка) Калмыкия, Бурятия	Кумыс или закисшее молоко крупного рогатого скота с добавкой кумыса	Дистилляция. Пьют только горячей (в остывшем состоянии обладает неприятным запахом).
АРЗА (ХОРЗА) Калмыкия	Арька с кумысом, арька	Двоение арьки и троение. Очень крепкая кумысная водка. Пьют только горячей

Приложение 2

Список частных русских фирм, производивших водку в дореволюционной России и возникших после отмены крепостного права в 1861 году

В связи с периодическими возникновениями недоразумений по поводу патентных и наследственных прав на производство водки как оригинального продукта, обладающего особыми качествами и рецептурой, и в связи с отсутствием печатных фактических данных о русских фирмах, действовавших в России до 1917 года, и белогвардейских русских фирмах, начавших производство водки за границей впервые после 1918 года и претендующих на преемственность с дореволюционными русскими фирмами, сообщаем сведения о фирмах, существовавших в России до 1917 года и официально зарегистрированных как законные производители водки.

Название фирмы	Место производства водки	Год основания фирмы	Наименование производимой продукции (сорта и виды водки)
«Вдова М.А. Попова»	Москва	1863 г.	«Поповка» (неофиц.). Двоилась и троилась. Чисто ржаная
«Петр Смирнов» (Фирма П.А. Смирнова)	Москва	1886 г.	«Смирновская» (неофиц.) № 20, 32, 40. Содержала вредную прибавку — поташ
«И.А. Смирнов» (брат предыдущего, действовал отдельно как конкурент)	Москва	80-е гг.	Не имела особого названия, от «смирновской» отличалась формой тары. Высокое качество, дороже
«А.Ф. Штриттер»	Петербург	С конца 70-х гг.	Хорошего качества, но в ней применялась дистиллированная вода
«Бекман»	Петербург	Неизвестно, не ранее середины 80-х гг.	Среднего качества. Картофельный спирт, дистиллированная вода. «Нерусский» вкус
«В.Е. Петров»	Петербург	80-е гг.	«Петровская»
«Т-во Вараксин и Кᵒ»	Казань	70-е гг.	Среднего качества. О специфике технологии сведения отсутствуют
«А.В. Долгов и Кᵒ»	Нижний Новгород	70-е гг.	Столовая водка № 30. Высшего качества. Двойной ректификации. Тем не менее водка уступала московской, ибо в ней применялась дистиллированная вода
«И.В. Александров»	Казань	80-е гг.	

Приложение 3

О воздействии алкоголя на человеческий организм

По поводу вредного воздействия алкоголя на здоровье и поведение человека (т.е. на способность человека контролировать себя, на его нервную систему и координацию движений) написано весьма много. Но эта литература в основном основана на эмоциях и оперирует аргументами морали или же приводит такие медицинские аргументы, которые не убеждают никого, ибо, во-первых, обычно используют примеры патологических случаев, наблюдаемых у хронических алкоголиков, и потому особо «страшные», но вовсе не свойственные массе «нормальных» потребителей алкоголя, а поэтому не подтверждаемые их личными ощущениями, наблюдениями и опытом; во-вторых, медицина, когда она фиксирует точный факт, а не дает лишь рекомендации, имеет дело исключительно с патологоанатомическими данными, устанавливаемыми после смерти алкоголика, и, следовательно, может фиксировать вредное воздействие алкоголя, лишь когда абсолютно неясно, как сказались наряду с ним на здоровье все другие факторы, имевшие место в течение жизни данного индивидуума, — стресс, условия быта, наследственность, врожденные заболевания, другие перенесенные болезни.

По этой причине обычная медицинская пропаганда против пьянства не имеет никогда реального успеха, прежде всего среди самих медиков, в рядах которых достаточно пьяниц, ибо она не дает никакой информации о том, как конкретно влияет та или иная доза алкоголя на здорового, нормального, обычного человека, не являющегося пьяницей, но иногда употребляющего алкоголь.

В 1903 году русский физиолог Н. Волович, стремясь прийти к объективному пониманию процессов, происходящих в здоровом, сильном, нормальном человеческом мужском организме при потреблении им алкоголя, отказавшись от обычного определения степени опьянения по внешнему виду человека (возбужден, навеселе, лезет целоваться, подвыпил, шатается, хватается за стенку, пьян в стельку, валяется под лавкой, столом, на тротуаре), нашел действительно объективный показатель и произвел уникальный опыт.

Н. Волович положил в основу измерения воздействия алкоголя на человека объективный фактор — число ударов пульса при потреблении разных доз алкоголя по сравнению с числом ударов пульса после выпивания человеком стакана воды. Пульс же измерялся в течение ровно суток после употребления алкоголя (в качестве которого брался спирт-ректификат 96°). При этом для чистоты опыта подопытные сутки голодали. При выпивании были зафиксированы следующие результаты: 20 г алкоголя (спирта) не давали практически никаких изменений, пульс увеличивался всего на 10—15 ударов в сутки или вовсе не изменялся у более здоровых людей. Зато уже употребление 30 г алкоголя вызывало увеличение на 430 ударов больше, чем обычно; 60 г алкоголя — на 1872 удара больше; 120 г алкоголя — на 12 980 ударов больше; 180 г алкоголя — на 23 904 удара больше, а при 240 г на следующий день уже на 25 488 ударов больше, то есть сказывалось остаточное действие алкоголя, ибо он за сутки полностью так и не выводится из организма при приеме больших доз.

Отсюда следовал вывод: при потреблении 20 г алкоголя в организме человека не происходит никаких негативных изменений, а лишь идут стимулирующе-очистительные процессы. Следовательно, это количество в сутки нормально, оно даже профилактически порой необходимо (осенью, зимой, в сырую погоду и т. д.); в пересчете на водку с 40° содержанием спирта это означает 50 г; 30 г спирта или 75 г водки — это уже предел нормы. Все, что свыше 60 г алкоголя (спирта) — то есть 150 г водки в сутки, — уже вредно, а свыше 100 г спирта или 250 г водки — просто опасно, ибо это означает учащение на 10—12 тыс. ударов пульса или сердцебиений больше, чем нормально, или на 8—10 сердцебиений в каждую минуту больше, чем можно и чем необходимо. Не всякий способен контролировать себя в такой ситуации. Имея эту информацию, пусть уж каждый рассчитывает свои силы и возможности, не питая никаких иллюзий.

В то же время даже 30 г водки, а не то что 50 г вполне достаточны как кулинарно-сопроводительный акцент к слишком жирной мясной или к солено-пряной рыбной и овощной пище[1].

Поскольку такая пища потребляется не каждый день, а по крайней мере два-три раза в неделю, то 100—150 г водки в неделю, или 400—500 г в месяц, вполне соответствуют нормальной дозе, поэтому такое количество водки и должно стать отправной точкой для исчисления минимума государственного производства и как разумный минимум индивидуального потребления, к которому следует стремиться. Это означает, что страна, обладающая по крайней мере 200 млн потенциальных потребителей водки, должна производить и реализовывать ежемесячно не менее 100 млн литров водки,

[1] Список наименований продуктов и блюд, с которыми водка корреспондирует в кулинарно-вкусовом отношении, приводится в приложении 5.

чтобы покрыть нормальный и равномерно распределенный спрос, отнюдь не диктуемый целями опьянения. Но это минимум, который следует признавать, с которым следует считаться и который нельзя снижать, не рискуя вызвать взрыв спроса.

Приложение 4

Советские водки

«Московская особая»	«Посольская»
«Русская»	«Золотое кольцо»
«Столичная»	«Кубанская»
«Пшеничная»	«Сибирская» 45°[1]
«Лимонная»	«Юбилейная» 45°
«Крепкая» 56°	«Старка»
«Горилка»	«Петровская»
«Перцовка»	«Водка особая»
«Зубровка»	«Охотничья» 56°
«Экстра»	

В Прибалтике, кроме того, выпускаются водки, использующие иную технологию и дистиллированную воду:

«Кристалл Дзидрайс» (Латвия, Рига)

«Виру Валге» (Эстония, Таллин)

Из всех этих водок «Сибирская», «Юбилейная» и «Крепкая», обладающие крепостью свыше 40°, собственно, к классической водке не относятся, ибо эталоном последней являются непременное сохранение 40°, рассчитанные по весу (а не по объемам) ржаной солод и ржаное зерно (с добавками других злаковых в допустимых размерах), мягкая вода рек московского региона (2—4 мг/экв) и отсутствие каких-либо иных компонентов, влияющих на органолептические показатели, так или иначе изменяющие классический вкус.

Этим условиям отвечает полностью лишь «Московская особая водка», остальные не укладываются в «прокрустово

---

[1] Не путать с псевдоводкой, выпускаемой в Италии, так называемой «Сибирской лимонной специальной», которая не является водкой по своему типу, а представляет собой горькую настойку (тинктуру), стоящую ближе к ерофеичам, а не к водкам.

ложе» жестких требований: «Столичная» имеет добавки сахара (минимальные, «незаметные») с целью усилить «бархатистость» и «питкость».

«Лимонная», «Зубровка», «Перцовка», «Старка», «Петровская» также обладают ароматическими и вкусовыми добавками, придающими им иной нюанс, и потому отличаются от подлинной «Московской». «Горилка» изготавливается из пшеничного зерна и солода с добавками (традиционными для украинских, «черкасских» водок) этилового (картофельного) спирта.

«Пшеничная» основана не на ржаном, а целиком на пшеничном сырье и, следовательно, также отличается от настоящей «Московской».

Наконец, «Русская водка» при двоении перегоняется с небольшим количеством корицы, что отнюдь не улучшает ее вкус и качество; эта марка неудачна, она была создана в 70-х годах, и добавка корицы продиктована, по-видимому, необходимостью отбить привкус картофельного спирта, который входит как компонент в рецептуру этой современной марки водки. (Ее наименование, однако, сбивает потребителя с толку.) Кроме того, «Русская водка» включает дистиллированную воду, а не «живую». (Выпускается ЛВЗ в Туле.)

«Посольская» и «Золотое кольцо» ближе всех по своим показателям подходят к «Московской особой», но поскольку их ТУ полностью не публикуются, то о полной идентичности этих марок водок с «Московской особой» нельзя говорить с уверенностью. Между тем их качество определенно высокое.

Все указанные выше модификации водки традиционны для отечественной водочной промышленности. Они отвечают либо иным назначениям водки (например, «Столичная» хорошо подходит для коктейлей), или разным любительским вкусам (например, «Лимонная», «Перцовка», «Старка»). Но если исходить из строгих гастрономических канонов о наиболее гармоничном сочетании водки с блюдами русской кухни и русскими закусками (мясными, рыбными, овощными), то к ним по-настоящему подходит только «Московская особая»; с рыбными холодными закусками отчасти гармонирует и «Лимонная», которая считается также своего рода «дамской водкой» в силу своих приятных органолептических качеств.

Гастрономическое значение и правильное употребление водки

Водка как застольный напиток предназначена для придания кулинарно-сопроводительного акцента блюдам исключительно русского национального стола.

Прежде всего водка подходит к жирным мясным и мясо-мучным блюдам и соленым острым рыбным:

1) к упитанной разварной говядине;
2) к поросенку жареному с кашей;
3) к бараньему боку или седлу с луком;
4) к жирным блинам с маслом, сметаной, икрой или семгой;
5) к пельменям;
6) к солянкам (селянкам).

В применении к этим блюдам водка помогает их усвоению и производит «утрамбовывающий» пищу, освежающий и «смывающий» жир и запах эффект.

Однако основное применение водки в русской застольной практике связано с употреблением ее в качестве обязательного приложения к русскому закусочному столу.

Русский закусочный стол сложился окончательно лишь в XVIII веке. На этот же период пришелся и расцвет русского домашнего винокурения с его богатым и разнообразным водочным ассортиментом.

Таким образом, характер водки, ее органолептические свойства, ее ароматизация и очистка — все это приноравливалось к вкусовым особенностям и пищевому составу русского закусочного стола.

Вот почему эти два понятия — водка и закуска — стали в конце концов неразрывными и как лексическая идиома, и как гастрономическая реальность. Однако, укоренившись в сознании народа, эти понятия в силу изменения и неравенства социальных условий стали в течение последних 200 лет искажаться и приобретать неадекватные значения в разных группах населения России. Суть этих изменений состояла в том, что водка оставалась как непременный компонент, а закуска либо обеднялась, либо редуцировалась, либо исчезала вовсе.

Именно утрата водкой ее гастрономического значения как главного и ведущего и приобретение ею в низших слоях народа значения как исключительного средства опьянения приводили к пьянству, к бескультурному, распущенному употреблению этого национального алкогольного напитка. Надо сказать, что это неверное применение водки так или иначе, вольно или невольно поощрялось властями как в дореволюционную эпоху, так и за последние четверть века, начиная с середины 60-х годов, путем нелепых распоряжений, регулирующих торговлю водкой, то есть преимущественную ее продажу распивочно, ограничениями и т. д., а главное — плохим столом, изменением кулинарных привычек, нравов и обычаев в стране.

Дело в том, что не только водка хорошо приспособлена как гастрономическое дополнение к русскому национальному столу, к его блюдам, но и сами по себе специфические блюда истинного русского национального стола приспособлены умерять отрицательные воздействия опьянения, при условии, если состав этого стола строго выдерживается, а водка потребляется умеренно.

Но именно за последние 25—30 лет произошло почти полное исчезновение из русского меню всех характерных блюд русской национальной кухни. Еще более были сокращены для всеобщего употребления русские национальные закуски, с которыми обычно принято употреблять водку.

К ним относятся:

I. Мясные закуски:

1. Свиное сало соленое.
2. Ветчина (окорок тамбовский).
3. Студень говяжий.
4. Холодец поросячий (или свиной).
5. Поросенок холодный заливной.
6. Голова свиная холодная.
7. Язык свиной (говяжий) отварной.
8. Телятина холодная заливная.
9. Солонина отварная.

Для всех этих видов закусок обязательны водка, горчица и хрен как компоненты, усиливающие их гастрономическую привлекательность и оттеняющие их вкусовые свойства.

II. Рыбные закуски:

1. Селедка с подсолнечным маслом и луком (предпочтительно с зеленым).
2. Икра черная паюсная (хуже — зернистая) осетровая.

3. Икра красная (лососевая).
4. Икра розовая (сиговая).
5. Балык осетровый (холодного копчения).
6. Осетровый бок (холодного копчения).
7. Севрюга горячего копчения.
8. Семга свежепросольная беломорская.
9. Теша семужья.
10. Лососина балтийская свежепросольная.
11. Кета соленая.
12. Горбуша соленая.
13. Горбуша горячего копчения.
14. Кижуч свежепросольный.
15. Нельма холодного копчения (нельма розовая).
16. Залом астраханский копченый.
17. Шемая солено-копченая.
18. Омуль байкальский копченый.
19. Муксун холодного копчения.
20. Осетрина заливная.
21. Судак заливной.
22. Снетки чудские.
23. Кильки соленые.
24. Корюшка и ряпушка копченые.

III. Овощные закуски:

1. Огурцы соленые.
2. Капуста квашеная.
3. Капуста провансаль.
4. Яблоки антоновские моченые.
5. Арбузы соленые.
6. Помидоры соленые.
7. Баклажаны квашеные фаршированные.
8. Грибы соленые.
9. Грибы маринованные.
10. Винегрет русский.
11. Картофель отварной (к сельди соленой).

Под все эти закуски водка естественный и идеальный гастрономический дополнитель. При этом сочетаются сливочное масло и отварной картофель. Хрен употребляется только к заливной рыбе и севрюге, а к рыбе соленой и холоднокопченой хрен недопустим.

Об обозначениях крепости алкогольных напитков на этикетках

Количество спирта в алкогольных напитках (винах, настойках, водках и т. д.) выражается обычно объемными или весовыми процентами, то есть в сотых долях объема или весовых частей. Это различие способов выражения состава алкогольных напитков объясняется как исторически, то есть принятой для той или иной страны и той или иной фирмы, выпускающей напиток, системой, правилом, традицией, так и уровнем технологической схемы при изготовлении данного напитка. Так, до 1894 года содержание алкоголя в водке, ее степень крепости определялись исключительно объемами, что и отражалось в соответствующих технических наименованиях водок: двупробная, трехпробная, четырехпробная и т. д. Но после того как Д.И. Менделеев «реформировал» водку и научно доказал, что составление водки, то есть соединение хлебного спирта с водой, должно происходить не путем простого слияния объемов, а точным отвешиванием определенной части спирта, процент содержания алкоголя в водке, или ее крепость, стал выражаться в весовых частях.

На практике в обозначениях водочных и винных этикеток содержание спирта в алкогольных напитках выражается в градусах, обозначаемых цифрой с маленьким кружочком вверху, — 40° или 16°. Однако это правило не всегда выдерживается. Иногда, особенно на уровне отдельных республик, прибегают к нетрадиционному выражению крепости — в процентах. Например, «Коньяк отборный, Арарат, АрмССР, разлив Московского винно-коньячного завода. Крепость 42%»; «Українська з перцем гірька настойка міцн. 40% (міцність — крепость)»; «Лимонная горькая настойка. Московский завод «Кристалл». Крепость 40%». Такое обозначение в процентах принято в некоторых зарубежных странах и в последнее время занесено в нашу страну под влиянием репатриантов, работающих в соответствующих отраслях или в рекламе, связанной с изготовлением этикеток. Это нарушение принятых в нашей стране обозначений, разумеется, дезориентирует потребителей и должно расцениваться как техническая и торговая неграмотность и на этом основании подвергаться соответствующим санкциям.

Дело в том, что указание на процент (%) ничего не говорит о том, от чего исчисляется этот процент — от веса или от объема. За рубежом, где выпуск алкогольных напитков целиком предоставлен отдельным фирмам, одни из них считают нужным указывать какой-то процент для ориентирования покупателя (например, финский ликер «Поляр», 29%), другие, наоборот, считают, что никакие указания крепости в цифровом выражении невозможны, особенно в винах и ликерах, ибо каждая партия их индивидуальна и их достоинство в их букете, а не в их арифметической крепости (так поступают, например, португальские фирмы, выпускающие портвейн («Порто»), итальянские фирмы, южнофранцузские и др.).

В нашей же стране принят строгий порядок обозначения содержания алкоголя в напитке: при исчислении весовых процентов указывается количество градусов — 40°, 42°, 45°, 56°. Все это, как правило, крепкие и благородные алкогольные напитки — водки, коньяки. В то же время при исчислении объемных процентов обозначение на этикетках выглядит так:

«Ал Шараб». Столовое розовое. Баквинзавод № 1, крепость 9—14% об.,

«Матраса». Столовое красное. Баквинзавод № 1, крепость 10—14% об.,

«Кагор» № 32. Кубаньвиноградагропром, спирт 16% об.

Все другие компоненты вин, которые указываются на этикетках, выражаются исключительно в весовых частях. Так, указание на сахаристость вин и ликеров исчисляется в весе, но указывается на этикетках следующим образом: сахар 16%; сах.: 30—40 г/л, то есть грамм на литр. Зная удельный вес спирта, или сахара, или иных ингредиентов, содержащихся в алкогольном напитке, можно, следуя данным на этикетках, всегда перевести объемные части (проценты) в весовые и наоборот. Иногда указывается и количество титруемых кислот, особенно в винах специально составленных, заново изобретенных, «авторских». Так, в белом десертном вине «Улыбка» (Геленджик) крепость 15% об., сах. 14%, т. кис. 5—7 г/л.

В отличие от водки, процентное содержание спирта в которой всегда выражено в весовых частях, алкогольность виски в США, Великобритании и в других западноевропейских странах выражена в объемах, что и находит свое отражение в ряде случаев в обозначениях на этикетках: Winchester. Scotch Whisky 40% vol (то есть объемов). Приноравливаясь «к западному вкусу», то есть к принятым на Западе нормам, наши внешнеторговые организации в последние годы стали также указывать крепость водки не в градусах, а в процентах («Московская особая» 40%), не понимая, что тем самым совершенно смазывается принципиальное различие водки и виски.

Вследствие того, что на Западе сложилась традиция не учитывать факта контракции (сжатия) спирта и исчислять (до середины XX в.) крепость алкогольных напитков, исходя не из реальной оценки купажа, а на основе вносимых в купаж компонентов, наряду с принятой ныне русской, менделеевской, системой определения крепости водки и виски продолжает сохраняться и прежняя, привычная западноевропейскому потребителю система оценки. Эта старая, «завышенная», система оценки крепости указывается в скобках наряду с современной:

«Московская особая» водка 40° (70° Br. Proof), «Смирновская водка» № 21 (80° Proof), «Scotch Whisky» 40% vol (70° Proof), водка «Юбилейная» 45% (79° Proof), «Крепкая» водка 56% (98° Proof). Исходя из лингвистического смысла этого обозначения, оно как бы считается «практическим» и противопоставляется русскому, «теоретическому». На самом же деле все обстоит как раз наоборот: русское обозначение крепости алкоголя самое реальное: это точная оценка содержания алкоголя в напитке по весу. Английское же обозначение фактически мнимопрактическое, ибо оно учитывает лишь формальную, чисто техническую степень дистилляции спирта, послужившего как сырье, как источник для получения виски или водки, но вовсе ничего не говорит нам о том, что мы на самом деле потребляем; оно не учитывает сложнейших биохимических и физических превращений, которые испытывает спирт при концентрации, вступая во взаимодействие с водой, оно не учитывает всего того принципиального различия, которое имеется между виски и водкой. Объективно-научно «градусом» крепости всегда считалась и продолжает считаться одна сотая (0,01) часть безводного (100%) спирта, которая весит 7,94 г. В Англии с 1794 года, когда еще не была известна научная химия, измеряют спирт объемом, как обыкновенную воду, причем даже не объемом безводного 100-процентного спирта, который тоже тогда не был известен, а объемом так называемого пробного, или практического, спирта, обозначаемого Proof, в единице которого лишь 57,3 объема безводного спирта. Кроме того, в Англии исчисление как от единицы меры идет не от 1 л и не на основе десятичной системы, а мерой объема служит галлон — 4,5735 л. Вот почему не следует вовсе подражать в этом Западу и приводить крепость водки в градусах по английской системе.

ДИАГРАММА

государственных доходов по средним процентным данным за десятилетие 1885—1894 гг.

№	Наименование доходов	%
1.	Питейный доход	28,60
2.	Таможенный доход	14,50
3.	Налоги поземельные, с недв. имуществ и подати	6,10
4.	Казенные железные дороги	4,92
5.	Выкупные платежи с бывших помещичьих крестьян	4,47
6.	Выкупные платежи с государственных крестьян	3,99
7.	Обязательные платежи общественных железных дорог	3,90
8.	Сбор с торговли и промыслов	3,64
9.	Табачный доход	2,93
10.	Гербовые пошлины, судебные, канцелярск. и с зап. докум.	2,58
11.	Сахарный доход	2,43
12.	Возврат ссуд и других	2,24
13.	Почтовый доход	2,14
14.	Лесной доход	1,86
15.	Пособия госуд. казначейству из других источников	1,76
16.	С переходящих имуществ	1,61
17.	Разные мелкие и случайные доходы	1,43
18.	Оброчные статьи и промыслы	1,38
19.	Прибыли от принадл. казне капитал. и банк. опер.	1,20

№	Наименование доходов	%
20.	Сбор с доходов от денежных капиталов	1,20
21.	Телеграфный и телефонный доходы	1,17
22.	Казенные заводы, технич. завед. и склады	1,02
23.	С пассажиров и грузов большой скорости	0,96
24.	Нефтяной доход	0,85
25.	Прибыли от уч. казны в доход. части жел. дор.	0,69
26.	Пошлины разных наименований	0,47
27.	Пошлины с паспортов	0,43
28.	Пошлины с застрахован. от огня имуществ	0,42
29.	Спичечный доход	0,36
30.	Горный доход	0,30
31.	Выкупные платежи с бывш. удельных крестьян	0,30
32.	Доход от продажи недвижим. имуществ	0,10
33.	Монетный доход	0,05

253

П р и м е ч а н и е:

Диаграмма наглядно и убедительно свидетельствует о том, что доход от монополии торговли водкой составлял главную статью государственного бюджета, основу финансирования государства в конце XIX века, когда царская Россия была уже достаточно развитым капиталистическим государством.

Конечно, за годы советской власти хозяйственная структура страны претерпела серьезные изменения и доля тяжелой промышленности и энергетики неизмеримо возросла (ср. № 22 и 24 в таблице!), но тем не менее значение питейного дохода все равно традиционно оставалось высоким, хотя данные на этот счет не публиковались.

Дополнение к Диаграмме о питейном доходе

В конце XIX — начале XX века самой пьющей губернией России была Московская (неоспоримое первенство!), дававшая доход от водки в 1885 г. 20 млн 707 тыс. 400 руб. (золотых рублей!), а в 1895 г. уже 25 млн 353 тыс. рублей.

За ней шла столичная губерния — Петербургская — 14,6 млн рублей (почти вдвое меньше). На третьем месте стояла Киевская — 10,7 млн, т. е., вместе взятые, они отставали от Москвы!

И уже на значительной дистанции от этих «гигантов потребления водки» располагались другие губернии, попадавшие в первую десятку (из 63 губерний тогдашней России):

4. Херсонская (Южная Украина) — 8,7 млн руб.

5. Каменец-Подольская (Южная Украина) — 7,5 млн руб.

6. Ставропольская (Юго-Восточная Россия) — 6,55 млн руб.

7. Саратовская (Юго-Восточная Россия) — 6,48 млн руб.

8. Донская обл. (Южная Россия) — 6,47 млн руб.

9. Тамбовская (Южная Россия) — 5,97 млн руб.

10. Екатеринославская (ныне Днепропетровская обл.) (Южная Украина) — 5,9 млн руб.

Очень близко к десятому месту (свыше 5 млн руб.) стояли такие губернии, как:

Волынская (Западная Украина), Курская (Южная Россия), Воронежская (Южная Россия), Орловская, Полтавская (Центральная Украина), Харьковская (Восточная Украина), Могилевская (Восточная Белоруссия). Наиболее «трезвыми» были Карелия (455 тыс. руб.) и Архангельский Север (675 тыс. руб.).

Общий доход от водки в 1895 г. был около 300 млн рублей — основа российского бюджета.

В целом следует подчеркнуть, что население Южной Украины и России всегда пило одинаково много и дружно, стараясь, так сказать, не отставать друг от друга, хотя неоспоримое первенство в «командном зачете» держали все же украинцы, что в значительной степени объяснялось тем, что именно в этом регионе в конце XIX века стала преобладать дешевая картофельная водка, которая всегда пользовалась спросом на Украине, где к качеству водки предъявлялись более низкие требования, чем собственно в России.

Вот почему украинское и отчасти южнороссийское население слыло за больших пьяниц, в то время как Москва хотя и пила не меньше водки, но запьянцовским ее население не считалось, ибо здесь в ходу была вплоть до Русско-японской войны 1904—1905 гг. исключительно зерновая водка.

На Урале самой «пьяной» считалась по размерам потребления водки Пермская губерния (5,67 млн руб.), которая тогда включала и территорию Екатеринбургской области. Учета потребления в литрах тогда не велось, интересовала лишь прибыль.

Как ни странно, но, несмотря на то что прошло с тех пор сто лет и очень многое в структуре населения страны, в ее хозяйстве, в распределении ресурсов и доходов населения значительно изменилось, в основном и поныне главными потребителями водки в нашей стране остаются те же самые регионы.

Приложение 8

Питейный доход в России в конце XIX века в сопоставлении с питейным доходом в других крупных странах Европы (в процентах к общему бюджету каждой страны)

Страна	1 2 3 4 5 6 7 8 9 10 11 12 13 14 15 16 17 18 19 20 21 22 23 24 25 26 27	%
Россия		24
Великобритания		27
Франция		14
Германия		11,5
Италия		3

Эта скромная на вид диаграмма говорит об очень многом и важном.

1. Россия вовсе не была каким-то «пьющим исключением», где водка играла значительную роль в государственном бюджете и экономике: достаточно сравнить роль виски в Великобритании, считавшейся когда-то самой культурной страной в мире.

2. Водка и крепкие напитки давали доход в бюджет не только потому, что в России не было иных источников финансирования в то время. Даже в промышленно развитой Англии виски играло не меньшую роль, а во Франции — коньяк. Дело в том, что все эти напитки для каждой из указанных стран всегда были и остаются продуктами массового потребления, а потому приносят стойкий доход.

3. Страны, производящие водочные, спиртные изделия, базирующиеся на зерновом сырье, неизбежно получают от этого более высокие поступления в бюджет, чем страны традиционного виноделия, где вино — обычный повседневный продукт деревенского производства и народного питания. (Ср. Италия!)

4. Меньший доход Германии от производства шнапса, чем это можно было бы ожидать для этой страны, объясняется тремя причинами:

1) высоким удельным весом промышленного производства — основного источника доходов для страны;

2) тем, что Западная и Южная Германия — регионы потребления и производства вина, а не шнапса, приносившего доход только в Восточной Германии;

3) большим импортом русской водки в Германию в конце XIX — начале XX века.

Приложение 9

О «секретах» и особенностях Смирновских водок

Фирмы семьи Смирновых возникли после отмены крепостного права, когда в 1862 году правительство разрешило производство водки, т. н. «высших питей», т. е. алкогольных напитков с повышенным содержанием спирта, всем, у кого для этого были деньги и желание. Именно тогда Иван Алексеевич Смирнов и племянник Петр основали независимые друг от друга водочные производства. Иван купил в 1863 году (декабрь) маленький водочный заводик на Берсеневской набережной, а Петр, получив в наследство от отца Арсения небольшой винно-водочный погребок на Пятницкой, у Чугунного моста, в 1864 году превратил его в водочный магазин собственной продукции и расширил созданный еще за год до этого небольшой водочный заводик при магазине. Все это было оформлено получением патента купца 3-й гильдии. Таким образом, фактическим началом деятельности обеих фирм Смирновых был 1864/65 год, ибо только с этих пор они начали производить «свою», смирновскую водку, а не торговать перекупленной по дешевке «чужой».

С самого начала Иван и Петр выступили как ожесточенные, непримиримые конкуренты. В этой конкурентной борьбе их главным козырем было снижение себестоимости своей продукции, а следовательно, ухудшение качества водки, по существу, при улучшении ее имиджа. Особенно не стеснялся в отношении фальсификации качества на первых порах Иван Смирнов. Но и Петр, имея собственный завод и собственную систему распространения водки, естественно, не отставал от дядюшки — прибыль была важнее всего. Однако Петр действовал более успешно, как более молодой и гибкий знаток русского рынка. Совсем бросовое «вино» он назвал «народным» и продавал его опустившемуся московскому люду подешевле, а алкоголики, естественно, не предъявляли особых требований к качеству. Так «слава» о смирновской водке стала распространяться в низах, где ее покупали чаще, чем более дорогие и высококачественные сорта других фирм. Вторым приемом распространения, примененным Петром Смирновым, было усиление «мягкости», «питкости», т. е. внешних органолептических свойств своей водки при помощи «фирменных добавок». Что они собой представляли, мы увидим ниже. Наконец, Петр оказался и неплохим психологом, настоящим мастером рекламы. Получив в 1886 году патент купца 1-й гильдии, который формально, со времен Петра I, считался как бы утверждаемым царем, он стал писать крупными буквами в рекламных материалах о своей водке, на витринах и во время хозяйственных выставок, что его фирма («Товарищество») «высочайше» утверждена. В 1896 году фирма стала уже официальным поставщиком двора великого князя Сергея Александровича, дяди царя Николая II, и оставалась в этом качестве до 1905 года. Петр Смирнов повсюду подчеркивал, что он «поставщик императорского двора», не уточняя, какого именно. Таким образом, за 20—25 лет П. Смирнов приобрел значительную известность в России, особенно в Центральном промышленном и сельскохозяйственном районе. А этот район потреблял 60% всей российской водки.

Когда в 1894 году начала осуществляться государственная монополия на водку и правительство поручило Комитету во главе с Д.И. Менделеевым исследовать качество водок всех 12 частных фирм, существовавших в то время на территории России (без Украины и Царства Польского, где существовали иные фирмы и иные законы о производстве водки), то ученые и лаборанты, производившие анализы, были больше всего удивлены тем, что считавшиеся лучшими и имевшие большое распространение водки Смирновых оказались низкого качества, причем не только значительно ниже качества государственной, казенной, произведенной по-научному водки (фактически — менделеевской), но и ниже уровня других водок частных фирм. В официальной записке, составленной по этому поводу, отмечалось, что в распространении водки в народе не всегда имеет значение качество, в котором темный народ и даже такие потребители, как офицерство, по существу, не особенно разбираются. Зато умение фирмы распространять свой товар, придать выигрышную внешность этикеткам и форме бутылок, выдумать благозвучное, повышающее доверие название (вроде «Императорская») — все это играет значительную роль в создании торговой репутации. Иногда простое повышение цены одного и того же состава водки, но налитого в бутылки с разными этикетками заставляет потребителей считать и даже уверять других, что водка высокой стоимости — лучше, хотя лабораторный анализ запросто опровергает это заблуждение.

К числу рекламных трюков, которые употреблял уже не сам П.А. Смирнов, а его наследники, причем за границей, было обозначение на этикетках года основания фирмы как 1818-й. Однако в это время даже отец П.А. Смирнова не имел еще фамилии Смирнов, так как был крепостным, а Петр еще не родился, и его фирма фактически была основана лишь через 46 лет после обозначенного на этикетке срока. Зато эффект был большой: начало XIX века воспринималось, особенно в Америке, где в это время только-только стали создаваться государства, как некая «древность», не чета концу века, когда фирмы росли как грибы.

В 1896 году царская правительственная комиссия потребовала данные о смирновском водочном производстве, так как должен был действовать с этого времени государственный эталон качества на водку.

В результате проверки смирновская водка, получив низкие оценки, перестала поставляться к Высочайшему двору. В 1900 году был опубликован сводный анализ казенной водки и водок фирм обоих Смирновых — Ивана и Петра. В 1903 году этот анализ был сделан достоянием международных торговых организаций, будучи выставлен в Париже на выставке. Тем самым правительство России как бы отмежевывалось от того, чтобы смирновскую водку считали синонимом или образцом русской национальной водки.

Национальной была объявлена и получила признание казенная водка государственных заводов — т. н. в народе «монополька».

В анализе органолептической оценки водки Ивана Смирнова было поставлено — «хорошая» (№ 20, 21, 32, 36, 40), а т. н. народное «очищенное» обозначалось как «с неприятным сивушным оттенком», а № 1 — как удовлетворительная. У Петра Смирнова все им представленные образцы (№ 20, 21, 32, 40) оценивались «удовлетворительно», но в графе «азотная кислота» указывалось, что у «хорошей» на вкус водки Ивана ее «много» и «очень много», а у худшей на вкус водки Петра — были только «следы» азотной кислоты, т. е. мало. Так положительные и отрицательные характеристики водок обоих фирм Смирновых как бы уравновешивались.

Однако фирмы П. Смирнова и И. Смирнова, конкурировавшие не только с другими дореволюционными водочными фирмами в России, но и между собой, отличались тем, что под предлогом сохранения «семейного рецепта» и «семейной тайны» отказывались предоставлять официальным властям и, в частности, Центральной химической лаборатории № 1 в Петербурге сведения о технологии производства их продукции.

Вот почему служба надзора за качеством товаров Министерства финансов царской России могла судить о качестве смирновских водок только путем сравнительной их оценки с качеством других фирм или с качеством государственной (казенной) водки. И всегда, при любых испытаниях за все время с 1892 по 1991 год, т. е. в течение 100 лет, качество смирновских водок оценивалось как низкое. При лабораторных исследованиях выявлялись чрезвычайно серьезные недостатки смирновских водок, причем выявляли их такие крупные ученые-химики, как Д.И. Менделеев, проф. Н. Тавилдаров, проф. М.Г. Кучеров, проф. А.А. Вериго, и старший лаборант ЦХЛ Министерства финансов доктор химических наук В.Ю. Кржижановский.

Менделеев и его ученики обращали внимание на то, что все т. н. «столовые вина» Смирновых имеют худшее качество не только по сравнению с государственной (казенной), химически очищенной водкой, но и даже с водками других частных фирм, которые также не имеют такого оборудования, как государственные заводы. Так, водка фирмы «Долгов и К°» содержала ничтожные количества альдегидов, не превышавшие 0,0025%, и совершенно была свободна от примеси сивушных масел.

«Совсем иной характер имеет «очищенное» вино И. Смирнова, — писал в своем заключении правительственный эксперт В.Ю. Кржижановский в 1906 году. — Содержащиеся в нем количества сивушных масел, альдегидов, соответственно равные 0,122% и 0,0075% (считая на 40°) или 0,305% и 0,0188% (считая на 100°), указывают на то, что для изготовления этой водки применялся не только сырой спирт, но еще и с примесью ректификационных отбросов, богатых сивушными маслами». Эти данные говорят сами за себя и служат также хорошей иллюстрацией того, что пил наш народ до введения казенной продажи «питей» (т. е. до введения государственной монополии на водку в 1894—1902 гг.).

Но, кроме альдегидов и сивушных масел, на которые в основном была в то время установлена проверка качества водок, продукция фирм Смирновых из-за их плохого качества была подвергнута более подробной химической проверке. В результате во всех сортах или номерах смирновских водок (№ 21, 31, 40, 32) были найдены азотная кислота, аммиак, азот амидных соединений, и, кроме того, все без исключения образцы водок И. Смирнова и П. Смирнова отличались большим накоплением солей (от 439 до 832 мг на литр водки). Наконец, у водок П. Смирнова было обнаружено значительное количество эфиров. (Так, у № 21 — 17,3 мг на 1 литр, у № 31 — 41,81 мг, у № 40 — 60,72 мг, у № 20 — 77,96 мг, а у № 32 даже 89,4 мг!)

Исследования ЦХЛ показали, что весьма часто спирт, который фирмачи именовали на этикетках «ректификатом», не удовлетворял в действительности даже самым снисходительным требованиям, какие предъявляются к действительно ректифицированному спирту не только высшего, но даже и 1-го сорта. Петербургская ЦХЛ нашла, что 64,7% исследовавшихся в лаборатории водок частных фирм изготовлены были из спирта, не выдерживавшего испытания на чистоту серной кислотой («Труды Технического комитета», т. XIV, 101). Это означало, что такой спирт содержал даже метил!

Неудивительно, что водки фирм И. и П. Смирновых были вытеснены из Поволжского и других районов их распространения водками фирм Долгова, Александрова, которые столь явных пороков не имели, хотя также не отвечали государственным стандартам качества. «Народное вино», о котором так много говорили Смирновы, в действительности удовлетворяло лишь самые неприхотливые «вкусы» таких потребителей, как обитатели Хитрова рынка. Но даже и наивысшие марки смирновских водок постепенно вытеснялись более добротными марками других фирм.

260

После указанных проверок фирма П.А. Смирнова решила сделать вид, что она учла сделанные ей замечания, и указала в перечне поданных сведений о своей водке, что она увеличивает число фильтрации, доводя в случае необходимости даже до 3, 4 и 5! Однако ЦХЛ, взяв пробы такого «улучшенного» вина, отметила чрезмерное накопление в водке поташа (соответственно по 282,6 мг на 1 литр у № 20, 499 мг у № 32 и 193 мг у № 40), что при систематическом употреблении такой водки и небезопасно для здоровья потребителя, а именно: вызывает порок сердца.

Смирновские же «умельцы» использовали поташ для усиления «питкости» водки, придания ей искусственной «мягкости» и для того, чтобы просто «забить» сивушный запах, а не уничтожить в водке сивушные масла!

Самым удивительным фактом, который стал известен в начале XX века правительственной комиссии, занимавшейся разбором дела о качестве смирновских водок, было то, что ни Иван, ни Петр, ни их потомки сами не являлись производителями спирта-сырца, а скупали его по дешевой цене в разных областях России у мелких самогонщиков, т. е. пользовались дешевым сырьем заведомо низкого качества. Так, Иван Смирнов, производивший в год 330 тыс. ведер водки, приобретал спирт-сырец у крестьян и мелких самогонщиков Тульской губернии, а также в Ревеле (Эстония), сливая все это в общую массу и производя рассиропку и очистку на своем заводе в Москве. Иначе как на готовом чужом сырье производить подобные объемы водки было невозможно. Но и невозможно было очистить то, что заведомо «грязно», т. е. низкого химического качества.

Аналогично поступал и П. Смирнов, фирма которого выпускала в год объемы водки, более чем в 10 раз превышающие продукцию его дяди, а именно 3 400 000 ведер в год. Он закупал спирт в Тамбовской губернии с заводов графа Ферзена и в Эстонии с заводов барона Розена. В обоих случаях, особенно в Эстонии, это был не зерновой, ржаной спирт, а самый настоящий картофельный, ибо оба немецких производства пользовались именно этим видом дешевого сырья. И хотя уровень очистки там был несколько выше, чем «крестьянский» спирт Тульской губернии, но само сырье предполагало получение водки крайне низкого качества.

Как неопровержимо доказали такие порознь разные, но каждый по-своему великие и незаурядные люди и ученые, как Д.И. Менделеев и Ф. Энгельс, — картофельный этиловый спирт по своему характеру физиологического воздействия на человеческий организм вызывает агрессивность, ведет к непредсказуемым, неконтролируемым брутальным действиям потребителя, в то время как зерновой и особенно ржаной спирт вызывает всего лишь сонливость и временное оглупление, чаще всего добродушно-покладистое.

Вот почему группа Менделеева, занимавшаяся всеми проблемами введения в России водочной монополии, добилась от правительства того, чтобы одним из главных принципов проводимой реформы стала не только концентрация всего производства водки в руках государства и установление на нее единого для всей страны высокого государственного стандарта качества, но и обязательное устранение искусственных и естественных примесей к этиловому спирту, а само изготовление этого спирта производилось бы исключительно из зерна.

Однако осуществить эти принципы водочной монополии в условиях капитализма Министерству финансов, ответственному за проведение реформы, так и не удалось. Фискальные интересы казны, зависимость от давления рынка и бывших водочных магнатов вроде Смирновых заставляли царских чиновников отказаться от выполнения принятых на себя обязательств пренебречь интересами «народного здравия», которые в значительной степени лежали в основе перехода к монополизации водочного производства. С началом же в 1914 году Первой мировой войны производство этилового спирта в России вообще было запрещено для не медицинских и не технических целей, и тем самым оценить результаты реформы не представлялось возможным. Реальным стало только бегство всех крупных частных производителей водок за рубеж, в том числе и представителей фирмы П. Смирнова, обосновавшихся в США, где после кризиса 30-х годов в 1933 году это дело было продано чисто американской фирме («Хойблайн»). А та, в свою очередь, была куплена более крупной английской компанией «Гранд Метрополитен».

С тех пор «Смирнофф» существует только как этикетка для сведения пьяниц и других потребителей. Как владельцы водочного дела Смирновы давно сошли с арены, хотя их клан чрезвычайно разросся. Только ныне живущих потомков насчитывается свыше 30—40 человек. Из них трое с именем Борис.

Первый — прямой наследник, праправнук Борис Алексеевич, дедом которого был Борис Алексеевич, умерший в 1966 году и являвшийся прямым внуком П.А. Смирнова, от его сына Алексея Петровича.

Второй наследник Борис Кириллович, внук дочери П.А. Смирнова, Глафиры, т. е. правнук П.А. Смирнова по женской линии.

Наконец, третий — Борис Владимирович Марганидзе — муж внучки Петра Петровича Смирнова, правнучки П. А. Смирнова — Евгении Арсеньевны Смирновой, умершей в 1994 году. Все три Бориса представляют клан П.А. Смирнова.

Приложение 10

Указ Президента Российской Федерации

О ВОССТАНОВЛЕНИИ ГОСУДАРСТВЕННОЙ МОНОПОЛИИ НА ПРОИЗВОДСТВО, ХРАНЕНИЕ, ОПТОВУЮ И РОЗНИЧНУЮ ПРОДАЖУ АЛКОГОЛЬНОЙ ПРОДУКЦИИ

В целях обеспечения государственного контроля за выпуском и продажей алкогольной продукции, устранения имеющихся недостатков в сфере производства и реализации этой продукции, проведения эффективной государственной политики, направленной на оздоровление населения, постановляю:

1. Совету Министров — Правительству Российской Федерации принять комплекс мер, направленных на восстановление государственной монополии на алкогольную продукцию, в том числе:

упорядочить осуществление лицензирования хозяйственной деятельности в сфере производства и продажи алкогольной продукции, установить квотирование производства и отпуска спирта и декларирование его оборота;

ввести государственную регистрацию предприятий и их филиалов, осуществляющих производство, хранение, оптовую и розничную продажу алкогольной продукции; ввести обязательную сертификацию на соответствие алкогольной продукции отечественного и импортного производства установленным требованиям;

обеспечить контроль за рекламой алкогольной продукции.

2. Установить, что производство, хранение и оптовая продажа этилового спирта (за исключением спирта-сырца, получаемого попутно из отходов от основного производства) осуществляются исключительно на основании лицензии, выдаваемой в соответствии с порядком, устанавливаемым Советом Министров — Правительством Российской Федерации, предприятиям, зарегистрированным органам, осуществляющим контроль за обеспечением государственной монополии на алкогольную продукцию.

Производство и оптовая реализация другой алкогольной продукции разрешаются в установленном порядке предприятиям только при наличии лицензии на соответствующий вид деятельности и внесении их в Государственный реестр предприятий, которым разрешена такая хозяйственная деятельность.

3. Запретить продажу алкогольной продукции с рук, а также в не оборудованных и не приспособленных для хранения и продажи такой продукции помещениях.

4. Контроль за продажей населению алкогольной продукции возложить на местные органы исполнительной власти, контрольные органы торговли, органы санитарно-эпидемиологического надзора, службы стандартизации и метрологии во взаимодействии с правоохранительными органами в соответствии с законодательством Российской Федерации.

Руководители и другие должностные лица торговых предприятий несут ответственность за продажу населению алкогольной продукции, не отвечающей установленным требованиям в соответствии с законодательством Российской Федерации.

5. В целях обеспечения государственной монополии на алкогольную продукцию Совету Министров — Правительству Российской Федерации преобразовать Государственную инспекцию по контролю за производством и качеством спиртов и алкогольных напитков в Государственную инспекцию по обеспечению государственной монополии на алкогольную продукцию при Совете Министров — Правительстве Российской Федерации и поручить ей обеспечение контроля за выполнением настоящего Указа.

Возложить на указанную Государственную инспекцию осуществление следующих основных функций:

проведение лицензирования хозяйственной деятельности предприятий в области производства, хранения и оптовой продажи алкогольной продукции, а также осуществление надзорных и контрольных функций на этих предприятиях независимо от форм собственности и ведомственной подчиненности, включая предприятия с иностранными инвестициями, расположенные на территории Российской Федерации;

осуществление квотирования выпуска алкогольной продукции на предприятиях в соответствии с федеральной целевой программой производства и реализации алкогольной продукции;

составление и ведение единого Государственного реестра предприятий, осуществляющих соответствующую хозяйственную деятельность;

осуществление на территории Российской Федерации государственного контроля за фактическими объемами производства алкогольной продукции, распределением, использованием и хранением произведенного спирта и другой алкогольной продукции, а также за соблюдением технологической дисциплины с целью обеспечения высокого качества алкогольной продукции на всех стадиях производства и эффективностью использования сырья при выработке алкогольной продукции; проведение экспертизы предприятий для определения их соответствия требованиям, предъявляемым к хозяйственной деятельности в облас-   ти производства и реализации алкогольной продукции; представление в установленном порядке в Государственную налоговую службу Российской Федерации, Генеральную прокуратуру Российской Федерации, Министерство внутренних дел Российской Федерации и их органы на местах информации о выявленных нарушениях в хозяйственной деятельности предприятий для принятия соответствующих мер.

6. Совету Министров — Правительству Российской Федерации:

привести ранее принятые нормативные акты по регулированию отношений в производстве и продаже алкогольной продукции в соответствие с настоящим Указом;

разработать и утвердить нормативы использования ценных видов пищевого и непищевого сырья при производстве спирта;

рассмотреть в целях упорядочения производства спирта и стабилизации уровня цен на алкогольную продукцию вопрос о возможности централизованных поставок сырья для производства спирта;

разработать федеральную целевую программу производства и реализации алкогольной продукции на 1994 год;

в 3-месячный срок разработать Положение о Государственной инспекции по обеспечению государственной монополии на алкогольную продукцию при Совете Министров — Правительстве Российской Федерации, утвердить ее структуру;

установить для работников Государственной инспекции по обеспечению государственной монополии на алкогольную продукцию при Совете Министров — Правительстве Российской Федерации порядок доступа на проверяемые предприятия, взаимодействия с местными органами государственного управления, в том числе по вопросам связи и обеспечения транспортом, привлечения в необходимых случаях для совместной работы сотрудников правоохранительных, финансовых и налоговых органов Российской Федерации.

7. Правительствам республик в составе Российской Федерации, администрациям краев, областей, автономных образований, городов Москвы и Санкт-Петербурга в целях ускорения проведения лицензирования и формирования единого Государственного реестра предприятий, осуществляющих производство алкогольной продукции, в месячный срок обобщить сведения обо всех предприятиях, осуществляющих изготовление, розлив и хранение алкогольной продукции на соответствующих территориях.

8. Государственному комитету Российской Федерации по статистике по согласованию с заинтересованными министерствами и ведомствами утвердить Положение о порядке и сроках представления обязательной статистической отчетности предприятиями и организациями независимо от форм собственности для обеспечения государственного контроля за производством и реализацией спирта и другой алкогольной продукции, составления прогнозов развития этой отрасли.

Президент Российской Федерации Б. Ельцин

Москва, Кремль
11 июня 1993 года
№ 918

VSESOJUZNOE OBJEDINENIJE

«SOJUZPLODOIMPORT»

Moscow, G-200, Smolenskaja Sq., 32|34
Cables: PLODOIMPORT MOSCOW
Telephone 244-22-58. Telex: 262

ВСЕСОЮЗНОЕ ОБЪЕДИНЕНИЕ

«СОЮЗПЛОДОИМПОРТ»

Москва, Г-200, Смоленская пл., 32|34
Телегр. адрес: МОСКВА, ПЛОДОИМПОРТ
Телефон 244-22-58. Телекс: 111177

_8_ июня 1978г. № _05-5/315_

На № _____ от _____

Директору Центрального
Государственного архива древних
актов

тов. Автократовой М.И.

В/О "Союзплодоимпорт" просит Вас дать указание
допустить к работе в Вашем архиве кандидата
исторических наук тов. Похлебкина В.В. по теме:
"История происхождения и развития производства
русских крепких спиртных напитков" (меда, водок и т.п.).

Председатель Объединения   Ю.Б.Жихин

СПИСОК СОКРАЩЕНИЙ
ЛИТЕРАТУРНЫХ ИСТОЧНИКОВ

Быт. — Библия. Бытие. Книга первая Моисеева (последующие цифры означают главу и псалом).

Исх. — Библия. Исход. Книга вторая Моисеева.

Лев. — Библия. Левит. Книга третья Моисеева.

Числ. — Библия. Числа. Книга четвертая Моисеева.

Иез. — Библия. Книга пророка Иезекииля.

Мф. — Евангелие. От Матфея.

Лк. — Евангелие. От Луки.

Ин. — Евангелие. От Иоанна.

1 Кор. — Евангелие. Первое послание корифянам.

Флп. — Евангелие. Послание к филиппийцам.

SJS — Slovnik jazika stroslavenského (Словарь старославянского языка). — Praha, 1958—1966 (т. I), 1967—1976 (т. II), 1977—1982 (т. III), 1983—1991 (т. IV).

ААЭ — Акты, собранные в библиотеках и архивах Российской империи археологической экспедицией императорской Академии наук. — СПб., 1836. — Т. 1 (1294—1598 гг.), 1858. — Т. 2 (1598—1613 гг.).

АСЭИ — Акты социально-экономической истории Северо-Восточной Руси.

БСЭ-1 — Большая советская энциклопедия. — 1-е изд. — Т. 1—65. — М., 1926—1947.

БСЭ-2 — Большая советская энциклопедия. — 2-е изд. — Т. 1—51. — М., 1949—1958.

СИЭ — Советская историческая энциклопедия.

ГСС — Географическо-статистический словарь Российской империи/ Сост. П. Семенов-Тян-Шанский. — СПб., 1863 (т. 1), 1865 (т. 2), 1866 (т. 3), 1873 (т. 4), 1885 (т. 5).

ПА ЛОИИ — Путеводитель по архиву Ленинградского отделения Института истории АН СССР. — М.— Л., 1958 (Фонды монастырей, архиерейских домов и церквей).

ПДПИ — Памятники древней письменности и искусства. — СПб., 1881.

ПСРЛ — Полное собрание русских летописей. — Изд. Археографической комиссии. — СПб., 1846 (т. 1).

РБС — Русский биографический словарь /Под ред. А.А. Половцева. — СПб., 1896—1918.

ТИВЭО — Труды Императорского вольного экономического общества.

СОДЕРЖАНИЕ

Как и почему возникла эта книга 5

Введение 13

Часть первая

**ПРОИСХОЖДЕНИЕ СПИРТНЫХ НАПИТКОВ
В РОССИИ В IX—XV ВЕКАХ И ИХ ТЕРМИНОЛОГИЯ**

Глава 1. ТЕРМИНОЛОГИЯ 18

Глава 2. ОСНОВНЫЕ ТЕХНОЛОГИЧЕСКИЕ ПРИЕМЫ
ПРОИЗВОДСТВА АЛКОГОЛЬНЫХ НАПИТКОВ,
СУЩЕСТВОВАВШИЕ В ДРЕВНЕЙ РУСИ ДО XIV—XV ВЕКОВ 43

Глава 3. ДРЕВНЕЙШЕЕ ТЕХНИЧЕСКОЕ ОБОРУДОВАНИЕ,
ПРЕДШЕСТВУЮЩЕЕ ВИНОКУРЕННОМУ ПРОИЗВОДСТВУ 56

Часть вторая

**СОЗДАНИЕ РУССКОГО ВИДА ХЛЕБНОГО ВИНА (ВОДКИ)
В ИСТОРИИ РОССИИ И ЕГО ЭВОЛЮЦИЯ С XIV ВЕКА
ДО ПОЯВЛЕНИЯ ПРОМЫШЛЕННОГО (ЗАВОДСКОГО)
ВИНОКУРЕНИЯ ВО ВТОРОЙ ПОЛОВИНЕ XIX ВЕКА
(1377—1861 ГГ.)**

Глава 1. КОГДА И ПОЧЕМУ ВОЗНИКЛО ВИНОКУРЕННОЕ
ПРОИЗВОДСТВО В РОССИИ 63

Глава 2. ТЕРМИНОЛОГИЯ ХЛЕБНОГО ВИНА
С СЕРЕДИНЫ XV ДО СЕРЕДИНЫ XIX ВЕКА 134

Глава 3. ИСТОРИЧЕСКИ СЛОЖИВШИЕСЯ
ТЕХНИЧЕСКИЕ ОСОБЕННОСТИ РУССКОГО ПРОИЗВОДСТВА
ВОДКИ, В СОВОКУПНОСТИ ОТЛИЧАЮЩИЕ ВОДКУ КАК
ОРИГИНАЛЬНЫЙ АЛКОГОЛЬНЫЙ НАПИТОК ОТ ДРУГИХ
КРЕПКИХ АЛКОГОЛЬНЫХ НАПИТКОВ 183

Глава 4. ОТНОШЕНИЕ ГОСУДАРСТВА К ВОДКЕ
И МЕРЫ ГОСУДАРСТВЕННОГО РЕГУЛИРОВАНИЯ
ВИНОКУРЕННОГО ПРОИЗВОДСТВА И ТОРГОВЛИ
ВОДКОЙ (хронологический обзор) 200

Глава 5. ВОДКА И ИДЕОЛОГИЯ 221

Послесловие 234

Приложения 236

Список сокращений литературных источников 268

Похлебкин Вильям Васильевич
ИСТОРИЯ ВОДКИ

Ответственный редактор *Л.И. Глебовская*
Художественный редактор *И.А. Озеров*
Технический редактор *Н.В. Травкина*
Ответственный корректор *Т.В. Соловьева*

Подписано в печать с готовых диапозитивов 08.06.2009.
Формат 84×108$^1/_{32}$. Бумага газетная. Гарнитура «Ньютон».
Печать офсетная. Усл. печ. л. 14,28. Уч.-изд. л. 15,52.
Тираж 4 000 экз. Заказ № 4031

ЗАО «Центрполиграф»
111024, Москва, 1-я ул. Энтузиастов, 15
E-MAIL: CNPOL@DOL.RU

WWW.CENTRPOLIGRAF.RU

Отпечатано с готовых файлов заказчика
в ОАО «ИПК «Ульяновский Дом печати»
432980, г. Ульяновск, ул. Гончарова, 14

ЦЕНТРПОЛИГРАФ

Книга-почтой

Приобретайте книги издательства «Центрполиграф» без торговой наценки, с помощью нашей службы «Книга-почтой»!

Книги высылаются наложенным платежом без предварительной оплаты. Заказы принимаются на отдельные издания, а также на целые серии, выпускаемые нашим издательством.

Обращаем ваше внимание, что цены указаны без учета стоимости доставки и услуг Почты РФ.

Заполните почтовую карточку по образцу четко и разборчиво и отправляйте по адресу: *111024, Москва, 1-я улица Энтузиастов, д. 15 («Центрполиграф»).*

Также вы можете заказать книги через сайт издательства «Центрполиграф» www.centrpoligraf.ru.

На обратной стороне карточки укажите количество экземпляров книг, которые вы хотите приобрести, или серию, на которую вы хотели бы подписаться.

В зависимости от суммы заказа, веса посылки и удаленности места заказа общая стоимость книг может увеличиться от 20 до 70%.

Если вам необходима подробная информация, пришлите письмо с вложенным конвертом и вам отправят бесплатный и подробный прайс-лист.

Стоимость пересылки почтового перевода наложенным платежом составляет от 7% от стоимости заказа.

МЫ РАДЫ ВАШИМ ЗАКАЗАМ!

Фирменные магазины издательства «Центрполиграф» в Москве и Ростове-на-Дону

Москва — ул. Октябрьская, д. 18, *тел. для справок: (495) 684-49-89,* **мелкооптовый отдел** *— тел. (495) 684-49-68; пн—пт — 10.00—19.00, сб — 10.00—17.00, курьерская доставка книг по Москве.*

Ростов-на-Дону — Привокзальная пл., д. 1/2 **(мелкооптовый отдел),** *тел.: (8632) 38-38-02; пн—пт — 9.00—18.00.*

Официальный дистрибьютор издательства ООО "АТОН". *Санкт-Петербург, набережная р. Фонтанки, д. 64, пом. 7-н, тел. для справок: (812) 575-52-80, (812) 575-52-81. Пн—пт — 9.00—18.30; сб, вскр — выходной. E-mail: aton@ppp.delfa.net*